IT-Prüfung, Sicherheitsaudit und Datenschutzmodell

Aleksandra Sowa

Hrsg.

IT-Prüfung, Sicherheitsaudit und Datenschutzmodell

Neue Ansätze für die IT-Revision

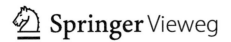
Springer Vieweg

Herausgeberin
Aleksandra Sowa
Deutsche Telekom AG
Bonn, Deutschland

ISBN 978-3-658-17468-2   ISBN 978-3-658-17469-9 (eBook)
DOI 10.1007/978-3-658-17469-9

Die Deutsche Nationalbibliothek verzeichnet diese Publikation in der Deutschen Nationalbibliografie; detaillierte
bibliografische Daten sind im Internet über http://dnb.d-nb.de abrufbar.

Springer Vieweg
© Springer Fachmedien Wiesbaden 2017

Gedruckt auf säurefreiem und chlorfrei gebleichtem Papier

Springer Vieweg ist Teil von Springer Nature
Die eingetragene Gesellschaft ist Springer Fachmedien Wiesbaden GmbH
Die Anschrift der Gesellschaft ist: Abraham-Lincoln-Str. 46, 65189 Wiesbaden, Germany

Vorwort

In grauer Vorzeit war jedem Menschen sowohl die Funktion als auch die Struktur seiner Werkzeuge, also von Hammer, Pfeil und Bogen bekannt. Mit fortschreitender Arbeitsteilung gingen diese individuellen Kenntnisse so weit zurück, daß in der modernen Industriegesellschaft diejenigen, welche die Apparate (als Techniker oder Arbeiter) bedienen bzw. (im Aufzug, am Fernseher, im Auto) sich ihrer bedienen, durch eine deutliche Grenze von denen getrennt sind, die deren Konstruktion kennen. Von den heute Lebenden kennt keiner den Aufbau sämtlicher Apparate, über welche die Zivilisation verfügt. Gleichwohl gibt es jemanden, der diese Kenntnis besitzt: die Gesellschaft. Das in Bezug auf die Individuen partikulare Wissen ist vollständig, wenn man sämtliche Mitglieder einer gegebenen Gesellschaft berücksichtigt.

(Stanislaw Lem, *Summa technologiae*)

Historischen Überlieferungen zufolge wurde das Amt des Revisors im Zarenrussland eingeführt, nachdem zur Zeit des Zaren Peter der Große mit der Dezentralisierung der Finanz- und Verwaltungsaufgaben die Notwendigkeit entstanden ist, die dezentralen Einnahmen und Ausgaben staatlicher Mittel zu kontrollieren.[1] Der Revisor agierte im Rang eines Senators und bereiste – anfänglich einmal jährlich und oft mit einem Stab von Mitarbeitern – die Gouvernements. Seine Befugnisse wurden in einem Gesetz vom 6. Dezember 1799 festgelegt und umfassten u. a. die Überprüfung dahin gehend, ob Korruption oder andere Missstände herrschten, ob die Steuer ordnungsgemäß eingezogen und die Anordnungen ausgeführt wurden. Der Revisor hatte ebenfalls die Befugnis – bei aufgedeckten Unregelmäßigkeiten oder Missständen – die „Gesetzlichkeit" in den geprüften Gouvernements von selbst aus wiederherzustellen.

In den beiden darauffolgenden Jahrhunderten wandelte sich das Berufsbild des Revisors, doch er überdauerte, wenngleich in veränderter Form, bis in die Neuzeit. Ob nun als interner oder externer Prüfer, Jahresabschluss-Auditor, Zertifizierer, Revisor oder interner Ermittler bei Sonderprüfungen – die Aufgaben und Befugnisse der Prüfer sind Gegenstand einiger (weniger) Gesetze, wie in Deutschland für die Kreditwirtschaft das Kreditwesengesetz, § 25a KWG, oder die EU-Verordnung 537/2014, die Abschlussprüfungen betreffend, und zahlreicher Standards (wie die Standards des Instituts der Wirtschaftsprüfer

---

[1] Aus dem Kapitel „Anmerkungen" in: *Der Revisor*, Nikolay Gogol, Reclams Universal-Bibliothek Nr. 837, 1996, S. 153.

in Deutschland e. V., IDW, oder International Standards on Auditing, ISA, um nur einige ausgewählte zu erwähnen).

Fälle von Wirtschaftskriminalität und die zunehmende Anzahl an Compliance-Verstoßen einerseits sowie die zunehmende Abhängigkeit aller Unternehmens- und Organisationsprozesse von der Informationstechnologie (IT) und Digitalisierung haben die Aufgaben der Prüfer und die Methoden der Revisionsarbeit stark beeinflusst. Die Prüfung der IT wurde zu einem wesentlichen Bestandteil beinahe aller Audits. Die Prüfung der Ordnungsmäßigkeit und Wirksamkeit digitalisierter Prozesse und vernetzter Infrastruktur geht nun einher mit der Jahresabschlussprüfung, den regelmäßigen Funktions- und Systemprüfungen sowie den Sonderprüfungen und internen Ermittlungen. Die IT ist gleichwohl zu einem unentbehrlichen Partner des Revisors geworden – Revision durch die IT bedeutet, dass sich der Prüfer der Techniken und Technologien zu bedienen weiß, die ihn bei seinen Aktivitäten unterstützen, seine Arbeit effektiver machen und zu effizienten Ergebnissen führen. Ob es sich dabei um neuartige Methoden der Datenanalyse und Big Data Mining handelt oder um den Einsatz künstlicher Intelligenzen oder maschinelles Lernen geht – Modelle und Methoden der Business Intelligence sind insbesondere dort von Nutzen, wo es um Prüfungen verschiedener Aspekte der Informations- und Cybersicherheit geht.

Datenschutz und Datensicherheit – die europäische Datenschutz-Grundverordnung (DS-GVO) brachte diese beide Disziplinen wieder zueinander – spielen zunehmend eine wichtige Rolle als Gegenstand der Prüfungen: ob mit dem Ziel einer Zertifizierung, im Rahmen von Penetrationstests oder Sonderprüfungen und Ermittlungen – oder als Aspekte der Compliance, wenn es um die effektive Implementierung der technisch-organisatorischen Maßnahmen geht, die sowohl vom Bundesdatenschutzgesetz (BDSG) und DS-GVO als auch im Rahmen des IT-Sicherheitsgesetzes (ITSiG) oder der *Cyber-Sicherheitsstrategie für Deutschland 2016* gefordert werden.

Noch vor wenigen Jahren war es dem Berufsbild des Revisors eigen, dass er – wenn nötig und notwendig – alles prüfen konnte. Computerisierung und Digitalisierung verlangen von dem Prüfer nun nicht nur fundiertes Wissen über die Methoden und Standards, sondern auch spezielle Kenntnisse des Prüfungsgegenstandes, egal, ob es sich dabei um eine Produktionsumgebung in einer Fabrik, Internet-of-Things-Geräte, SIEM-Systeme für Energieverteilernetze oder Softwareentwicklung handelt.

Einerseits sollte sich der Prüfer Methoden und Kenntnisse zu dem geprüften Bereich aneignen oder neue entwickeln – andererseits werden die Systeme und Methoden der Revision zunehmend auch auf anderen Gebieten angewendet, wie Beispiele aus dem Compliance-Management, Softwaretests im Rahmen von sicherheitstechnischen und datenschutzrechtlichen Programmeinsatzfreigaben oder Audits durch den Datenschutzbeauftragten bestätigen.

Die DS-GVO gilt in allen Mitgliedstaaten der EU einheitlich, erklärt im Kap. 2 Daniela Duda, Geschäftsführerin der rehm Datenschutz GmbH. Um dies sicherzustellen, sind eine gleichmäßige Kontrolle der Verarbeitung personenbezogener Daten und gleichwertige Sanktionen in allen Mitgliedstaaten sowie eine wirksame Zusammenarbeit zwischen den

Aufsichtsbehörden der einzelnen Mitgliedstaaten vorgesehen. So möchte der Regulierer gewährleisten, dass zum Stichtag (25. Mai 2018) die Datenschutzorganisation in Unternehmen und Organisationen die Regelungen der EU-Datenschutz-Grundverordnung einhält.

Als methodische Hilfe zur Umsetzung von Datenschutzanforderungen sowie zur Umsetzung von Datenschutzprüfungen und -beratungen kann das Standard-Datenschutzmodell (SDM) herangezogen werden. Das SDM ermöglicht es den Unternehmen und Organisationen, in einer übersichtlichen Form die datenschutzrechtlich bestehenden Anforderungen vollumfänglich zu berücksichtigen und die daraus abgeleiteten Funktionen und Schutzmaßnahmen zu spezifizieren, zu identifizieren und ggf. auch deren Umsetzung nachzuweisen.

Der Vorteil des Standard-Datenschutzmodells, das unter dem Eindruck des Bundesdatenschutzgesetzes sowie der drei Typen von deutschen Landesdatenschutzgesetzen entwickelt wurde, ist, dass es mit den Anforderungen der europäischen Datenschutz-Grundverordnung kompatibel ist. SDM ist somit sehr gut zur Operationalisierung der Anforderungen aus der DS-GVO geeignet. Martin Rost vom Unabhängigen Landeszentrum für Datenschutz führt vor dem Hintergrund der nun herausragenden Bedeutung für die Prüf- und Beratungspraxis im Datenschutz in Kap. 3 das SDM vor.

Die DS-GVO ist nicht die einzige Initiative des Europäischen Parlaments, die auf die deutschen Unternehmen im Kontext der Umsetzung von Compliance-Anforderungen zukommt. Auch die aktuelle EU-Verordnung 537/2014 (Umsetzung in das deutsche Recht bis zum 17. Juni 2016) soll den besonderen und steigenden Anforderungen an die Prüfer Rechnung tragen. Wirtschaftskriminalität und Compliance-Verstöße stellen immer häufiger ein zentrales Problem in der Jahresabschlussprüfung dar, durch das das Vertrauen in die Testate sowie die Aussagekraft des Bestätigungsvermerks infrage gestellt werden können. Jens Carsten Laue, Alexander Geschonneck und Guido Havers von der KPMG AG zeigen in Kap. 4, wie externe Jahresabschlussprüfer im Rahmen einer Sonderuntersuchung unternehmensinterne Untersuchungen begleiten und Schlussfolgerungen daraus ziehen, um ihrer Prüfungs-, Mitteilungs- und Berichterstattungspflicht nachzukommen, die u. a. aus der EU-Abschlussprüferreform resultieren.

Neue Handlungsfelder eröffnen sich für die Regulierung, Normierung und Standardisierung der IoT-Geräte, insbesondere im Kontext der aktuell diskutierten Haftung der Hersteller für die Sicherheitsvorfälle, die durch nicht hinreichende geschützte IoT-Gerätschaften verursacht bzw. ermöglicht werden. Zentrales Instrument der Risikominimierung – im Idealfall vor, spätestens aber nach der Markteinführung – ist der Penetrationstest der smarten, netzfähigen Geräte, Systeme und Anlagen durch einen unabhängigen Dienstleister oder Prüfer. Was können Hersteller tun – und die Nutzer oder Verkäufer verlangen –, um die smarten Geräte besser vor externen und internen Angreifern abzusichern? In Kap. 6 beleuchten Sebastian Schreiber, Gründer und Geschäftsführer der Tübinger SySS GmbH, und Dr. Erlijn van Genuchten, die als IT Security Consultant bei der SySS GmbH tätig ist, diese Thematik und gehen dabei detailliert auf den IoT-Penetrationstest als eine wichtige Maßnahme zur Verbesserung der Sicherheit ein.

Dort, wo Penetrationstests oder Schwachstellenscanner nur in begrenztem Umfang anwendbar sind, insbesondere im Bereich der Industrieanlagen, wo Produktionsprozesse nicht beeinträchtigt werden dürfen und die Verfügbarkeit und Integrität der IT-Anlagen gewährleistet sein muss, empfehlen Mechthild Stöwer und Reiner Kraft vom Fraunhofer-Institut für Sichere Informationstechnologie den Einsatz umfassender IT-Sicherheitsaudits zur Risikobewertung und -behandlung mit geeigneten Maßnahmen. Aus den bereits bestehenden Standards und Best Practices, von denen die Autoren in Kap. 7 einen Überblick geben, können relevante Prüfkriterien oder Checklisten abgeleitet werden, mit welchen der Reifegrad der Sicherheitsorganisation im Produktionsumfeld bestimmt und geeignete (oder notwendige) Maßnahmen bzw. Sicherheitskontrollen gefolgert werden können.

Im Falle eines Angriffs bzw. Sicherheitsvorfalls kommt es auf die schnelle Reaktion an. Um die Zeit zwischen Angriff und Gegenmaßnahme zu verkürzen, sind heute neben den klassischen signaturbasierten Suchalgorithmen bereits Heuristik-Algorithmen im Einsatz, die Angriffe anhand von Anomalien in Abläufen, Prozessen und Verhalten automatisch erkennen können. Die Fähigkeit, Korrelationen zwischen den vordefinierten Mustern und dem Status quo feststellen zu können – und bei bestimmten Abweichungen Alarm zu schlagen –, soll schon heute den Security-Information- und Event-Management-Systemen (SIEM) eigen sein. Prof. Sabine Wieland und Prof. Andreas Hartmann von der Hochschule für Telekommunikation Leipzig zeigen in Kap. 9 am Beispiel eines Energieverteilernetzes, welchen Anforderungen SIEM für eine dezentrale, auf Schwarmintelligenz beruhende Steuerung einer kritischen Kommunikationsinfrastruktur, die aus einer wachsenden Anzahl von Energielieferanten besteht, genügen muss. Noch einen Schritt weiter als die Security- oder Thread-Intelligence gehen die kognitiven Systeme. Das Computersystem Watson wird bspw. „angelernt", um künftig eine tragende Rolle auf dem neuen Feld der kognitiven Sicherheit (*cognitive security*) zu spielen. „Kognitive Sicherheit basiert auf Security-Intelligence-Funktionen, die sich auf Big-Data-Analysen stützen", erklärt Johannes Wiele von IBM in Kap. 10. „Sie ist außerdem durch eine Technologie gekennzeichnet, die noch weitreichender als die existierenden Security-Intelligence-Werkzeuge in der Lage ist, maschinell zu ‚lernen'. Dies bedeutet vor allem, Häufungen und Muster in Datenansammlungen zu erkennen und in anderen Kontexten wiederzuerkennen. Mithilfe kognitiver Systeme lassen sich relevante Sicherheitsdaten deshalb in weit höherer Intensität und Geschwindigkeit auswerten als bisher."

Die jüngsten Internetausfälle in den USA und in Deutschland zeigen, dass Sicherheitsvorfälle nicht nur monetäre Folgen für die Wirtschaft, sondern zunehmend auch gesellschaftliche Risiken bergen.[2] Einerseits erheben sich aus Politik und Wissenschaft Stimmen, die Haftungsregeln und Regulierung für die Hersteller der IoT-Geräte fordern. Andererseits wird eine (nachweislich) bessere Qualität und Sicherheit der Software gefordert. „Die Anwender sollen künftig auf Basis eines einheitlichen Gütesiegels bei der Kaufentscheidung für neue IT-Produkte bei der Inanspruchnahme entsprechender Dienstleistun-

---

[2] Meinungsbarometer. 2016. „Experten erwarten massive Hackerattacken. Was gegen Angriffe aus dem Internet der Dinge getan werden müsste." Interview mit A. Sowa und B. Krsic vom 15.12.2016. Online: https://meinungsbarometer.info/beitrag/Experten-erwarten-massive-Hackerattacken_1882.html. (Zugegriffen am 10.03.2015).

gen leicht und schnell feststellen können, welches Angebot sicher ausgestaltet ist und hierdurch zum Schutz der Daten beiträgt", heißt es in der *Cyber-Sicherheitsstrategie für Deutschland 2016*[3] des Bundesministeriums des Innern (BMI). Die eingesetzte Software muss – trotz steigender Komplexität und Intransparenz – professionellen Angriffen standhalten. Gefördert wird deswegen ein Softwaregütesiegel, das seine Prüfkriterien transparent und verständlich offenlegt.

Prof. Sabine Wieland und Prof. Andreas Hartmann formulieren in Kap. 12 in Form von zehn Geboten die Kriterien und Anforderungen, mit deren Hilfe sichere und resiliente Systeme durch eine bessere Softwarequalität erreicht werden können. Die wesentlichen Merkmale für die Bewertung sind dabei: Nachhaltigkeit, Transparenz und Sicherheit. Sie bilden die Grundlage des Siegels „geprüfte Sicherheit", das die beiden Professoren entwickelt haben und das u. a. von der Bundesregierung in der *Cyber-Sicherheitsstrategie* angestrebt wird.

In dem vorliegenden Buch wurde der Versuch unternommen, die aktuellen und neuartigen Arbeitsmethoden der Prüfer zusammenzufassen und dort weiterzuentwickeln, wo Handlungsbedarf oder Bedarf an neuen Methodiken bzw. an der Fortentwicklung bestehender Methoden erkannt wurde, basierend auf praktischen Erfahrungen, Berichten und Beobachtungen aus der Praxis und unter Berücksichtigung der in Deutschland (und der EU) aktuell geltenden gesetzlichen Rahmen. Das Buch enthält keine endgültigen Antworten. Es trägt dazu bei, die Arbeit der Revision, Sicherheitsabteilung sowie der Datenschutzbeauftragten zu systematisieren, und möchte zur Diskussion und Weiterentwicklung weiterer Methoden anregen. Die Ergebnisse weisen auf einige sehr interessante Gebiete für die nachfolgende Arbeit an den Methodiken hin. Um den polnischen Futurologen und Science-Fiction-Autor Stanislaw Lem zu paraphrasieren: Es geht uns weniger um „die Popularisierung des bereits Erreichten" oder um „die Erreichung eines leidlichen Spezialwissens", sondern vielmehr um „einen Blick in die Zukunft".[4]

---

[3] BMI. 2016. Cyber-Sicherheitsstrategie für Deutschland 2016. BMI, Berlin (November 2016), S. 17.

[4] Lem, S. (1981) *Summa Technologiae*. Suhrkamp: Frankfurt am Main, S. 278.

Inhaltsverzeichnis

Über die Autoren und Verzeichnis der Beitragsautoren

Über die Autoren

Torsten Andrecht IBM Executive IT Architect, Client Technical Advisor for Volkswagen Group, arbeitet als Thought Leader an Lösungen und Innovationen im Automobilumfeld. Schwerpunkte sind hierbei die Themen Connected Car, Big Data und Analytics.

Daniela Duda Geschäftsführerin der rehm Datenschutz GmbH, zieht ihr Wissen aus einem Erfahrungsschatz von 20 Jahren in unterschiedlichen Bereichen der IT- und Medien-Branche und einer langjährigen Tätigkeit als externe Datenschutzbeauftragte (GDDcert & eDSB TÜV, Zertifikatslehrgang Carl von Ossietzky Univ. Oldenburg). Bei verschiedenen mittelständischen, teilweise weltweit agierenden Unternehmen und auch Start-ups ist Daniela Duda als Datenschutzbeauftragte bestellt. Gemeinsam mit ihrem Team unterstützt sie Datenschutzbeauftrage in Konzernen und inzwischen auch im öffentlichen Sektor.

Dr. Erlijn van Genuchten ist IT Security Consultant bei der SySS GmbH und führt regelmäßig Sicherheitstest bei einem breiten Spektrum digitaler Systeme durch. Sie tritt regelmäßig als IT-Sicherheitsexpertin in Radio und Fernsehen sowie bei Live-Hacks auf, um für die Gefahren im Netz zu sensibilisieren. Geboren in den Niederlanden, studierte sie Informationswissenschaften und Erziehungswissenschaften an der Universität Utrecht. 2009 zog sie nach Tübingen und promovierte 2013 in Psychologie am Leibniz-Institut für Wissensmedien und ist darüber hinaus Autorin sprachwissenschaftlicher Bücher.

Alexander Geschonneck leitet als Partner den Bereich Forensic bei KPMG Deutschland in Berlin. Neben der Durchführung forensischer Sonderuntersuchungen bei Verdacht auf wirtschaftskriminelle Handlungen liegt sein Tätigkeitsschwerpunkt auf der Sicherstellung und Analyse von digitalen Beweismitteln im Rahmen der Korruptions- und Betrugsbekämpfung sowie auf der Aufklärung von IT-Sicherheits- und Cybercrime-Vorfällen. Als anerkannter Experte verfasste er neben zahlreichen Artikeln auch das deutsche Standardwerk zur Computer-Forensik und zum richtigen Vorgehen bei der Erkennung und Analyse von Computerstraftaten. Alexander Geschonneck verantwortet die regelmäßig erscheinenden repräsentativen KPMG-Studien zur Wirtschaftskriminalität und zu e-Crime.

Prof. Dr. Andreas Hartmann lehrt und forscht mit den Schwerpunkten Software-Engineering und IT-Architektur an der Hochschule für Telekommunikation Leipzig. Mit Berufserfahrung als IT-Führungskraft und CIO liegt sein Interesse zudem bei IT-Strategie, IT-Governance und IT-Management. Er engagiert sich seit vielen Jahren für die Modernisierung der IT im öffentlichen Sektor.

Guido Havers ist Senior Manager bei KPMG Deutschland im Bereich Governance & Assurance Services und betreut in dieser Position schwerpunktmäßig Unternehmen im Rahmen der Prüfung und Implementierung von internen Kontroll- und Compliance Management Systemen. Er kann auf eine elfjährige Erfahrung als Wirtschaftsprüfer bei der Prüfung von Jahres- und Konzernabschlüssen nach IFRS und HGB zurückblicken. Neben der Veröffentlichung von Fachbeiträgen zu ausgewählten Governance bezogenen Themen engagiert er sich neben- und außerberuflich in diversen Praxis- und Beraternetzwerken sowie in Arbeitskreisen.

Reiner Kraft ist wissenschaftlicher Mitarbeiter am Fraunhofer-Institut für Sichere Informationstechnologie und befasst sich seit fast zwanzig Jahren mit Fragestellungen rund um das Management der Informationssicherheit. Zu seinen Arbeitsschwerpunkten gehören IT-Risikomanagement, die Anwendbarkeit von IT-Sicherheitsstandards in unterschiedlichen Einsatzszenarien und in diesem Zusammenhang insbesondere auch Fragestellungen rund um die Überprüfung und Bewertung des IT-Sicherheitsniveaus einer Institution.

André Kres IBM Executive IT Architect, Chief Architect Cognitive Business Analytics – ist im CIO Bereich für weltweite Analytics Lösungen unter Einbindung Cognitive Computing verantwortlich.

Jens Carsten Laue leitet bei KPMG Deutschland den Bereich Governance & Assurance Services, der Unternehmen dabei unterstützt, Risiken zu identifizieren und die Sicherheit zu geben, richtige Entscheidung für die Zukunft zu treffen. Als Experte für Corporate Governance berät er Unternehmen in allen Fragestellungen rund um Compliance, Risikomanagement, internes Kontrollsystem und interne Revision. Als Wirtschaftsprüfer verfügt Jens C. Laue darüber hinaus über mehr als 15 Jahre Erfahrung in der Prüfung von Einzel- und Konzernabschlüssen nach IFRS, US-GAAP und HGB. Er ist gefragter Redner auf renommierten Fachveranstaltungen und Laudator auf Preisverleihungen wie dem „Corporate Compliance Award".

Jorge Machado IT Architect – entwickelt Security Konzepte für Unternehmen in den Branchen Bank, Versicherung und Automobil.

Raoul Mayr IBM Executive IT Architect, CTO IBM for Oracle Europe – als Thought Leader stehen neben seiner Arbeit an digitalen Transformationsprojekten im Oracle-Umfeld das Vorantreiben von innovativen Technologien im CAMSS-Umfeld inkl. Cognitive Computing im Mittelpunkt.

Martin W. Murhammer Senior Managing Consultant, Senior Architect – als Thought Leader im Bereich Security Architecture berät, unterstützt und entwickelt Security Konzepte für Unternehmen weltweit.

Martin Rost Unabhängiges Landeszentrum für Datenschutz, Studium der Soziologie. Früh hatte er technische und sozialwissenschaftliche Publikationen zum Internet und deren gesellschaftlichen Auswirkungen. Aktuell ist er Leiter der „Unterarbeitsgruppe Standard-Datenschutzmodell" der Konferenz der Datenschutzbeauftragten des Bundes und der Länder.

Andreas Schmengler IBM Executive IT Architect und Mitglied der IBM Academy of Technology. Er berät große Unternehmen im technisch-strategischen Bereich mit dem Schwerpunkt neuer Technologien.

Dipl.-Inf. Sebastian Schreiber ist Geschäftsführer der SySS GmbH in Tübingen, die sich hauptsächlich mit der Durchführung von Penetrationstests beschäftigt. Geboren 1972, studierte er Informatik, Physik, Mathematik und BWL an der Universität Tübingen. Von 1996 bis 1998 war er Mitarbeiter bei Hewlett-Packard. Noch während seines Studiums gründete er 1998 die SySS. Seit 2000 tritt Schreiber regelmäßig bei Messen und Kongressen im In- und Ausland als Live-Hacker auf und zeigt anschaulich, wie IT-Netze übernommen, Passwörter geknackt und Daten abgezogen werden können. Er ist gern gesehener IT-Sicherheitsexperte in Printmedien, Rundfunk und Fernsehen. Als langjähriges Mitglied engagiert er sich darüber hinaus im Verband für Sicherheit in der Wirtschaft Baden-Württemberg e.V. oder auch im Beirat der Zeitschrift „Datenschutz und Datensicherheit".

Dr. Aleksandra Sowa gründete und leitete zusammen mit dem deutschen Kryptologen Hans Dobbertin das Horst Görtz Institut für Sicherheit in der Informationstechnik, ist Autorin diverser Bücher und Fachpublikationen, Dozentin, zertifizierte Datenschutzbeauftragte, Datenschutzauditor und IT-Compliance-Manager. Dr. Sowa ist aktuell für einen Telekommunikationskonzern tätig.

Rolf Stadler IBM Executive IT Architect. Er ist Berater für die Anwendung neuer Cloud- und cognitiver Technologien in strategischen Projekten bei Banken und Versicherungen.

Mechthild Stöwer leitet die Abteilung Security Management am Fraunhofer-Institut für Sichere Informationstechnologie. Sie studierte Volkswirtschaftslehre und Informatik an der Technischen Universität Berlin. In Beratungs- und Entwicklungsprojekten unterstützt sie Unternehmen, IT-Risiken besser zu verstehen und Sicherheitslösungen im Hinblick auf die Anforderungen der Geschäftsprozesse zu optimieren. Ihr besonderer Fokus liegt auf der Erarbeitung gut nutzbarer Methoden zur quantitativen Analyse von Sicherheitssystemen etwa mit Hilfe von Metriken. Sie ist Dozentin an der Hochschule Bonn-Rhein-Sieg für die Informatikspezialisierung Informationssicherheit.

Prof. Dr.-Ing. Sabine Wieland arbeitet als Professorin seit 2000 an der Hochschule für Telekommunikation Leipzig. Ihre Forschungsinteressen liegen im Bereich Software Engineering, hier besonders die Themen Software Requirement und Software Qualität, im Bereich Cloud Computing, hier besonders die IT Sicherheit für KMU, im Bereich IT-Infrastrukturen für Energieverteilnetze, hier besonders die Realisierung einer sicheren dezentralen IT-Infrastruktur. Für die Lehre setzt sie innovative Lehr- & Lernformen ein, um einen nachhaltigen Wissenstransfer zu ermöglichen. Sie wurde mit dem Titel „Professor des Jahres 2015" in der Kategorie Ingenieurswissenschaften/Informatik ausgezeichnet.

Dr. Johannes Wiele Managing Security Consultant, berät Organisationen in den Bereichen strategische Informationssicherheit, Security Intelligence, Cognitive Security und Datenschutz und ist Lehrbeauftragter am Institut für Internetsicherheit (if(is)), Westfälische Hochschule, Gelsenkirchen.

Holger Wieprecht IBM Executive IT Architect, berät als CTO einer IBM Enterprise Business Unit Kunden unterschiedlicher Industrien im Umfeld der digitalen Transformation.

Verzeichnis der Beitragsautoren

Torsten Andrecht IBM, Hannover, Deutschland

Daniela Duda rehm Datenschutz GmbH, München, Deutschland

Erlijn van Genuchten SySS GmbH, Tübingen, Deutschland

Alexander Geschonneck KPMG AG, Berlin, Deutschland

Andreas Hartmann HfTL, Leipzig, Deutschland

Guido Havers KPMG AG, Köln, Deutschland

Reiner Kraft Fraunhofer-Institut für Sichere Informationstechnologie, Sankt Augustin, Deutschland

André Kres IBM, Hannover, Deutschland

Jens Carsten Laue KPMG AG, Düsseldorf, Deutschland

Jorge Machado IBM, Hannover, Deutschland

Raoul Mayr IBM, Hannover, Deutschland

Martin W. Murhammer IBM, Wien, Österreich

Martin Rost Unabhängiges Landeszentrum für Datenschutz, Kiel, Deutschland

Andreas Schmengler IBM, Bonn, Deutschland

Sebastian Schreiber SySS GmbH, Tübingen, Deutschland

Aleksandra Sowa Deutsche Telekom AG, Bonn, Deutschland

Rolf Stadler IBM, Zürich, Schweiz

Mechthild Stöwer Fraunhofer-Institut für Sichere Informationstechnologie, Sankt Augustin, Deutschland

Sabine Wieland HfTL, Leipzig, Deutschland

Johannes Wiele IBM, München, Deutschland

Holger Wieprecht IBM, Hannover, Deutschland

Abkürzungsverzeichnis

Abs.	Absatz
AktG	Aktiengesetz
AP-VO	Anlage zur Prüfungsverordnung
AV	Antiviren-Software, Antiviren-Programm (kurz: AV-Software)
B.A.T.M.A.N.	Better Approach To Mobile Adhoc Networking
BDSG	Bundesdatenschutzgesetz
BMBF	Bundesministerium für Bildung und Forschung
BMI	Bundesministerium des Innern
BPMN	Business Process Model and Notation (e.g. BPMN-Diagramm)
BS WP/vBP	Berufssatzung für Wirtschaftsprüfer/vereidigte Buchprüfer
BSI	Bundesamt für Sicherheit in der Informationstechnik
CEO	Chief Executive Officer
CIO	Chief Information Officer
CISO	Chief Information Security Officer
CR	Change Request
CSMS	Cyber Security Management System
d. h.	das heißt
DDoS	Distributed-Denial-of-Service (e.g. Distributed-Denial-of-Service-Attacke)
DIN	Deutsches Institut für Normung
DNS	Domain Name Server
DoS	Denial-of-Service (e.g. Denial-of-Service-Attacke)
DSBK	Konferenz der unabhängigen Datenschutzbeauftragten des Bundes und der Länder
DS-GVO	Europäische Datenschutz-Grundverordnung
DSMS	Datenschutzmanagementsystem
ED NOCLAR	Exposure Draft Responding to Non-Compliance with Laws and Regulations
EU-VO	EU-Verordnung
ff.	fortfolgende
FTP	File Transfer Protocol (Dateiübertragungsprotokoll)
GmbHG	Gesetz betreffend die Gesellschaften mit beschränkter Haftung

GSHB	IT-Grundschutzhandbuch des BSI (IT-Grundschutz ermöglicht, notwendige Sicherheitsmaßnahmen zu identifizieren und umzusetzen)
HfTL	Hochschule für Telekommunikation Leipzig
HGB	Handelsgesetzbuch
HKI	Herrschaftsfrei kooperative Internetdienste
HSTS	HTTP Strict Transport Security
HTTP	Hypertext Transfer Protocol (Hypertext-Übertragungsprotokoll)
HTTPS	Hypertext Transfer Protocol Secure (sicheres Hypertext-Übertragungsprotokoll)
ICS	Industrial Control System (auch: Internal Control System)
IDS	Intrusion Detection System
IDW	Institut der Wirtschaftsprüfer in Deutschland e.V.
IEC	International Electrotechnical Commission
IFAC	International Federation of Accountants
IoT	Internet of Things (Internet der Dinge)
IP	Internet Protocol (e.g. IP-Adresse; TCP/IP)
ISA	International Standard on Auditing
ISM	Information Security Management (auch: IT-Sicherheitsmanagement)
ISMS	Information Security Management System
ISO	International Organization for Standardization (Internationale Organisation für Normung) internationale Vereinigung der Standardisierungsgremien, Herausgeber der ISO-Normen (z. B.: ISO/IEC 27001 ff)
IT	Informationstechnologie
IT-GS	IT-Grundschutz
ITSiG	IT-Sicherheitsgesetz, eigentlich: Gesetz zur Erhöhung der Sicherheit informationstechnischer Systeme (vom 24.7.2015)
KI	Künstliche Intelligenz (engl. Artificial Intelligence, AI)
KISS	Keep it simple and stupid
KMU	Kleine und mittlere Unternehmen
KRITIS	Kritische Infrastruktur
KWG	Gesetz über das Kreditwesen (Kreditwesengesetz)
kWh	Kilowattstunde
LARS ICS	Light and Right Security Industrial Control Systems
MANET	Mobile Ad-hoc-Netze
Mio.	Millionen
MVC	Model-View-Controller (Architekturmuster)
NBL	Newcomb Benford's Law (kurz: benfordsches Gesetz)
NIST	National Institute of Standards and Technology
OpenSSL	Open Security Socket Layer (SSL: Verschlüsselungsprotokoll zur sicheren Datenübertragung im Internet)
OTA	Over the Air
OWASP	Open Web Application Security Project

PCI	Peripheral Component Interconnect (e.g. PCI Security Standards Council)
PDCA	Plan-Do-Check-Act (Phasen des Informationssicherheitsmanagements)
PS	Prüfungsstandard
RE	Requirement Engineering
RS	Stellungnahme zur Rechnungslegung
S.	Seite
SCRUM	Vorgehensmodell des Projekt- und Produktmanagements (engl. „scrum" für „[das] Gedränge")
SDM	Standard-Datenschutzmodell
SDN	Software-defined Networking
SEA	Securities Exchange Act
SEC	Securities and Exchange Commission
SIEM	Security Information and Event Management, verbindet Security Information Management (SIM) und Security Event Manager (SEM)
SOA	Service Oriented Architecture (Serviceorientierte Architektur)
SOC	Security Operations Center
sog.	sogenannte
SQL	Structured Query Language (e.g. SQL-Injection-Angriff)
SQuaRE	Systems and software Quality Requirements and Evaluation
SSH	Secure Shell (Netzwerkprotokoll)
TCP	Transmission Control Protocol (e.g. TCP-Port; TCP/IP)
TOM	technische und organisatorische Maßnahmen
TTL	Transistor-Transistor-Logik
Tz.	Teilziffer
u. a.	unter anderem
UML	Unified Modeling Language
VDE	Verband der Elektrotechnik Elektronik Informationstechnik e.V. (e.g. VDI/VDE-Richtlinie)
VDI	Verein Deutscher Ingenieure (e.g. VDI/VDE-Richtlinie)
VDMA	Verband Deutscher Maschinen- und Anlagenbau
vgl.	vergleiche
WAF	Web Application Firewall
WEA	Windenergieanlagen
WPO	Wirtschaftsprüferordnung (Gesetz über eine Berufsordnung der Wirtschaftsprüfer)
WWW	World Wide Web
z. B.	zum Beispiel

Datenschutz made in Germany – das war mal?

1

Datenschutzaudit und Standard-Datenschutzmodel

Aleksandra Sowa

> *Ich vertraue nicht auf Versprechungen und glaube nicht an Versicherungen, die sich auf einen sogenannten Humanismus berufen. Gegen eine Technologie hilft nur eine andere Technologie. Der Mensch weiß heute mehr über seine gefährlichen Neigungen als noch vor hundert Jahren, und nach weiteren hundert Jahren wird sein Wissen noch vollkommener sein. Möge er dann davon Gebrauch machen.*
>
> (Stanislaw Lem, *Summa technologiae*)

Sicherheit trotz Datenschutz? Das war gestern. Heute betonen Wissenschaftler wie Fachexperten, dass der Datenschutz gerade durch die Informations- und insbesondere Cybersicherheit erreicht bzw. wenigstens deutlich verbessert werden kann.[1] Datenschutz und sein Ruf, neue, disruptive Geschäftsideen, Innovationen oder Produktentwicklung in der IT und im Internet zu behindern, driften in die Ferne ab. Es gilt, mit technischen und mathematischen Methoden und Maßnahmen einen angemessenen Schutz und die Sicherheit der Daten zu gewährleisten.

---

[1] So u. a. Experten aus der Wirtschaft, Politik und Wissenschaft auf der Nationalen Konferenz IT-Sicherheitsforschung des Bundesministeriums für Bildung und Forschung (BMBF) am 14. und 15.02.2017 in Berlin.

A. Sowa (✉)
Deutsche Telekom AG, Bonn, Deutschland
E-Mail: a_sowa@web.de

© Springer Fachmedien Wiesbaden 2017
A. Sowa (Hrsg.), *IT-Prüfung, Sicherheitsaudit und Datenschutzmodell*,
DOI 10.1007/978-3-658-17469-9_1

1

Verbesserung der Cybersicherheit und des Schutzes der Privatsphäre sind nun gleichgestellte Ziele der deutschen und europäischen Cybersicherheitsstrategie. „Unverändert zeigt sich, dass persönliche Daten oft nur unzureichend geschützt sind" [1], stellen Autoren des Positionspapiers *Cybersicherheit in Deutschland* fest, dabei können Grundrechte und Werte gerade durch die Informationstechnologie gestärkt werden. Was Internetkonzerne wie Apple oder Facebook aus dem Silicon Valley als neues Geschäftsmodell und Wettbewerbsvorteil für sich entdecken, indem sie beispielsweise die Kundendaten mit der Verschlüsselung gegen die Eingriffe Dritter – auch der Staaten und ihrer Behörden oder Geheimdienste – schützen [2], bekommt nun auch in Europa einen kleinen Schub nach vorne. Federführend verantwortlich für den Paradigmenwechsel: die EU-Datenschutz-Grundverordnung.

Die europäische Datenschutz-Grundverordnung, kurz: DS-GVO, bringt die beiden Disziplinen – den Datenschutz und die Datensicherheit – wieder zueinander. Ob mit Konzepten wie Privacy-by-Design, die die Implementierung von (insbesondere technischen) Maßnahmen bei der Entwicklung von Produkten und Dienstleistungen erfordern, oder durch klare Vorgaben für den Einsatz technisch-organisatorischer Maßnahmen (bekannt u. a. aus der Anlage zu § 9 BDSG), um ein angemessenes Niveau des Schutzes personenbezogener Daten zu gewährleisten.

DS-GVO gilt in allen Mitgliedstaaten der EU einheitlich, erklärt Daniela Duda, Geschäftsführerin der rehm Datenschutz GmbH, die bei verschiedenen mittelständischen, auch weltweit agierenden Unternehmen und Start-ups als Datenschutzbeauftragte bestellt ist, im Kap. 2. Um dies sicherzustellen, sind eine gleichmäßige Kontrolle der Verarbeitung personenbezogener Daten und gleichwertige Sanktionen in allen Mitgliedstaaten sowie eine wirksame Zusammenarbeit zwischen den Aufsichtsbehörden der einzelnen Mitgliedstaaten vorgesehen. So möchte der Regulierer gewährleisten, dass zum Stichtag (25. Mai 2018) die Datenschutzorganisation in Unternehmen und Organisationen die Regelungen der EU-Datenschutz-Grundverordnung einhält.

Doch die DS-GVO belässt es nicht bei der Aufsicht und Vorgaben. Unter anderem erwarten die Unternehmen umfangreiche Änderungen bzgl. der Anforderungen und Pflichten (hier etwa die Rechenschafts- und Nachweispflichten) und Vorschriften zur Eindämmung der Unternehmensrisiken. Art. 24 der DS-GVO benennt sehr konkret auch Nachweis- und Rechenschaftspflichten, die Organisationen (bis auf wenige Ausnahmen) zu erfüllen haben: „Der Verantwortliche setzt unter Berücksichtigung der Art, des Umfangs, der Umstände und der Zwecke der Verarbeitung sowie der unterschiedlichen Eintrittswahrscheinlichkeit und Schwere der Risiken für die Rechte und Freiheiten natürlicher Personen geeignete technische und organisatorische Maßnahmen um, um sicherzustellen und den Nachweis dafür erbringen zu können, dass die Verarbeitung gemäß dieser Verordnung erfolgt. Diese Maßnahmen werden erforderlichenfalls überprüft und aktualisiert."

Deutschen Unternehmen sollten die Vorgaben bezüglich technisch-organisatorischer Maßnahmen (sogenannte TOMs) vertraut sein, die in Form von acht Datenschutzkontrollen in der Anlage zu § 9 BDSG vom Gesetzgeber definiert wurden. Angemessene Zutritts-, Zugangs- und Zugriffs-, Weitergabe-, Eingabe-, Auftrags- und Verfügbarkeitskontrollen sowie das Trennungsgebot dürften weitgehend implementiert und ihre Wirksamkeit in

Prüfungen (Datenschutzaudit, Jahresabschlussprüfung gemäß IDW PS 330, FAIT1-3 etc.) bewertet und beurteilt werden.

Eine bis heute durch den Gesetzgeber nicht adressierte Frage des Bundesdatenschutzauditgesetzes im Sinne von §9a BDSG, der die Einführung eines Datenschutzaudits mit der Begründung ankündigt, „datenschutzrechtliche Produkte auf dem Markt zu fördern, indem deren Datenschutzkonzept geprüft und bewertet wird" [3], greift die DS-GVO konkret auf. Ein Datenschutzausschuss, bestehend aus dem Leiter einer Aufsichtsbehörde jedes Mitgliedstaats und dem Europäischen Datenschutzbeauftragten oder ihren jeweiligen Vertretern, soll sich der Förderung der Ausarbeitung von Verhaltensregeln und der Einrichtung von datenschutzspezifischen Zertifizierungsverfahren sowie Datenschutzsiegeln und -prüfzeichen gemäß den Art. 40 und 42 DS-GVO befassen. Zum Zwecke der Zertifizierung werden konkrete Prüffragen und Prüfungsarten erwartet, welche als Grundlage zur Bewertung der Datenschutzorganisation und Umsetzung der Datenschutzvorgaben in einem Unternehmen herangezogen werden können.

Als methodische Hilfe zur Umsetzung von Datenschutzanforderungen sowie zur Umsetzung von Datenschutzprüfungen und -beratungen kann das Standard-Datenschutzmodell (SDM) herangezogen werden. Das SDM ermöglicht es den Unternehmen und Organisationen, in einer übersichtlichen Form die datenschutzrechtlich bestehenden Anforderungen vollumfänglich zu berücksichtigen und die daraus abgeleiteten Funktionen und Schutzmaßnahmen zu spezifizieren, zu identifizieren und ggf. auch deren Umsetzung nachzuweisen.

Der Vorteil des Standard-Datenschutzmodells, das unter dem Eindruck des Bundesdatenschutzgesetzes sowie der drei Typen von deutschen Landesdatenschutzgesetzen entwickelt wurde, ist, dass es mit den Anforderungen der europäischen Datenschutz-Grundverordnung kompatibel ist. SDM ist somit sehr gut zur Operationalisierung der Anforderungen aus der DS-GVO geeignet. Martin Rost vom Unabhängigen Landeszentrum für Datenschutz, aktuell Leiter der „Unterarbeitsgruppe Standard-Datenschutzmodell" der Konferenz der Datenschutzbeauftragten des Bundes und der Länder, führt vor dem Hintergrund der nun herausragenden Bedeutung für die Prüf- und Beratungspraxis im Datenschutz in dem Kap. 3 das SDM vor.

Das SDM nimmt zur Legitimation Bezug auf die Grundrechtecharta der Europäischen Union, deren Rechte durch die DS-GVO in datenschutzrechtliche Anforderungen transformiert werden. Für die Verankerung des SDM in der DS-GVO sind insbesondere die Art. 5 DS-GVO („Grundsätze für die Verarbeitung personenbezogener Daten") sowie Art. 32 („Sicherheit der Verarbeitung") relevant. Diese Artikel formulieren wesentliche Regelungen, mit denen abstrakt-rechtliche und konkret-operative Anforderungen verbunden sind. Das SDM nimmt die „Grundsätze" von Art. 5 DS-GVO auf, formuliert sie in der Absicht der Operationalisierung als „Ziele" um und verbindet diese mit einem Katalog an konkreten, technischen und organisatorischen Schutzmaßnahmen, die als „Stand der Technik" zu gelten haben. Aufgrund dieser Verbindung von normativen Anforderungen und konkreten Referenzmaßnahmen ist es dem Prüfer eines personenbezogenen Verfahrens möglich, die Funktionen eines Verfahrens und das Vorhandensein oder Fehlen von Schutzmaßnahmen bei laufenden oder geplanten Verfahren festzustellen. Ein Verfahren kann der Logik des SMD folgend sowohl hinsichtlich der sogenannten Datenschutz-Compliance (Ordnungsmäßigkeit) als auch der Wirksamkeit der Maßnahmen und Kontrollen hinsichtlich der definierten Ziele bewertet und beurteilt werden. Im Zentrum des SDM, das in Form eines Handbuchs vom Arbeitskreis Technik der „Konferenz der unabhängigen Datenschutzbeauftragten des Bundes und der Länder" (DSBK) erarbeitet wurde, stehen Schutz- bzw. „Gewährleistungsziele".

Das Modell ist gleichwohl im Rahmen von Datenschutzprüfungen und -audits durch die Aufsichtsbehörden, Datenschutzbeauftragten der Länder sowie durch die Datenschutzverantwortlichen in Unternehmen und Organisationen, durch Prüfer, Auditoren oder Revisoren operationalisierbar.

Die europäische Datenschutz-Grundverordnung ist nicht die einzige Initiative des Europäischen Parlaments, die auf die deutschen Unternehmen im Kontext der Umsetzung von Compliance-Anforderungen zukommt. Auch die aktuelle EU-Verordnung 537/2014 (Umsetzung in das deutsche Recht bis zum 17. Juni 2016 [4])[2] soll den besonderen, steigenden Anforderungen an die Prüfer Rechnung tragen. Wirtschaftskriminalität und Compliance-Verstöße stellen immer häufiger ein zentrales Problem in der Jahresabschlussprüfung dar, durch das das Vertrauen in die Testate sowie die Aussagekraft des Bestätigungsvermerks infrage gestellt werden könnten.

Deckt der Jahresabschlussprüfer im Rahmen der Jahresabschlussprüfung Unregelmäßigkeiten auf, kommen auf ihn gemäß IDW PS 210 – „Zur Aufdeckung von Unregelmäßigkeiten im Rahmen der Abschlussprüfung" – weitere Prüfpflichten zu. Er hat neben seinen eigenen Ermittlungen die vom Mandanten durchgeführte Untersuchung zu begleiten und Schlussfolgerungen daraus zu ziehen, um seiner Prüfungs-, Mitteilungs- und Berichterstattungspflicht nachzukommen. „Die Aufdeckung und Untersuchung doloser Handlungen (Straftaten und/oder sonstige Rechtsverstöße) sind nicht die Hauptaufgabe des IT-Prüfers im Rahmen einer Abschlussprüfung", wie im Kapitel „IT-Revision bei Betrugsaufdeckung und Investigation" des Werkes *IT-Audit, IT-Prüfung und IT-Compliance* erläutert wurde. „Für den IT-Prüfer stehen vielmehr die Bewertung und Beurteilung der Ordnungsmäßigkeit und der Wirksamkeit des rechnungslegungsrelevanten IT-System im Fokus" [5]. Im Falle von sogenannten Zufallsfunden oder wenn ein Verstoß bekannt wird, hat die Unternehmensführung interne Ermittlungen zu beauftragen, um die dolosen Handlungen aufzuklären. Vorgehensweisen und Befugnisse interner Revision wurden im o. g. Kapitel von *IT-Audit, IT-Prüfung und IT-Compliance* beschrieben. Jens Carsten Laue, Alexander Geschonneck und Guido Havers von der KPMG AG zeigen in Kap. 4, wie externe Jahresabschlussprüfer im Rahmen einer Sonderuntersuchung (sogenanntes Shadow Audit) die vom Unternehmen durchgeführte Untersuchung begleiten und Schlussfolgerungen daraus ziehen, um ihrer Prüfungs-, Mitteilungs- und Berichterstattungspflicht nachzukommen. Der IDW PS 210 regelt die Vorgehensweise der Abschlussprüfer bei der Beurteilung von Unregelmäßigkeiten im Rahmen einer Jahresabschlussprüfung. Zudem ergeben sich durch die EU-Abschlussprüferreform neue Regelungen, die Informationen

---

[2] Zur Umsetzung der Richtlinie vgl. BMJV.

innerhalb des Shadow Audits in die Berichterstattung einbeziehen und zusätzliche Auskünfte durch den Abschlussprüfer fordern.

Eine nicht unwesentliche Rolle bei den Ermittlungen und forensischen Investigationen durch interne oder externe Prüfer spielen die datenschutzrechtlichen Normen, die den Umgang mit personenbezogenen Daten – auch im Rahmen von Sonderprüfungen – regeln ([3], S 185–203).[3] Der Umgang mit den personenbezogenen Daten gewinnt nicht zuletzt im Hinblick auf die Novellierung des Bundesdatenschutzgesetzes (BDSG), hier insbesondere § 32 BDSG zum Beschäftigtendatenschutz, durch Umsetzung der europäischen DS-GVO in das deutsche Recht sowie dank der Datenschutzskandale in deutschen Unternehmen stetig an Bedeutung für die Revisionsarbeit. Während die automatisierten Datenauswertungen – und die damit verbundenen datenschutzrechtlichen Aspekte der Datenauswertung – in der Revisionsarbeit relativ neu sind, ist die Auswertung personenbezogener Daten kein neues Thema, d. h., es besteht im Kernproblem unabhängig von der IT und ist nicht nur auf den Einsatz IT-gestützter Auswertungen beschränkt [6].[4] Personenbezogene Daten sollten nicht nur bei Datenauswertungen, sondern in jeder Prüfungsphase, bei den Interviews, beim Sichten von Akten und Unterlagen, bei der Dokumentation und Archivierung besonders beachtet werden.

Bislang gilt die Norm auch für die Auswertungen von Internetnutzungsdaten sowie die E-Mails der Beschäftigten, welche bei konkretem Verdacht auf Straftaten durch die internen/externen Ermittler, durch die interne Revision oder IT-Forensik ausgewertet werden sollen. Der Entscheidungsprozess orientiert sich an der Norm sowie der aktuellen Rechtsprechung. Nach herrschender Meinung bezieht sich § 32 Abs. 1 Satz 2 auf die Verfolgung potenzieller Straftaten, welche sich gegen das Unternehmen richten. Die Verfolgung von Ordnungswidrigkeiten wird dadurch jedoch nicht verboten. Ob und inwieweit die Entscheidungsprozesse für oder wider den Auswertungen personenbezogener Daten im Rahmen einer internen Ermittlung durch die europäische Datenschutz-Grundverordnung beeinflusst und verändert werden, erfordert weiterer Erforschung.

Literatur

1. Waidner M, Backes M, Müller-Quade J (2017) Positionspapier „Cybersicherheit in Deutschland". Fraunhofer Verlag, Stuttgart
2. Sowa A (2016) Diese Nachricht wird sich in drei Sekunden selbst vernichten. Das Netz 2016–2017. Jahresrückblick Digitalisierung und Gesellschaft, S 102–105
3. Sowa A, Duscha P, Schreiber S (2015) IT-revision, IT-audit und IT-compliance. Neue Ansätze für die IT-Prüfung. Springer Vieweg, Wiesbaden
4. BMJV (2016) Gesetz zur Umsetzung der prüfungsbezogenen Regelungen der Richtlinie 2014/56/EU sowie zur Ausführung der entsprechenden Vorgaben der Verordnung (EU) Nr. 537/2014 im Hinblick auf die Abschlussprüfung bei Unternehmen von öffentlichem Interesse (Abschlussprü-

---

[3] Vgl. dazu Kapitel „Data Mining und Data Matching versus Datenschutz".
[4] Vgl. dazu GDD und DIIR.

fungsreformgesetz – AReG). https://www.bmjv.de/SharedDocs/Gesetzgebungsverfahren/DE/
Abschlusspruefungsreformgesetz.html. Zugegriffen am 10.05.2016
5. Sowa A (2015) IT-Revision bei Betrugsaufdeckung und Investigation. In: Sowa A, Duscha P,
Schreiber S (Hrsg) IT-Revision, IT-Audit und IT-Compliance. Neue Ansätze für die IT-Prüfung.
Springer Vieweg, Wiesbaden, S 131–150 (134)
6. GDD und DIIR (2009) Datenauswertungen und personenbezogene Datenanalyse: Beispiele
für den praktischen Umgang im Revisionsumfeld. Deutsches Institut für Interne Revision e.V.,
Frankfurt am Main

Dokumentationspflichten der DS-GVO als Prüfgegenstand

2

Feststellung der Gewährleistung gesetzeskonformer Datenschutzstrukturen im Unternehmen

Daniela Duda

2.1 Vorwort

Die **EU-Datenschutz-Grundverordnung** (DS-GVO) wurde am 4. Mai 2016 verkündet und ist mit Wirkung zum 25. Mai 2016 in Kraft getreten. Sie stellt einen klaren Paradigmenwechsel dar.

Die Ziele und Grundsätze der Richtlinie 95/46/EG besitzen zwar nach wie vor Gültigkeit, doch hat die Richtlinie es nicht erreichen können, dass der Datenschutz in der EU in einem Maße harmonisiert gehandhabt wird, die es gewährleistet, dass bisweilen große Unterschiede beim Schutzniveau für die Rechte und Freiheiten von natürlichen Personen im Zusammenhang mit der Verarbeitung personenbezogener Daten in den Mitgliedstaaten, vor allem beim Recht auf Schutz dieser Daten, bestehen. Denn die Mitgliedstaaten setzten die Richtlinie 95/46/EG teils deutlich abweichend um.

Diese Unterschiede stellten aus Sicht der EU-Politiker ein Hemmnis für die unionsweite Ausübung von Wirtschaftstätigkeiten dar, waren geeignet, den Wettbewerb zu verzerren, und hinderten die Behörden an der Erfüllung der ihnen nach dem Unionsrecht obliegenden Pflichten.

Die bislang gültige Richtlinie 95/46/EG wird durch die DS-GVO aufgehoben. Für Unternehmen (und Behörden) bedeutet dies, dass Verarbeitungen, die zum Zeitpunkt der Anwendung dieser Verordnung bereits begonnen haben, innerhalb von zwei Jahren nach dem Inkrafttreten dieser Verordnung mit ihr in Einklang gebracht werden müssen. Auf der Richtlinie 95/46/EG beruhende Entscheidungen bzw. Beschlüsse der Kommission und Genehmigungen der Aufsichtsbehörden bleiben in Kraft, bis sie geändert, ersetzt oder

D. Duda (✉)
rehm Datenschutz GmbH, München, Deutschland
E-Mail: daniela.duda@rehm-datenschutz.de

© Springer Fachmedien Wiesbaden 2017

7

A. Sowa (Hrsg.), *IT-Prüfung, Sicherheitsaudit und Datenschutzmodell*,
DOI 10.1007/978-3-658-17469-9_2

aufgehoben werden, was durchaus als Hilfestellung in der Bewertung mancher Sachverhalte zu sehen ist. Eine grundlegende Gemeinsamkeit ist bei der Richtlinie 95/46/EG und der DS-GVO auch darin zu sehen, dass sich die Reduzierung datenschutzrechtlicher Risiken bzw. die Minimierung von Gefährdungspotenzialen bei der Verarbeitung personenbezogener Daten, egal ob als verantwortliche Stelle oder als Auftragsverarbeiter, im Fokus der Regulierung befinden.

In der Konsequenz bedeutet dies, dass zur Gewährleistung eines gleichmäßigen Datenschutzniveaus für natürliche Personen etwaige Unterschiede, die den freien Verkehr personenbezogener Daten im Binnenmarkt behindern könnten, beseitigt werden sollen. Dementsprechend soll diese Verordnung für alle Wirtschaftsteilnehmer Rechtssicherheit und Transparenz schaffen und natürliche Personen in allen Mitgliedstaaten mit demselben Niveau an durchsetzbaren Rechten ausstatten sowie dieselben Pflichten und Zuständigkeiten für die sogenannten Verantwortlichen und Auftragsverarbeiter schaffen. Sie gilt in allen Mitgliedstaaten der EU einheitlich. Um dies zu gewährleisten, sind eine gleichmäßige Kontrolle der Verarbeitung personenbezogener Daten und gleichwertige Sanktionen in allen Mitgliedstaaten sowie eine wirksame Zusammenarbeit zwischen den Aufsichtsbehörden der einzelnen Mitgliedstaaten vorgesehen.

Es gilt nun sicherzustellen, dass zum Stichtag 25. Mai 2018 die Datenschutzorganisation des Unternehmens die Regelungen der EU-Datenschutz-Grundverordnung einhält.

Hier erwarten das Unternehmen u. a. umfangreiche Änderungen bzgl. der Anforderungen und Pflichten (hier etwa die Rechenschafts- und Nachweispflichten) und Vorschriften zur Eindämmung der Unternehmensrisiken.

Als Motivation hierfür sind, neben dem Umstand, dass Gesetze einzuhalten als Grundbedingung eines ordentlichen Geschäftsgebarens zu sehen sein wird, sicherlich auch die Bußgelder zu betrachten. Gemäß Erwägungsgrund 151 Satz 4 der DS-GVO gilt: „In jeden Fall sollten die verhängten Geldbußen wirksam, verhältnismäßig und abschreckend sein." In Bezug auf die Rechenschaftsnachweispflichten können Verstöße mit Geldbußen von bis zu 20 Mio. € oder bis zu vier Prozent des gesamten weltweit erzielten Jahresumsatzes geahndet werden.[1]

Bis also am 25. Mai 2018 die DS-GVO letzten Endes gilt, besteht keinesfalls Stillstand im Datenschutz. Viele der heutigen Unternehmensprozesse werden wegweisend und investitionssichernd diesen Schritt vorbereiten.

Art. 24 der DS-GVO benennt sehr konkret das Erfordernis, die Nachweis- und Rechenschaftspflichten zu erfüllen: „Der Verantwortliche setzt unter Berücksichtigung der Art, des Umfangs, der Umstände und der Zwecke der Verarbeitung sowie der unterschiedlichen Eintrittswahrscheinlichkeit und Schwere der Risiken für die Rechte und Freiheiten natürlicher Personen **geeignete technische und organisatorische Maßnahmen** um, um sicherzustellen und den Nachweis dafür erbringen zu können, dass die Verarbeitung gemäß dieser Verordnung erfolgt. Diese Maßnahmen werden erforderlichenfalls überprüft und aktualisiert. Diese Maßnahmen werden erforderlichenfalls überprüft und aktualisiert" (vgl. dazu [1, 2]).

---

[1] Vgl. Art. 83 Abs. 5 DS-GVO [1].

Im Erwägungsgrund 75 wird hierzu erklärend ausgeführt: Die Verantwortung und Haftung des Verantwortlichen für jedwede Verarbeitung personenbezogener Daten, die durch ihn oder in seinem Namen erfolgt, sollte geregelt werden. Insbesondere sollte der Verantwortliche geeignete und wirksame Maßnahmen treffen müssen und nachweisen können, dass die Verarbeitungstätigkeiten im Einklang mit dieser Verordnung stehen und die Maßnahmen auch wirksam sind. Dabei sollte er die Art, den Umfang, die Umstände und die Zwecke der Verarbeitung und das Risiko für die Rechte und Freiheiten natürlicher Personen berücksichtigen.

Und auch Art. 5 Abs. 2 DS-GVO lässt hier hinsichtlich der Erforderlichkeit korrekter Dokumentation keinen Interpretationsspielraum zu: „Der Verantwortliche ist für die Einhaltung des Abs. 1 verantwortlich und muss dessen Einhaltung nachweisen können (‚Rechenschaftspflicht‘)."

Auch hier ist die Lektüre des zugehörigen Erwägungsgrundes 39 eine wichtige Grundlage, um die Tragweite dieses Artikels zu erkennen und die Motivation des Gesetzgebers nachvollziehen zu können. Es finden sich darin klare Vorgaben, wie etwa Zweckbestimmung, Transparenz, leichte Zugänglichkeit, Informations- und Aufklärungspflichten, Datenminimierung, Korrekturrechte, Speicherbegrenzung, Sicherheit, Vertraulichkeit und eine Gewährleistung der Sicherheit der Geräte, mit welchen die Daten verarbeitet werden.

2.2 Verfahrensverzeichnis nach dem BDSG

Das Bundesdatenschutzgesetz (BDSG) sieht eine Überwachung der Rechtmäßigkeit aller Datenverarbeitungsvorgänge und dazu eine entsprechende Dokumentation vor. Konkret sind die Anforderungen in § 4 f i. V. m. § 4e BDSG festgelegt (vgl. [3]). Es sind hierbei verschiedene Begrifflichkeiten im Umlauf, die in der Praxis teils missverständlich Verwendung finden:

- **Verarbeitungsübersicht** =
  Übersicht über die in § 4e Satz 1 BDSG genannten Angaben sowie über zugriffsberechtigte Personen. Die Verarbeitungsübersicht ist nicht öffentlich.
- **Verfahrensverzeichnis** =
  Leitet sich aus der in § 4 g Abs. 2 Satz 1 BDSG genannten Übersicht ab, welche auf Basis der Vorgaben von § 4e Satz 1 BDSG aufgebaut sein muss.
- **Öffentliches Verfahrensverzeichnis** =
  Übersicht über die in § 4e Satz 1 Nr. 1 bis 8 BDSG genannten Angaben, welche das Unternehmen grundlegend auf jedermanns Anfrage zu erteilen hat.
- **Vorabkontrolle** =
  Verfahren, welche vor ihrem Beginn durch den Datenschutzbeauftragten zu prüfen sind. Nämlich dann, wenn diese automatisierten Verarbeitungen besondere Risiken für die Rechte und Freiheiten der Betroffenen aufweisen.

2.3   Vorabkontrolle nach dem BDSG

Vorabkontrollen sind insbesondere durchzuführen, wenn

1. besondere Arten personenbezogener Daten[2] verarbeitet werden oder
2. die Verarbeitung personenbezogener Daten dazu bestimmt ist, die Persönlichkeit des
   Betroffenen einschließlich seiner Fähigkeiten, seiner Leistung oder seines Verhaltens
   zu bewerten. Es sei denn, dass eine gesetzliche Verpflichtung oder eine Einwilligung
   des Betroffenen für diese Verarbeitung vorliegt oder die Erhebung, Verarbeitung oder
   Nutzung für die Begründung, Durchführung oder Beendigung eines rechtsgeschäftlichen oder rechtsgeschäftsähnlichen Schuldverhältnisses mit dem Betroffenen

erforderlich ist.

Der Fokus der Verarbeitungsübersicht liegt heute in der Dokumentation der Zweckbestimmung der Verarbeitung und dem Nachweis der im angemessenen Umfang ergriffenen
Datenschutz- und Datensicherheitsmaßnahmen und bildet also bereits heute die Grundlage eines gesetzeskonformen Datenschutzmanagements. Das BDSG bewertet, im Gegensatz zur EU-Datenschutz-Grundverordnung, ein fehlendes Verfahrensverzeichnis an sich
erst einmal nicht als bußgeldbewährte Ordnungswidrigkeit.

Das Verfahrensverzeichnis von heute stellt ein Kernelement zur übersichtlichen Bewer-
tungsgrundlage der Veränderungen von morgen dar.

2.4   Meldepflicht nach dem BDSG

Ein recht stiefmütterlich behandeltes Thema ist die **Meldepflicht**. Dabei kann eine fehlende Meldung gemäß § 4d Abs. 1 BDSG sanktioniert werden.[3]

Unter „Meldung" ist hier das Erfordernis zu verstehen, dass im Falle dessen, dass die
verantwortliche Stelle keinen Datenschutzbeauftragten bestellt hat, oder/und dass es sich
um automatisierte Verarbeitungen handelt, in denen geschäftsmäßig personenbezogene
Daten von der jeweiligen Stelle

- zum Zweck der Übermittlung,
- zum Zweck der anonymisierten Übermittlung oder
- für Zwecke der Markt- oder Meinungsforschung

gespeichert werden, eine den Vorgaben entsprechende Meldung an die zuständige Aufsichtsbehörde zu übermitteln ist.

---

[2] Vgl. § 3 Abs. 9 BDSG.
[3] Vgl. § 43 Abs. 1 Nr. 1 BDSG in Verbindung mit § 4d Abs. 1 BDSG.

Die Meldepflicht entfällt, außer eben in den o. g. drei Fällen im Rahmen des BDSG, wenn die verantwortliche Stelle einen Datenschutzbeauftragten hat oder personenbezogene Daten nur für eigene Zwecke erhoben, verarbeitet oder genutzt werden, hierbei in der Regel höchstens neun Personen ständig mit der Erhebung, Verarbeitung oder Nutzung personenbezogener Daten beschäftigt und entweder eine Einwilligung des Betroffenen vorliegt oder die Erhebung, Verarbeitung oder Nutzung für die Begründung, Durchführung oder Beendigung eines rechtsgeschäftlichen oder rechtsgeschäftsähnlichen Schuldverhältnisses mit dem Betroffenen erforderlich ist.

2.5 Verzeichnis von Verarbeitungstätigkeiten gemäß DS-GVO

Die EU-Datenschutz-Grundverordnung verschärft die **Dokumentationspflichten** und auch die **Meldepflichten**. Dokumentationsanforderungen der DS-GVO sind in Summe weiter gefasst jene des BDSG (siehe Tab. 2.1).

Bezogen nun auf den „Nachfolger" von Verfahrensverzeichnis oder Verarbeitungsübersicht, das „Verzeichnis von Verarbeitungstätigkeiten", geregelt in Art. 30 DS-GVO, liegt der Fokus der Dokumentation nun nicht mehr in der Zweckbestimmung der Verarbeitung und dem Nachweis der im angemessenen Umfang ergriffenen Datenschutz- und Datensicherheitsmaßnahmen,[4] sondern dient primär der Erfüllung der Rechenschaftspflichten.[5] Denn die verantwortliche Stelle muss geeignete und wirksame Maßnahmen treffen und durch diese nachweisen können, dass die Verarbeitungstätigkeiten im Einklang mit der DS-GVO stehen und die Maßnahmen auch wirksam sind. Dabei sind die Art, der Umfang, die Umstände und die Zwecke der Verarbeitung sowie das Risiko für die Rechte und Freiheiten natürlicher Personen zu berücksichtigen.

Art 30 DSGVO entspricht weitgehend dem § 4e BDSG und listet in Abs. 1 alle Angaben auf, die ein „Verzeichnis von Verarbeitungstätigkeiten" enthalten muss.

2.5.1 Erleichterung für KMU?

Art. 30 Abs. 5 DS-GVO befreit Unternehmen von der Pflicht zum Führen eines Tätigkeitsverzeichnisses. Aber nur dann, wenn weniger als 250 Mitarbeiter beschäftigt werden. Auch gilt diese Ausnahme nur für „gelegentliche" Verfahren. Kleine Unternehmen werden nicht vollends aus der Verpflichtung entlassen, ein Verzeichnis von Verarbeitungstätigkeiten zu erstellen. So müssen auch diese alle dauerhaften Verarbeitungsprozesse dokumentieren, wie Personal- oder Kundenmanagement oder Verfahren der Buchhaltung. Auch wenn eine gelegentliche Datenverarbeitung sensible Daten betrifft oder wenn diese Verarbeitung „ein Risiko für die Rechte und Freiheiten der betroffenen Personen birgt", ist sie in das Verzeichnis aufzunehmen.

---

[4] Vgl. § 4 g Abs. 1 Nr. 1 und Abs. 2 mit § 4e Satz 1 Nr. 4 und 9 BDSG.
[5] Vgl. Art. 24 DS-GVO in Verbindung mit Erwägungsgrund 74.

Tab. 2.1 Gegenüberstellung BDSG – DS-GVO

4e BDSG – Satz 1 …	Art. 30 DS-GVO Abs. 1 …
1. Name oder Firma der verantwortlichen Stelle, 2. Inhaber, Vorstände, Geschäftsführer oder sonstige gesetzliche oder nach der Verfassung des Unternehmens berufene Leiter und die mit der Leitung der Datenverarbeitung beauftragten Personen, 3. Anschrift der verantwortlichen Stelle,	a) den Namen und die Kontaktdaten des Verantwortlichen und gegebenenfalls des gemeinsam mit ihm Verantwortlichen, des Vertreters des Verantwortlichen sowie eines etwaigen Datenschutzbeauftragten;
4. Zweckbestimmungen der Datenerhebung, -verarbeitung oder -nutzung,	b) die Zwecke der Verarbeitung;
5. eine Beschreibung der betroffenen Personengruppen und der diesbezüglichen Daten oder Datenkategorien,	c) eine Beschreibung der Kategorien betroffener Personen und der Kategorien personenbezogener Daten;
6. Empfänger oder Kategorien von Empfängern, denen die Daten mitgeteilt werden können,	d) die Kategorien von Empfängern, gegenüber denen die personenbezogenen Daten offengelegt worden sind oder noch offengelegt werden, einschließlich Empfänger in Drittländern oder internationalen Organisationen;
8. eine geplante Datenübermittlung in Drittstaaten,	e) gegebenenfalls Übermittlungen von personenbezogenen Daten an ein Drittland oder an eine internationale Organisation, einschließlich der Angabe des betreffenden Drittlands oder der betreffenden internationalen Organisation sowie bei den in Art. 49 Abs. 1 Unterabsatz 2 genannten Datenübermittlungen die Dokumentierung geeigneter Garantien;
7. Regelfristen für die Löschung der Daten,	f) wenn möglich, die vorgesehenen Fristen für die Löschung der verschiedenen Datenkategorien;
9. eine allgemeine Beschreibung, die es ermöglicht, vorläufig zu beurteilen, ob die Maßnahmen nach § 9 zur Gewährleistung der Sicherheit der Verarbeitung angemessen sind.	g) wenn möglich, eine allgemeine Beschreibung der technischen und organisatorischen Maßnahmen gemäß Art. 32 Abs. 1.

Waren in Zeiten des BDSG kleine Handwerksbetriebe oder Arztpraxen potenziell von Melde- und Dokumentationspflichten in Teilen oder weitgehend befreit, so schafft nun der Art. 30 DS-GVO auch für diese das Erfordernis zum Führen eines Verzeichnisses.

Nach dem Willen des Gesetzgebers in Art. 30 Abs. 4 DS-GVO soll zudem durch das Verzeichnis von Verarbeitungtätigkeiten der zuständigen Aufsichtsbehörde ermöglicht werden, die Verarbeitungsvorgänge des Unternehmens zu kontrollieren. Zu diesem Zweck ist es bei Bedarf der Aufsichtsbehörde in schriftlicher oder elektronischer Form zur Verfügung zu stellen. Damit ist das Verzeichnis der Verarbeitungstätigkeiten wohl sogar der wichtigste Baustein im Rahmen der Erfüllung der Nachweispflichten im Sinne der §§ 5 und 24 DS-GVO.

2.5.2 Wegfall des Jedermannverzeichnisses

Die DS-GVO kennt das Einsichtsrecht für jedermann nicht. Sie berechtigt nur die Aufsichtsbehörden zur Einsicht in das Verzeichnis. Das Erfordernis zum Führen des sogenannten Jedermannverzeichnisses fällt mit 25. Mai 2018 somit ersatzlos weg. Es mag allerdings sinnvoll sein, dennoch eine „öffentliche Form" vorzusehen. Denn Auftraggeber werden sich vor dem Hintergrund der DS-GVO über den datenschutzkonformen Umgang informieren müssen. Hierzu wurde bereits in der Vergangenheit bisweilen das Verfahrensverzeichnis bemüht. Hier aber böte zukünftig die sehr detailliert aufzustellende Dokumentation durchaus zu viel Einblick, denn es werden auch deutlich mehr sicherheitsrelevante Fakten enthalten sein.

Eine abgespeckte Sicht verfügbar zu halten mag sinnvoll sein.

2.5.3 Verzeichnis des Auftragsverarbeiters

Hinzugekommen ist die Pflicht des Auftragsverarbeiters zum Führen eines Verzeichnisses.

Dieser muss nun nach Art. 30 Abs. 2 DS-GVO ein Verzeichnis zu allen Kategorien von im Auftrag eines Verantwortlichen durchgeführten Tätigkeiten der Verarbeitung führen. Es entsteht also ein gesondertes Verzeichnis für die Datenprozesse, die ein Unternehmen als Auftragnehmer für den Auftraggeber durchführt.

2.6   Weitere Dokumentationspflichten

2.6.1 Datenschutz-Folgenabschätzung

Birgt eine geplante Datenverarbeitung voraussichtlich ein hohes Risiko für die Rechte und Freiheiten des Betroffenen, dann schreibt bereits das BDSG die Durchführung einer sogenannten Vorabkontrolle vor.[6] Die Vorabkontrolle soll sicherstellen, dass eine rechtliche und risikobewertende Überprüfung des beabsichtigten Vorhabens noch vor dessen Umsetzung erfolgt und somit Rechtsverletzungen gegen natürliche Personen bereits im Vorfeld vermieden werden.

---

[6] Vgl. § 4d Abs. 5 BDSG.

Die **Folgenabschätzung** aus § 35 DS-GVO ersetzt diese Vorabkontrolle und möchte besonders kritische Fälle der Datenverarbeitung wie z. B. den Umgang mit sensiblen Daten oder die Bewertung von Personen durch automatisierte Verfahren gesondert geprüft sehen.[7] Eine Datenschutz-Folgenabschätzung ist insbesondere in folgenden Fällen erforderlich:

a. systematische und umfassende Bewertung persönlicher Aspekte natürlicher Personen, die sich auf automatisierte Verarbeitung einschließlich Profiling gründet und die ihrerseits als Grundlage für Entscheidungen dient, die Rechtswirkung gegenüber natürlichen Personen entfalten oder diese in ähnlich erheblicher Weise beeinträchtigen;
b. umfangreiche Verarbeitung besonderer Kategorien von personenbezogenen Daten gemäß Art. 9 Abs. 1 DS-GVO oder von personenbezogenen Daten über strafrechtliche Verurteilungen und Straftaten gemäß Art. 10 DS-GVO oder
c. systematische umfangreiche Überwachung öffentlich zugänglicher Bereiche.

Jedoch sind diese drei genannten Fälle nur ein Ausschnitt der Verarbeitungen, bei welchen eine Datenschutz-Folgenabschätzung durchzuführen sein wird. Die Meldepflicht (siehe Abschn. 2.6.2) soll durch wirksamere Verfahren und Mechanismen ersetzt werden, die gemäß Erwägungsgrund 89 DS-GVO sich stattdessen vorrangig mit denjenigen Arten von Verarbeitungsvorgängen befassen, die aufgrund ihrer Art, ihres Umfangs, ihrer Umstände und ihrer Zwecke wahrscheinlich ein hohes Risiko für die Rechte und Freiheiten natürlicher Personen mit sich bringen. Zu solchen Arten von Verarbeitungsvorgängen gehören insbesondere solche, bei denen neue Technologien eingesetzt werden oder die neuartig sind und bei denen der Verantwortliche noch keine Datenschutz-Folgenabschätzung durchgeführt hat bzw. bei denen aufgrund der seit der ursprünglichen Verarbeitung vergangenen Zeit eine Datenschutz-Folgenabschätzung notwendig geworden ist.

In Ergänzung sieht Art. 35 DS-GVO in Abs. 4 vor, dass die Aufsichtsbehörde eine Liste der Verarbeitungsvorgänge erstellt und veröffentlich, für die gemäß Art. 35 Abs. 1 DS-GVO eine Datenschutz-Folgenabschätzung durchzuführen ist.

Die **verantwortliche Stelle** ist für die Folgenabschätzung zuständig. Sofern ein Datenschutzbeauftragter benannt wurde, ist dessen Rat einzuholen.[8]

Falls das Ergebnis der Datenschutz-Folgenabschätzung der verantwortlichen Stelle lautet, dass die Verarbeitung selbst nach Anwendung aller der verantwortlichen Stelle zur Verfügung stehenden technischen und organisatorischen Maßnahmen ein hohes Risiko für die Rechte oder Freiheiten von Betroffenen bedeutet, sieht die DS-GVO ähnlich wie heute das BDSG, die Konsultation der zuständigen Aufsichtsbehörde vor.[9] Kommt die Aufsichtsbehörde zum Schluss, dass die geplanten Datenverarbeitungen nicht im Einklang mit der Verordnung stehen, unterbreitet diese binnen acht Wochen nach Erhalt des Ersuchens

---

[7] Vgl. Art. 35 Abs. 3 DS-GVO.
[8] Vgl. Art. 39 Abs. 1 c) DS-GVO.
[9] Vgl. Art. 36 Abs. 1 DS-GVO.

eine schriftliche Empfehlung zum weiteren Vorgehen.[10] Alternativ kann die Behörde ihre Befugnisse aus Art. 58 DS-GVO ausüben und z. B. Datenverarbeitung untersagen.[11]

Die Datenschutz-Folgenabschätzung sollte vom Unternehmen mit Bedacht eingesetzt werden. Eine Bewertung, warum eine Verarbeitung gerade kein hohes Risiko für die Rechte und Freiheiten natürlicher Personen haben kann oder diese durch die ergriffenen Maßnahmen in ihrer Eintrittswahrscheinlichkeit auf das geringstmögliche und ein damit vertretbares Maß reduziert wurde und damit die Verarbeitung vertretbar scheint.

Um eine Antwort auf die Frage zu erhalten, was man sich unter „Risiko für die Rechte und Freiheiten einer natürlichen Person" vorstellen soll, stehen u. a. die Erwägungsgründe 1 und 4 der DS-GVO Pate. Mutmaßlich wird es allerdings in den kommenden Monaten zu vielfältigen Diskursen kommen, die die Konkretisierung zur Bestimmung jener Verarbeitungen, die einer Datenschutz-Folgenabschätzung bedürfen, betreiben.

2.6.2 Meldepflichten

Die **Meldepflicht** kennt bereits das BDSG, wenn Dritte auf unrechtmäßige Weise Kenntnis von personenbezogenen Daten erhalten und dadurch schwerwiegende Beeinträchtigungen für die Rechte oder schutzwürdigen Interessen der Betroffenen drohen. In diesem Fall sind durch die verantwortliche Stelle die Aufsichtsbehörde und die Betroffenen zu benachrichtigen.[12]

Die EU-Datenschutz-Grundverordnung erweitert diese Pflichten in Art. 33 deutlich.

Stellt der Verantwortliche fest, dass der Schutz personenbezogener Daten verletzt wurde, muss dieser unverzüglich und möglichst binnen 72 h, nachdem ihm die Verletzung bekannt wurde, diese der Aufsichtsbehörde melden. Im Falle einer Verzögerung muss der Verantwortliche bei der Meldung eine Begründung beifügen.

Art. 33 DS-GVO
Meldung von Verletzungen des Schutzes personenbezogener Daten an die Aufsichtsbehörde

(1)   Im Falle einer Verletzung des Schutzes personenbezogener Daten meldet der Verantwortliche unverzüglich und möglichst binnen 72 h, nachdem ihm die Verletzung bekannt wurde, diese der gemäß Art. 55 zuständigen Aufsichtsbehörde, es sei denn, dass die Verletzung des Schutzes personenbezogener Daten voraussichtlich nicht zu einem Risiko für die Rechte und Freiheiten natürlicher Personen führt. Erfolgt die Meldung an die Aufsichtsbehörde nicht binnen 72 h, so ist ihr eine Begründung für die Verzögerung beizufügen.

---

[10] Vgl. Art. 36 Abs. 2 DS-GVO.
[11] Vgl. Art. 58 Abs. 2 f) DS-GVO.
[12] Vgl. § 42a BDSG.

(2) Wenn dem Auftragsverarbeiter eine Verletzung des Schutzes personenbezogener Daten bekannt wird, meldet er diese dem Verantwortlichen unverzüglich.

(3) Die Meldung gemäß Abs. 1 enthält zumindest folgende Informationen:

 a) eine Beschreibung der Art der Verletzung des Schutzes personenbezogener Daten, soweit möglich mit Angabe der Kategorien und der ungefähren Zahl der betroffenen Personen, der betroffenen Kategorien und der ungefähren Zahl der betroffenen personenbezogenen Datensätze;

 b) den Namen und die Kontaktdaten des Datenschutzbeauftragten oder einer sonstigen Anlaufstelle für weitere Informationen;

 c) eine Beschreibung der wahrscheinlichen Folgen der Verletzung des Schutzes personenbezogener Daten

 d) eine Beschreibung der von dem Verantwortlichen ergriffenen oder vorge-schlagenen Maßnahmen zur Behebung der Verletzung des Schutzes per-sonenbezogener Daten und gegebenenfalls Maßnahmen zur Abmilderung ihrer möglichen nachteiligen Auswirkungen.

(4) Wenn und soweit die Informationen nicht zur gleichen Zeit bereitgestellt werden können, kann der Verantwortliche diese Informationen ohne unangemessene weitere Verzögerung schrittweise zur Verfügung stellen.

(5) Der Verantwortliche dokumentiert Verletzungen des Schutzes personenbezogener Daten einschließlich aller im Zusammenhang mit der Verletzung des Schutzes personenbezogener Daten stehenden Fakten, von deren Auswirkungen und der ergriffenen Abhilfemaßnahmen. Diese Dokumentation ermöglicht der Aufsichts-behörde die Überprüfung der Einhaltung der Bestimmungen dieses Artikels.

Nur wenn diese Verletzung voraussichtlich nicht zu einem Risiko für die Rechte und Frei-heiten natürlicher Personen führt, kann die Meldung unterbleiben. Unabhängig von der Meldepflicht besteht eine Dokumentationspflicht für diese Datenschutzverletzungen.

Auftragsverarbeiter haben, wie auch bereits zu Zeiten des BDSG, dem Verantwortli-chen entsprechende Vorfälle melden.

2.7 Prüffragen im Bereich der Dokumentationspflichten

Die Europäische Union wird einen **Datenschutzausschuss** als Einrichtung mit eigener Rechtspersönlichkeit einrichten.[13] Der Ausschuss besteht aus dem Leiter einer Auf-sichtsbehörde jedes Mitgliedstaats und dem Europäischen Datenschutzbeauftragten oder ihren jeweiligen Vertretern. Ist in einem Mitgliedstaat mehr als eine Aufsichtsbehörde vorhanden, wird im Einklang mit den Rechtsvorschriften des jeweiligen Mitgliedstaats ein gemeinsamer Vertreter benannt.

---

[13] Vgl. Abschn. 3 DS-GVO – Europäischer Datenschutzausschuss.

Eine Aufgabe dieses Ausschusses besteht in der Förderung der Ausarbeitung von Verhaltensregeln und der Einrichtung von datenschutzspezifischen **Zertifizierungsverfahren** sowie **Datenschutzsiegeln** und -prüfzeichen gemäß den Art. 40 und 42 DS-GVO.

Art. 40 DS-GVO
Verhaltensregeln

(1) Die Mitgliedstaaten, die Aufsichtsbehörden, der Ausschuss und die Kommission fördern die Ausarbeitung von Verhaltensregeln, die nach Maßgabe der Besonderheiten der einzelnen Verarbeitungsbereiche und der besonderen Bedürfnisse von Kleinstunternehmen sowie kleinen und mittleren Unternehmen zur ordnungsgemäßen Anwendung dieser Verordnung beitragen sollen.

(2) Verbände und andere Vereinigungen, die Kategorien von Verantwortlichen oder Auftragsverarbeitern vertreten, können Verhaltensregeln ausarbeiten oder ändern oder erweitern, mit denen die Anwendung dieser Verordnung beispielsweise zu dem Folgenden präzisiert wird:
   a) faire und transparente Verarbeitung;
   b) die berechtigten Interessen des Verantwortlichen in bestimmten Zusammenhängen;
   c) Erhebung personenbezogener Daten;
   d) Pseudonymisierung personenbezogener Daten;
   e) Unterrichtung der Öffentlichkeit und der betroffenen Personen;
   f) Ausübung der Rechte betroffener Personen;
   g) Unterrichtung und Schutz von Kindern und Art und Weise, in der die Einwilligung des Trägers der elterlichen Verantwortung für das Kind einzuholen ist;
   h) die Maßnahmen und Verfahren gemäß den Art. 24 und 25 und die Maßnahmen für die Sicherheit der Verarbeitung gemäß Art. 32;
   i) die Meldung von Verletzungen des Schutzes personenbezogener Daten an Aufsichtsbehörden und die Benachrichtigung der betroffenen Person von solchen Verletzungen des Schutzes personenbezogener Daten;
   j) die Übermittlung personenbezogener Daten an Drittländer oder an internationale Organisationen oder
   k) außergerichtliche Verfahren und sonstige Streitbeilegungsverfahren zur Beilegung von Streitigkeiten zwischen Verantwortlichen und betroffenen Personen im Zusammenhang mit der Verarbeitung, unbeschadet der Rechte betroffener Personen gemäß den Art. 77 und 79.

(3) Zusätzlich zur Einhaltung durch die unter diese Verordnung fallenden Verantwortlichen oder Auftragsverarbeiter können Verhaltensregeln, die gemäß Abs. 5 des vorliegenden Artikels genehmigt wurden und gemäß Abs. 9 des vorliegenden Artikels allgemeine Gültigkeit besitzen, können auch von Verantwortlichen oder Auftragsverarbeitern, die gemäß Art. 3 nicht unter diese Verordnung fallen,

eingehalten werden, um geeignete Garantien im Rahmen der Übermittlung personenbezogener Daten an Drittländer oder internationale Organisationen nach Maßgabe des Art. 46 Abs. 2 Buchstabe e zu bieten. Diese Verantwortlichen oder Auftragsverarbeiter gehen mittels vertraglicher oder sonstiger rechtlich bindender Instrumente die verbindliche und durchsetzbare Verpflichtung ein, die geeigneten Garantien anzuwenden, auch im Hinblick auf die Rechte der betroffenen Personen.

(4)   Die Verhaltensregeln gemäß Abs. 2 des vorliegenden Artikels müssen Verfahren vorsehen, die es der in Art. 41 Abs. 1 genannten Stelle ermöglichen, die obligatorische Überwachung der Einhaltung ihrer Bestimmungen durch die Verantwortlichen oder die Auftragsverarbeiter, die sich zur Anwendung der Verhaltensregeln verpflichten, vorzunehmen, unbeschadet der Aufgaben und Befugnisse der Aufsichtsbehörde, die nach Art. 55 oder 56 zuständig ist.

(5)   Verbände und andere Vereinigungen gemäß Abs. 2 des vorliegenden Artikels, die beabsichtigen, Verhaltensregeln auszuarbeiten oder bestehende Verhaltensregeln zu ändern oder zu erweitern, legen den Entwurf der Verhaltensregeln bzw. den Entwurf zu deren Änderung oder Erweiterung der Aufsichtsbehörde vor, die nach Art. 55 zuständig ist. Die Aufsichtsbehörde gibt eine Stellungnahme darüber ab, ob der Entwurf der Verhaltensregeln bzw. der Entwurf zu deren Änderung oder Erweiterung mit dieser Verordnung vereinbar ist und genehmigt diesen Entwurf der Verhaltensregeln bzw. den Entwurf zu deren Änderung oder Erweiterung, wenn sie der Auffassung ist, dass er ausreichende geeignete Garantien bietet.

(6)   Wird durch die Stellungnahme nach Abs. 5 der Entwurf der Verhaltensregeln bzw. der Entwurf zu deren Änderung oder Erweiterung genehmigt und beziehen sich die betreffenden Verhaltensregeln nicht auf Verarbeitungstätigkeiten in mehreren Mitgliedstaaten, so nimmt die Aufsichtsbehörde die Verhaltensregeln in ein Verzeichnis auf und veröffentlicht sie.

(7)   Bezieht sich der Entwurf der Verhaltensregeln auf Verarbeitungstätigkeiten in mehreren Mitgliedstaaten, so legt die nach Art. 55 zuständige Aufsichtsbehörde – bevor sie den Entwurf der Verhaltensregeln bzw. den Entwurf zu deren Änderung oder Erweiterung genehmigt – ihn nach dem Verfahren gemäß Art. 63 dem Ausschuss vor, der zu der Frage Stellung nimmt, ob der Entwurf der Verhaltensregeln bzw. der Entwurf zu deren Änderung oder Erweiterung mit dieser Verordnung vereinbar ist oder – im Fall nach Abs. 3 – geeignete Garantien vorsieht.

(8)   Wird durch die Stellungnahme nach Abs. 7 bestätigt, dass der Entwurf der Verhaltensregeln bzw. der Entwurf zu deren Änderung oder Erweiterung mit dieser Verordnung vereinbar ist oder – im Fall nach Abs. 3 – geeignete Garantien vorsieht, so übermittelt der Ausschuss seine Stellungnahme der Kommission.

(9) Die Kommission kann im Wege von Durchführungsrechtsakten beschließen, dass die ihr gemäß Abs. 8 übermittelten genehmigten Verhaltensregeln bzw. deren genehmigte Änderung oder Erweiterung allgemeine Gültigkeit in der Union besitzen. Diese Durchführungsrechtsakte werden gemäß dem Prüfverfahren nach Art. 93 Abs. 2 erlassen.

(10) Die Kommission trägt dafür Sorge, dass die genehmigten Verhaltensregeln, denen gemäß Abs. 9 allgemeine Gültigkeit zuerkannt wurde, in geeigneter Weise veröffentlicht werden.

(11) Der Ausschuss nimmt alle genehmigten Verhaltensregeln bzw. deren genehmigte Änderungen oder Erweiterungen in ein Register auf und veröffentlicht sie in geeigneter Weise.

Als eine Folge daraus werden konkrete Prüffragen entstehen, welche als Grundlage zur Bewertung der Datenschutzorganisation eines Unternehmens herangezogen werden können.

Vielfältige Datenflüsse sind vor allen Dingen in Konzernstrukturen in oftmals außerordentlicher Komplexität anzutreffen. Die Rechtswirkung der DS-GVO entfaltet sich in allen Europäischen Mitgliedstaaten in gleicher Weise. Dennoch wird es Regelungen geben, welche mittels der sogenannten Öffnungsklauseln auf Ebene der einzelnen Mitgliedstaaten geregelt sein werden. Die Datenschutzorganisation eines Konzerns bzw. eines Unternehmens mit mehreren Stellen in der EU muss also sowohl im Hinblick auf die Einhaltung der DS-DVO als auch im Hinblick auf entsprechende Gesetze der Mitgliedstaaten bewertet werden. Als repräsentatives Beispiel kann hier der Beschäftigtendatenschutz herangezogen werden (vgl. dazu [4]).

Die Diskussion um die sogenannten Öffnungsklauseln und entsprechende Gesetzesvorhaben in den einzelnen Mitgliedstaaten sollten keinesfalls Anlass zum Abwarten geben!

Art. 42 DS-GVO
Zertifizierung

(1) Die Mitgliedstaaten, die Aufsichtsbehörden, der Ausschuss und die Kommission fördern insbesondere auf Unionsebene die Einführung von datenschutzspezifischen Zertifizierungsverfahren sowie von Datenschutzsiegeln und -prüfzeichen, die dazu dienen, nachzuweisen, dass diese Verordnung bei Verarbeitungsvorgängen von Verantwortlichen oder Auftragsverarbeitern eingehalten wird. Den besonderen Bedürfnissen von Kleinstunternehmen sowie kleinen und mittleren Unternehmen wird Rechnung getragen.

(2) Zusätzlich zur Einhaltung durch die unter diese Verordnung fallenden Verantwortlichen oder Auftragsverarbeiter können auch datenschutzspezifische Zertifizierungsverfahren, Siegel oder Prüfzeichen, die gemäß Abs. 5 des vorliegenden Artikels genehmigt worden sind, vorgesehen werden, um nachzuweisen, dass die Verantwortlichen oder Auftragsverarbeiter, die gemäß Art. 3 nicht unter

diese Verordnung fallen, im Rahmen der Übermittlung personenbezogener Daten an Drittländer oder internationale Organisationen nach Maßgabe von Art. 46 Abs. 2 Buchstabe f geeignete Garantien bieten. Diese Verantwortlichen oder Auftragsverarbeiter gehen mittels vertraglicher oder sonstiger rechtlich bindender Instrumente die verbindliche und durchsetzbare Verpflichtung ein, diese geeig neten Garantien anzuwenden, auch im Hinblick auf die Rechte der betroffenen Personen.

(3) Die Zertifizierung muss freiwillig und über ein transparentes Verfahren zugänglich sein.

(4) Eine Zertifizierung gemäß diesem Artikel mindert nicht die Verantwortung des Verantwortlichen oder des Auftragsverarbeiters für die Einhaltung dieser Verordnung und berührt nicht die Aufgaben und Befugnisse der Aufsichtsbehörden, die gemäß Art. 55 oder 56 zuständig sind.

(5) Eine Zertifizierung nach diesem Artikel wird durch die Zertifizierungsstellen nach Art. 43 oder durch die zuständige Aufsichtsbehörde anhand der von dieser zuständigen Aufsichtsbehörde gemäß Art. 58 Abs. 3 oder – gemäß Art. 63 – durch den Ausschuss genehmigten Kriterien erteilt. Werden die Kriterien vom Ausschuss genehmigt, kann dies zu einer gemeinsamen Zertifizierung, dem Europäischen Datenschutzsiegel, führen.

(6) Der Verantwortliche oder der Auftragsverarbeiter, der die von ihm durchgeführte Verarbeitung dem Zertifizierungsverfahren unterwirft, stellt der Zertifizierungsstelle nach Art. 43 oder gegebenenfalls der zuständigen Aufsichtsbehörde alle für die Durchführung des Zertifizierungsverfahrens erforderlichen Informationen zur Verfügung und gewährt ihr den in diesem Zusammenhang erforderlichen Zugang zu seinen Verarbeitungstätigkeiten.

(7) Die Zertifizierung wird einem Verantwortlichen oder einem Auftragsverarbeiter für eine Höchstdauer von drei Jahren erteilt und kann unter denselben Bedingungen verlängert werden, sofern die einschlägigen Voraussetzungen weiterhin erfüllt werden. Die Zertifizierung wird gegebenenfalls durch die Zertifizierungsstellen nach Art. 43 oder durch die zuständige Aufsichtsbehörde widerrufen, wenn die Voraussetzungen für die Zertifizierung nicht oder nicht mehr erfüllt werden.

(8) Der Ausschuss nimmt alle Zertifizierungsverfahren und Datenschutzsiegel und -prüfzeichen in ein Register auf und veröffentlicht sie in geeigneter Weise.

2.7.1 Weitere Prüfungsansätze

Es können bereits heute folgende **Prüffragen** im Bereich **Dokumentationspflichten** den Aufbau der Datenschutzorganisation möglicherweise unterstützen:

I. Existiert ein Verzeichnis aller Verarbeitungen personenbezogener Daten des Unternehmens mit wenigstens den folgenden Bestandteilen?

- Beschreibung des Umfangs und der Verwendung der zu verarbeitenden personenbezogenen Daten
- Zweck des Verfahrens in einem vertretbaren Umfang konkretisiert
- Dokumentation der Rechtsgrundlage der Verarbeitung
- Beschreibung der Datenarten, Berücksichtigung besonderer Datenarten
- Beschreibung der Kategorien der Betroffenen
- Beschreibung der technischen organisatorischen Maßnahmen und Bewertung von deren Angemessenheit
- Festlegung der Löschfristen

II. Existiert ein Freigabeprozess für Verfahren der Verarbeitung personenbezogener Daten?

III. Existieren Regelungen, Abläufe und Berichte zur Vorabkontrolle bzw. der Risikofolgeabschätzung, auch „Privacy Impact Assessment" (PIA) genannt?

IV. Bestehen Regelungen der Verantwortlichkeiten im Datenschutz und eine Dokumentation und Verfahrensweise der Beteiligung des bzw. der Datenschutzbeauftragten?

V. Besteht ein klares Vertragsmanagement hinsichtlich der Regelungen zur Auftragsdatenverarbeitung?

VI. Werden die Besonderheiten einer Datenverarbeitung in Drittländern in den Verarbeitungsprozessen und im Vertragsmanagement berücksichtigt?

VII. Sind die technischen organisatorischen Maßnahmen gemäß Anlage zu § 9 BDSG (vgl. u. a. [1]) bzw. Art. 5 Abs. 1 c, d, e, f und Art. 32 DS-GVO oder/und nach den spezialgesetzlichen Bestimmungen strukturiert dokumentiert?

2.8   Fazit

Bis spätestens zum 25. Mai 2018 muss es im Unternehmen ein gut strukturiertes und vor allen Dingen funktionierendes Datenschutzmanagementsystem geben.

Dieses muss proaktiv, transparent, formell, ganzheitlich, prozessorientiert, risikobasiert und vor allen Dingen integriert sein.[14]

Datenschutz-Compliance, um dieses neue Wort nun hier zu benutzen, kann nur durch ein ganzheitliches und proaktives **Datenschutzmanagementsystem** (DSMS) angemessen „gemanagt" werden.

---

[14] Vgl. Vortrag Gierschmann „Handreichung eines Datenschutzmanagementsystems und eines Prüfleitfadens für die Aufsichtsbehörden" vom 22.07.2016.

Literatur

1. Duda D, Sowa A (2014) Datenschutzaudit – Prüfung relevanter Datenschutzkontrollen durch die interne Revision. PinG – Privacy in Germany, 30–35
2. EP (2015) Verordnung des Europäischen Parlaments und des Rates zum Schutz natürlicher Personen bei der Verarbeitung personenbezogener Daten, zum freien Datenverkehr und zur Aufhebung der Richtlinie 95/46/EG (EU-Datenschutz-Grundverordnung. DS-GVO). http://eur-lex.europa.eu/legal-content/DE/TXT/?uri=uriserv:OJ.L_.2016.119.01.0001.01.DEU&toc=OJ:L:2016:119:TOC. Zugegriffen am 25.05.2015
3. Gola P, Schomerus R (2012) Bundesdatenschutzgesetz, 11. Aufl. BDSG, München, 646 S
4. Sowa A (2016) Datenanalyse und Massendatenauswertungen durch die Interne Revision im Kontext des Datenschutzes. HMD Praxis Wirtschaftsinform 53(3):389–400

Organisationen grundrechtskonform mit dem Standard-Datenschutzmodell gestalten

Martin Rost

3.1 Einleitung

Aktivitäten von Organisationen anhand normativer Vorgaben des Datenschutzrechts zu prüfen, erfordert eine anspruchsvolle Transformation durchzuführen: Ein konkretes Sein (die Fülle der Aktivitäten von Organisationen mit Personenbezug) muss mit einem abstrakten Soll (wenige abstrakt formulierte Anforderungen des Datenschutzrechts) so in ein Verhältnis gesetzt werden, dass gut begründet Entscheidungen zur Grundrechtskonformität dieser Aktivitäten gefällt werden können.[1] Diese Orientierung an Grundrechten als Letztmaßstab bedeutet, dass eine funktionierende Technik dem Primat des Rechts folgen muss (vgl. für die Praxis eines operativen Datenschutzes paradigmatisch wegweisend: Roßnagel [2]). Beide Richtungen der Transformationsleistung, die bei einer Prüfung oder

---

[1] Seit David Humes und spätestens seit Immanuel Kants Wirken kann man wissen, dass aus dem Sein kein Sollen folgt, was die Logik der philosophischen Ethik in Form des kategorischen Imperativs der wechselseitigen Orientierung begründete. Insofern beeindruckt rechtsphilosophisch gebildete Juristinnen und Juristen die vielfach zu hörende Klage, dass die gegenwärtig so rasch sich ändernde Technik offenbar gar keine Auswirkungen auf das Datenschutzrecht zeige, gar nicht. Bei obendrein techniksoziologischer Bildung darf zudem ebenfalls als geklärt gelten, dass Techniken nicht unmittelbar durch Normen geformt werden, sondern ausschließlich im Durchgang durch Organisationen und deren Mitarbeiterinnen und Mitarbeiter, die Technik herstellen, ändern und betreiben. „Techniken sind Resultate sozialen Handelns" (Rammert [1], S. 3). Entsprechend hält sich das Datenschutzrecht an Organisationen, die mit ganz eigennützigen Gründen den Eindruck befördern, es seien die Techniken selber und nicht sie, die angesichts der Möglichkeiten der Verarbeitung von Bürger-, Kunden- und Patientendaten auf eine Aufweichung des Datenschutzrechts drängen.

M. Rost (✉)
Unabhängiges Landeszentrum für Datenschutz, Kiel, Deutschland
E-Mail: martin.rost@maroki.de

© Springer Fachmedien Wiesbaden 2017
A. Sowa (Hrsg.), *IT-Prüfung, Sicherheitsaudit und Datenschutzmodell*,
DOI 10.1007/978-3-658-17469-9_3

Beratung zu erbringen ist – vom Sein zum Sollen und vom Sollen zum Sein – sind „verlustbehaftet" und prinzipiell nicht mit kausaler Strenge und entsprechend zweifelsfreien Ergebnissen möglich.

Aber nicht nur die Transformation zwischen Recht und Technik ist heikel, auch die aufeinander bezogenen Sphären des Sollens und des Seins bilden je für sich genommen bereits überkomplexe Zusammenhänge: Neben den politischen Interferenzen bei der Interpretation des Datenschutzrechts auf der einen Seite ist es für Expertinnen und Experten auf der anderen Seite auch nicht möglich, die Details technischer Systeme vollständig durchdringend zu verstehen. Hochauflösende Beobachtungen von Techniken sind ab einem gewissen Punkt schlicht auf ein blindes Vertrauen in Technik angewiesen. Experten beider Seiten arbeiten mit Fiktionen, bei denen sie das Gegenteil von dem annehmen, was sie von der realen Praxis als Weltbürger annehmen müssen.

So argumentieren grundrechtsorientierte Juristinnen und Juristen bspw. unter der Annahme der Ewigkeitsgarantie des Grundgesetzes und einer absolut gültigen Grenze für Grundrechtseingriffe. Sie wissen zugleich, welch hoch riskanten Konstruktionen diese sind, die manchmal erstaunlich schnell durch neue politische Verhältnisse außer Kraft gesetzt werden können.[2] Es bleibt zur Abhilfe gegen Angriffe dann wenig mehr als Vertrauen in Institutionen: Wenn alle Stricke reißen, werden wohl im nationalen- oder EU-Rahmen das Bundesverfassungsgericht oder der europäische Gerichtshof zur Hilfe eilen, wieder einmal und wie schon so erschreckend häufig. Sofern die Gewaltenteilung denn wirksam und unangetastet bleibt.

Ebenso hoch riskant ist die ingeniöse Vorstellung, wonach perfekte Transparenz bei Techniken und Prozessabläufen besteht oder zumindest herstellbar ist, weil ja alles kausal verkettet ist; denn ohne diese Kausalität würde Technik ja nicht funktionieren. Die Vorstellung ist, dass sämtliche Funktionen im Prinzip sichtbar gemacht werden können und ein System somit sicher kausal beherrscht werden kann. Geheime Nebenfunktionen, die Organisationen in Konfliktfällen einen Vorteil verschaffen, können grundsätzlich erkannt werden.[3] Auch bei dieser Imagination bleibt zuletzt nur Institutionenvertrauen: Im Zweifel wendet man sich als Prüfer an noch bessere Expertinnen und Experten eines Instituts in einem vertrauenswürdigen Land und stattet es für eingehende Untersuchungen mit sehr viel Geld, sehr viel Manpower und sehr viel Zeit aus. Dies muss im Vertrauen auf diese Akteure geschehen, wonach diese bei ihren Analysen keine Techniken einsetzen, die sie nicht von Grund auf selbst geplant und vollständig eigenätig implementiert haben und auch keine Geheimdienste oder

---

[2] Und mit einem Mal kann es sehr bedrohlich sein, in der Vergangenheit bspw. in einer Whatsapp- oder Facebook-Gruppe eine despektierliche Bemerkung zu einem politischen Führer gemacht zu haben. Aus dem Nichts heraus schlägt ehemalige Lebensleichtigkeit in pure existentielle Angst um, wie es vielfach türkische Mitbürgerinnen und Mitbürger derzeit selbst in Deutschland erleben (August 2016).

[3] An dieser Stelle erfolgt dann typisch die Ergänzung: Jedenfalls ist das im Prinzip möglich. Verweise auf Prinzipien sind im Allgemeinen Indikatoren für Letztprobleme, denen nur noch durch magische Formeln beizukommen ist.

Unternehmen Zugriff nehmen. Oder es wird pauschal der Scientific- oder Open-Source-Community vertraut, die doch ganz bestimmt schon vernehmlich angeschlagen hätte, wenn bspw. sicherheitstechnisch etwas im Argen läge. Beides sind vollkommen unrealistische Annahmen.

Zur Bearbeitung dieser notorisch heiklen Situationen sowohl innerhalb der beiden Sphären – dem Recht und der Technik – als auch bei der Transformation zwischen den beiden Sphären bietet das SDM für den Datenschutz eine Methode an, die sich nicht einseitig auf eine der beiden Seiten schlägt und trotzdem in jeder Sphäre hinreichend – bei allen berechtigten Zweifeln – verankert ist. Sie ist weder am rein Normativen noch rein Funktionalen ausgerichtet und rührt auch nicht an den notwendig bleibenden Fiktionen der beiden Seiten.

Im Zentrum des SDM, das in Form eines Handbuchs vom Arbeitskreis Technik (AK Technik) der „Konferenz der unabhängigen Datenschutzbeauftragten des Bundes und der Länder" (DSBK) erarbeitet wurde und von allen deutschen Webservern der Datenschutzaufsichtsbehörden heruntergeladen werden kann (vgl. [3]), stehen „**Schutzziele**" – das Modell spricht von „**Gewährleistungszielen**". Diese Ziele fungieren als Konvergenzpunkte, die von beiden Seiten aus, sowohl von der rechtlichen als auch von der technisch-organisatorischen, jeweils fachspezifisch konstruktiv zugänglich sind. Die eine Profession versteht unter Zielen Normen, die andere Profession Konstruktionsvorschriften, beide haben keinen Zweifel an der Legitimation und „Vernünftigkeit" dieser Ziele, weil sie diese mit ihren Bordmitteln erreichen und bei Bedarf auch begründen können. Diese leicht unpräzise Verrückung von Normen und Konstruktionsvorschriften in „Ziele" hinein können beide Professionen mit ihren Mitteln feststellen und müssen dann abwägen, ob sie den verbliebenen Unterschied, der sie interdisziplinär auf hohem Niveau und ohne Zwang zum Dilettantismus wechselseitig sprachfähig macht, akzeptieren können.[4]

Das SDM nimmt zur Legitimation Bezug auf die Grundrechte der *Charta der Grundrechte* der *Europäischen Union*, deren Rechte durch die Datenschutz-Grundverordnung (DS-GVO) in datenschutzrechtliche Anforderungen transformiert werden und für sämtliche Bürgerinnen und Bürger[5] der EU gelten. Die Charta der Grundrechte verankert den operativen Datenschutz unmittelbar in den Art. 7 und 8. Das bedeutet, dass der Datenschutz nicht mehr wie bisher in Deutschland, über die soziologisch ohnehin fragwürdige Konstruktion der „informationellen Selbstbestimmung" mit Bezug auf das allgemeine

---

[4] Juristinnen und Juristen wähnen sich vielfach auf der sicheren Seite, wenn Schutzziele im Gesetztext benannt sind. An der zu leistenden Transformation ändert die nominalistisch getriebene Aufnahme der Begriffe in einem Gesetztext allein noch nichts.

[5] Unter dem Begriff einer Bürgerin oder eines Bürgers sollen, wegen der zumindest mittelbaren Drittwirkung der Grundrechte auch im Privatrechtsverhältnis (vgl. BVerfGE 7, 198, Lüth-Urteil; Alexy [4]) nicht nur politische Wahlbürgerinnen Wahlbürger und Verwaltungsbürgerinnen und Verwaltungsbürger, sondern auch Kundinnen und Kunden, Patienten und Patientinnen, Mandanten und Mandantinnen, Menschen, Individuen, Subjekte verstanden werden.

Persönlichkeitsrecht und Art. 1 und 2 des Grundgesetzes eingehakt werden muss.[6] Rechtsdogmatisch betrachtet bietet die europäische Grundrechtecharta insofern sogar noch mehr Halt für den Datenschutz als das deutsche Grundgesetz.

Zur Verankerung des SDM in der DS-GVO sind insbesondere die Art. 5 DS-GVO („Grundsätze für die Verarbeitung personenbezogener Daten") sowie Art. 32 („Sicherheit der Verarbeitung") zu nennen. Diese Artikel formulieren wesentliche Regelungen, mit denen abstrakt-rechtliche und konkret-operative Anforderungen verbunden sind. Das SDM nimmt die „Grundsätze" von Art. 5 DS-GVO auf, formuliert sie in der Absicht der Operationalisierung als „Ziele" um und verbindet diese mit einem Katalog an konkreten, technischen und organisatorischen Schutzmaßnahmen, die als „Stand der Technik" zu gelten beanspruchen. Aufgrund dieser Verbindung von normativen Anforderungen und konkreten Referenzmaßnahmen ist es einem Prüfer eines personenbezogenen Verfahrens möglich, die Funktionen eines Verfahrens und das Vorhandensein oder Fehlen von Schutzmaßnahmen bei laufenden oder geplanten Verfahren leichter Hand festzustellen, was dann Rückschlüsse auf die datenschutzrechtliche Rechtmäßigkeit („Compliance") eines Verfahrens erlaubt. Und mehr noch Rückschlüsse auf die tatsächliche Datenschutz-Wirksamkeit zulässt.

Das SDM ermöglicht es insofern Organisationen, in einer übersichtlichen Form die datenschutzrechtlich bestehenden Anforderungen vollumfänglich zu erkennen und die daraus abgeleiteten Funktionen und Schutzmaßnahmen zu spezifizieren, zu kalkulieren und ggfs. auch deren Umsetzung nachzuweisen.

3.2   Die drei Komponenten des SDM: Ziele, Verfahren, Schutzbedarfe

Nachfolgend werden die Komponenten, deren Verschränkung und die Grundzüge des Modells vorgestellt.

a) Die Transformation zwischen allgemein-abstrakten Soll-Anforderungen auf der einen Seite und den technisierten bzw. automatisierten Betriebsabläufen in Organisationen auf der anderen Seite geschieht durch Gewährleistungsziele. Gewährleistungsziel bedeutet dabei nichts anderes als Schutzziel im konventionell-technisch verwendeten Sinn.[7]

---

[6] Das führt zu anhaltend vergeblichen Versuchen einer Verankerung des praktischen Datenschutzes in psychischen Befindlichkeiten, die mal so und mal so sein können, von Menschen. Diese liberal-individualistische Interpretation von Datenschutz als Privatheitsanliegen ist Mainstream, nützt den Organisationen und findet sich bspw. hoch auflösend vorgeführt bei Rössler [5].

[7] Diese Umbenennung von „Schutzziele" in „Gewährleistungsziele" geht auf die Initiative eines Bundeslandes zurück, dessen Landesdatenschutzgesetz die Bezeichnung „Schutzziele" bereits enthielt, aber nicht das vollständige Set der Schutzziele gemäß SDM aufwies. Man bestand auf eine Umbenennung, weil man gegenüber dem Gesetzgeber keine Rechtschöpfung, durch Ausrufen weiterer, über die Liste im Gesetz hinausgehenden Schutzziele, begehen wollte. Mit der Orientierung an der DS-GVO, die stattdessen von Grundsätzen (Art. 5) spricht, bzw. dem Außerkraftsetzen der Landesdatenschutzgesetze könnte sich der konventionelle Sprachgebrauch „Schutzziele" im SDM wieder durchsetzen.

Rechtlich und organisatorisch lassen sich Ziele als anzustrebende Soll-Anforderungen verstehen; technisch sind Ziele als Konstruktionsvorgaben verständlich. Wissenschaftlich lassen sich Ziele und deren Relationen untereinander untersuchen, begründen oder auch weitere (Sub-)Ziele extrahieren oder subsummieren. Nicht zuletzt erlauben die Ziele außerdem, anhand der vom SDM ausgewiesenen Standard-Schutzmaßnahmen, eine betriebswirtschaftliche Kalkulation durchzuführen (vgl. [6]).

Das SDM erfasst anhand der sieben Gewährleistungsziele sämtliche operativen Datenschutzanforderungen an personenbezogene Verfahren. Im Einzelnen sind das die Ziele der Sicherung der Datensparsamkeit, der Verfügbarkeit, Integrität und Vertraulichkeit, der Transparenz, Nichtverkettbarkeit und Intervenierbarkeit. Das Modell unterstellt insofern, dass sämtliche Datenschutzanforderungen an Aktivitäten bzw. Verfahren, die Organisationen betreiben, in diesen sieben Zielen enthalten sind, es sind nicht weniger aber auch nicht mehr. Bevor die konkreten Maßnahmen zur Umsetzung dieser Ziele aufgelistet werden, sollen erst noch die Komponenten von Verfahren ausgewiesen sein.

b) Neben der Differenzierung der normativen Komponenten des Datenschutzes in Form der sieben Gewährleistungsziele nutzt das Modell eine Differenzierung auch des Objektbereichs von Verfahren. Was ist mit Objektbereich gemeint? Jedes von Organisationen betriebene Verfahren verarbeitet Daten und nutzt dazu IT-Systeme, die in Prozessabläufen integriert sind. Damit sind die drei Komponenten eines Verfahrens genannt: Daten, IT-Systeme, Prozesse.

Personenbezogene Daten koppeln die Prozesse der Organisationen mit den von den Prozessen betroffenen Personen, deshalb haben personenbezogene Daten im Datenschutzrecht so eine hervorgehobene Bedeutung. Personenbezogene Daten repräsentieren symbolisch Personen („Datenschatten") in den weitgehend automatisierten Abläufen einer Organisation. Die Modellierung eines Verfahrens muss deshalb anhand von Daten (und Datenformaten), IT-Systemen in Form von Hardware und Software (sowie Schnittstellen zwischen Systemen und als Ebenen innerhalb Systemen) sowie Prozessen in Form von regelgesteuerten Organisationsabläufen und programmgesteuerten Prozessen (mit jeweils adressablen Rollen) durchgeführt werden.

Das Modell unterstellt insofern, dass wie in a) angedeutet, die Gewährleistungsziele vollständig die normativen Datenschutzanforderungen erfassen und dass wie in b) dargelegt, die Verfahren mit Personenbezug in Organisationen anhand von Daten und Funktionen der IT-Systeme und Prozesse vollständig modellierbar sind. Was jetzt noch fehlt ist eine Methodik, mit der Schutzmaßnahmen für die drei Objektbereiche skalierbar spezifiziert werden können. Das Modell sollte natürlich auf unterschiedliche Komplexitätsgrade von Organisationen und deren Zugriffsintensität auf Personen reagieren können; hiernach ist eine kleine Organisation technisch-organisatorisch anders zu gestalten ist als eine große Organisation von gesellschaftlicher Bedeutung, die zugleich sehr viel Gestaltungsmacht über die Aktivitäten von Personen innehaben.

c) Um die Funktionen der IT-Systeme und Prozesse von Verfahren sowie die Funktionalität insbesondere von Sicherheits- bzw. Schutzmaßnahmen skalieren zu können – um bei den Schutzmaßnahmen weder mit Kanonen auf Spatzen zu schießen noch mit Steinen auf Panzer zu werfen –, nutzt das Modell die aus der IT-Sicherheit bzw. Informationssicherheit bekannte Abstufung von Schutzbedarfen nach „normal", „hoch" und „sehr hoch".[8]

Ausgangspunkt zur Feststellung des abgestuften Schutzbedarfs ist dabei der Schutzbedarf von Personen, die von den Aktivitäten der Organisationen betroffen sind. Konkret ist der Schutzbedarf von Bürgerinnen und Bürgern bspw. vor den Aktivitäten staatlicher Institutionen und privaten Unternehmen festzustellen.[9] Bürger und Kunden haben immer und grundsätzlich einen Schutzbedarf vor diesen Aktivitäten, also auch dann, wenn die Aktivitäten von Organisationen ordnungsgemäß, d. h. gesetzeskonform durchgeführt werden.

Den Schutzbedarf der Personen vor den Aktivitäten der Organisationen „erben" dann die personenbezogenen Daten, die die Organisationen erzeugen. Der Schutzbedarf von Daten besteht insofern nicht als Selbstzweck oder als Letztbezug der systematischen Betrachtungen. Es geht um den Schutz der Personen, nicht um den Schutz der Daten an sich. Die personenbezogenen Daten weisen dabei sowohl den Bezug zur Person als auch den Bezug zu den Prozessen der Organisation auf. Den an den Daten festgemachten Schutzbedarf der Personen erben dann wiederum die Komponenten der IT-Systeme und die mit der Verarbeitung befassten Prozesse. Womit der Schutzbedarf eines personenbezogenen Verfahrens vollständig festgelegt ist, und die Schutzmaßnahmen sowohl für die Daten als auch die Technik und Prozesse bestimmt werden können.

Die konkrete Ausprägung der Wirkung der Schutzmaßnahmen für Betroffene hängt vom Schutzbedarf und dieser wiederum vom Grad der Fremdbestimmung der betroffenen Personen durch das von der Organisation genutzte Verfahren ab. Klassisch grundrechtlich würde man von der Eingriffsintensität sprechen. Dabei gilt, dass die Eingriffsintensität und der Schutzbedarf parallel zueinander stehen: Ist die Eingriffsintensität der Organisation stark, ist der Schutzbedarf hoch. Der Schutzbedarf eines Verfahrens bestimmt sich datenschutzrechtlich insofern *nicht* nach der konventionellen Risikoformel: „Schadensrisiko = Schadenshöhe × Schadenseintrittswahrscheinlichkeit". Es muss datenschutzrechtlich, anders als in der Informationssicherheit, nicht erst ein (außergewöhnlicher) Schaden für Betroffene eintreten, damit das Datenschutzrecht greift und für den Betrieb des Verfahrens spezielle Schutzmaßnahmen zu fordern sind. Wenn man sich auf diese betriebswirtschaftlich geläufige Risiko-Formel als an Grundrechtsdurchsetzung orientierter Datenschützer aber einmal proberweise einlassen möchte, dann lässt sich

---

[8] Eine dreistufige Typisierung der Intensität von Grundrechtseingriffen (leicht, mittel, stark) findet sich bei Alexy [7].

[9] Ebenso haben Bürger gerade dann einen besonderen Bedarf an Schutz vor Organisationen, wenn Behörden wie bspw. der Datenschutzaufsicht, Umweltaufsicht, Lebensmittelaufsicht oder Kartellaufsicht genau nicht agieren und ihrem Prüfauftrag gegenüber Organisationen nachkommen.

behaupten, dass bereits ein Schaden mit einer hundertprozentigen Eintrittswahrscheinlichkeit eingetreten ist, weil eine Organisation ein personenbezogenes Verfahren, das die Selbstbestimmung einer Person berührt, einsetzt.

Aus Sicht der Praxis macht es einen Unterschied, wie oben bereits kurz angedeutet, ob ein Verfahren bspw. von einer kleinen Kommune, einem kleinen Unternehmen oder einer kleinen Arztpraxis oder ob es bspw. von einem Landesrechenzentrum, dem Staat oder einem global agierenden Konzern ein zentrales Verfahren betrieben wird. Selbstverständlich können auch kleine Organisationen Personen massiv bedrängen und fremdbestimmen. Und sicherheitstechnisch agieren gerade kleine Organisationen zumeist besonders riskant, da es oft an Professionalität im administrativen Umgang mit der Umsetzung eines Verfahrens durch Rückgriff auf IT mangelt. Aber bei kleinen Organisationen stehen zur Wahrung der Einhaltung der Grundrechte und der Einzelfallgerechtigkeit für Bürger, Kunden oder Patienten rechtsstaatliche Korrekturmechanismen zur Verfügung. Bei großen Organisationen, insbesondere bei staatlichen Institutionen und Monopolen, zumal wenn sie global agieren, steht dieser Fallback realistisch nicht wirklich zur Verfügung, sondern wird zu einer weiteren Fiktion.[10] Es lässt sich zudem beobachten, dass die, zumeist weniger geläufige, vertikale Gewaltenteilung in Deutschland – also die Teilung nach Zuständigkeiten in Bund, Länder und Gemeinden – zunehmend zugunsten des Bundes unter Druck steht. Und die anwachsende zweckungebundene Vorratsdatenspeicherung auf Seiten der privaten Unternehmen, die faktisch unbehelligt nach Belieben mit personenbeziehbaren Daten agieren, und die letztlich gezwungen werden können, für die staatlichen Sicherheitsbehörden als Erfüllungsgehilfen bei der Überwachung von Bürgern zu agieren,[11] machen die Differenzierung des Schutzbedarfes bei genauerer Betrachtung obsolet. Man kann auch sagen: Grundrechtseingriffe sind inzwischen über mehrere Organisationen hinweg verkettet. Wie schon das BVerfG[12] bereits im Volkszählungsurteil von 1983 feststellte, gibt es kein belangloses Datum mehr, ganz gleich an welcher Stelle es erhoben wurde. Jede Vernetzung oder Zentralisierung von Verfahren und jede weitere Big Data-Anwendung erhöht zwangsläufig den Schutzbedarf für Betroffene, und es muss deshalb in dieser angreiferorientierten Perspektive gelten, dass grundsätzlich Maßnahmen für den höchsten Schutzbedarf zu installieren sind.[13] Insofern sind Schutzbedarfsabstufungen, mit Blick auf das Ganze, geringer als „sehr hoch" nur noch wirtschaftlich begründbar.

---

[10] Man diskutiert bspw. über eine Gesundheitsapp für ein Smartphone, das unter Android läuft, subtile Details eines Kryptoverfahrens, und lässt dabei außer Acht, dass das Betriebssystem auf unzähligen Smartphones bereits kompromittiert ist; too big to fail.

[11] Genau das ist der Fall beim IT-Sicherheitsgesetz (ITSiG) zum Schutz von kritischen Infrastrukturen.

[12] Vgl. BVerfGE 65, 1, 43.

[13] Wobei Big Data vermutlich das Ende der Anonymität einläutet bzw. bereits eingeläutet hat (vgl. Boehme-Neßler [8]). Wenn diese These zutrifft, und es spricht sehr viel für sie, dann hat das dramatische Folgen für den Fortbestand insbesondere demokratisch strukturierter Entscheidungsprozesse in Politik, Wissenschaft und Ökonomie moderner Gesellschaften (vgl. [9]). Auf diesen Aspekt wird kurz zum Schluss dieses Artikels noch einmal eingegangen.

3.3   Die Datenschutz-Grundverordnung und das SDM

Den Ausgangspunkt des SDM bilden die Regelungen des Datenschutzrechts. Die mit
einer Übergangszeit von zwei Jahren am 25. Mai 2016 in Kraft getretene **Datenschutz-
Grundverordnung** (DS-GVO)[14] enthält die datenschutzrechtlichen Anforderungen für
alle Länder der europäischen Union. Für den Zeitraum der Übergangszeit ist ein Nachfol-
gegesetz des BDSG in Aussicht gestellt. In diesem BDSG-Nachfolgegesetz sollen nur
einige nationale Zuständigkeiten sowie Regelungen zum Arbeitnehmer-Datenschutz und
zur Bestellung von betrieblichen Datenschutzbeauftragten enthalten sein. Alle weiteren
bisherigen Regelungen zur Verarbeitung personenbezogener Daten im Bundesdatenschutzgesetz sowie den Landesdatenschutzgesetzen und Spezialgesetzen sind dann obsolet. Die Vereinheitlichung des Normengefüges kommt einem Standardisierungsmodell
wie dem SDM natürlich entgegen.

Die Verbindlichkeit der DS-GVO für das Agieren deutscher Organisationen leitet sich
aus dem Vertrag von Lissabon ab.[15] Dieser Vertrag gilt als Primärrecht und beinhaltet zum
einen den Vertrag über die Europäische Union, zum zweiten eine Darstellung der Arbeitsweise der EU[16] sowie als drittes die Charta der Grundrechte.[17] Die Datenschutz-Richtlinie,
die parallel zu DS-GVO verabschiedet wurde und die den Datenschutz bei Polizei und
Justiz regelt, muss dagegen in nationales Recht transformiert werden.[18]

Der normative Anker des SDM besteht, wie oben bereits knapp ausgeführt, aus Gewährleistungszielen. Anders als das BDSG weist die DS-GVO in Art. 5 „Grundsätze für die Verarbeitung personenbezogener Daten" in wünschenswerter Klarheit aus, mit denen alle vom
Modell genutzten Gewährleistungsziele vollständig angesprochen sind. Neben dem Art. 5
weisen weitere Passagen der DS-GVO einen unmittelbaren Bezug zu den Gewährleistungszielen oder zu Schutzmaßnahmen auf. Genannt werden soll nur noch der Art. 32 DS-GVO,

---

[14] Siehe: http://eur-lex.europa.eu/legal-content/DE/TXT/?uri=uriserv:OJ.L_.2016.119.01.0001.01.
DEU&toc=OJ:L:2016:119:TOC.

[15] Ausnahmen davon sind gesetzliche Regeln für Aktivitäten, die nicht in den Anwendungsbereich
des Unionsrechts fallen (Selbstorganisation des Staates, Sozialdatenschutz, Justiz und Rechtspflege),
die Außen- und Sicherheitspolitik, staatliche Gefahrenabwehr und Strafverfolgung, die Bestimmungen, die aus den vielen Öffnungsklauseln der DS-GVO folgen werden (bspw. zum Arbeitnehmerda-
tenschutz) sowie Ergänzungen und Konkretisierungen durch delegierte Rechtsakte der Kommission.
Eine gute Zusammenfassung der europarechtlichen Zusammenhänge findet sich in der Übersicht bei
Karg [10].

[16] Siehe: Amtsblatt der europäischen Union: „Konsolidierte Fassungen des Vertrags" über die Europäische Union und des Vertrags über die Arbeitsweise der Europäischen Union (2010/C 83/01)
http://eur-lex.europa.eu/legal-content/DE/TXT/PDF/?uri=OJ:C:2010:083:FULL&from=DE.

[17] Siehe: CHARTA DER GRUNDRECHTE DER EUROPÄISCHEN UNION (2000/C 364/01)
http://www.europarl.europa.eu/charter/pdf/text_de.pdf.

[18] Siehe: Amtsblatt der europäischen Union (2016), L119, Rechtsvorschriften, 59. Jahrgang, 4. Mai,
enthält sowohl die DS-VGO als auch die Richtlinie zum Datenschutz bei Justiz und Polizei. http://eur-
lex.europa.eu/legal-content/DE/TXT/PDF/?uri=OJ:L:2016:119:FULL&from=DE. Analog bedeutsam
wie Art. 5 der DS-GVO ist Art. 4 der DS-Richtlinie für das SDM.

der direkten Bezug auf Schutzmaßnahmen nimmt und die Orientierung an Schutzzielen noch einmal festigt. Im Art. 32 Abs. 1d DS-GVO ist zudem gefordert, dass Organisationen ein Verfahren nutzen müssen, mit dem ein personenbezogenes Verfahren permanent auf Compliance zum Datenschutzrecht überwacht werden kann. Zurzeit gibt es neben dem SDM kein anderes Verfahren, das den genuin datenschutzrechtlichen Anforderungen der DS-GVO in einem ähnlich hohen Maße gerecht wird und dabei zugleich praxisgerecht ausgerichtet ist.

Es sind noch zwei weitere herausragende Regelungen der DS-GVO zu nennen, die unmittelbar für das Modell relevant sind. Zum einen weist die DS-GVO bestimmte Daten als besonders schutzwürdig (Art. 9, Abs. 1: rassische und ethnische Herkunft, politische Meinungen, religiöse oder weltanschauliche Überzeugungen oder Gewerkschaftszugehörigkeit, genetische Daten, biometrische Daten zur eindeutigen Identifizierung einer natürlichen Person, Gesundheitsdaten, Sexualleben) und bestimmte Verfahren als besonders riskant für die Freiheit und Selbstbestimmung von Personen aus (vgl. Art. 35: Scoring, Profiling, automatisierte Einzelentscheide, Videoüberwachung des öffentlichen Raumes). Diese beiden Regelungen nehmen Freiheitsgrade bei der Festsetzung des Schutzbedarfs durch eine Organisation oder eine Datenschutzaufsichtsbehörde, hier gilt zwangsläufig mindestens der Schutzbedarf „hoch" – mit entsprechenden Folgen für die Dimensionierung der Schutzmaßnahmen sowie der Notwendigkeit zur Durchführung einer Datenschutzfolgenabschätzung (Art. 35 DS-GVO, vgl. [11]).

3.4   Gewährleistungsziele

Schutzziele spielen seit Ende der 1980er-Jahre eine Rolle bei der Gestaltung technischer Systeme, deren Sicherheit gewährleistet sein muss.[19] Zu den „klassischen" Schutzzielen der Datensicherheit (oder Informationssicherheit) und insbesondere des Datenschutzes sind die folgenden drei etabliert:

- Verfügbarkeit,
- Integrität und
- Vertraulichkeit.

Diese Schutzziele formulieren im Kontext der Informationssicherheit Anforderungen an einen sicheren Betrieb von Organisationen in Bezug auf Geschäftsprozesse. Organisationen müssen sich vor Angreifern schützen, die als externe oder interne Hacker auf Daten und Prozesse der IT einer Organisation zugreifen wollen.

Ein sicherer Betrieb von Behörden, Unternehmen und Forschungsinstituten ist zweifelsfrei im Interesse auch von Bürgern, Kunden, Patienten und Mandanten. Ein operativer Datenschutz ist insofern ohne eine Sicherung auch der Geschäftsprozesse gegenüber

---

[19]Zur ersten Welle der Systematisierung der Schutzziele siehe Federrath und Pfitzmann [12], für die zweite Welle siehe Rost und Pfitzmann [13] oder Bedner und Ackermann [14].

Dritten nicht möglich. Zusätzlich zu den drei klassischen Schutzzielen sind jedoch noch weitere Schutzziele heranzuziehen, die die Risiken betroffener Personen gegenüber Organisationen thematisierbar machen, weil diese operativ dafür sorgen, dass zwischen Organisationen und Einzelpersonen, die grundsätzlich als schwächere Risikonehmer gelten, zumindest strukturell Augenhöhe bestehen kann:

- Transparenz,
- Intervenierbarkeit und
- Nichtverkettbarkeit.

Im Einzelnen sind mit diesen sechs Zielen folgende Anforderungen an Organisationen verbunden:

Das Gewährleistungsziel **Verfügbarkeit** bezeichnet die Anforderung, dass ein gesicherter Zugriff auf Verfahren bzw. Informationen zum Verfahren innerhalb festgelegter Zeit bestehen muss. Hiernach sollen bspw. also Informationen oder bestimmte Dienste zeitgerecht zur Verfügung stehen und ordnungsgemäß verwendet werden können. Umgesetzt wird dieses Schutzziel technisch vor allem dadurch, dass in Verfahren Redundanzen eingebaut sind. Das bedeutet bspw. Mit Bezug zu Daten, dass Sicherheitskopien von Daten gemacht werden müssen und anschließend auch getestet wird, ob diese Sicherheitskopien wieder auf die Systeme korrekt eingespielt werden können. Verfügbarkeit eines Systems bedeutet, dass bei einem Ausfall ein anderes System ersatzweise einspringen kann, bevorzugt ohne dass die Nutzer von diesem Ersatz etwas bemerken. Organisatorisch lässt sich dieses Ziel bspw. Dadurch umsetzen, indem Reparaturstrategien vereinbart und Vertretungsregelungen für ausfallende Mitarbeiter getroffenen werden.

Das Gewährleistungsziel **Integrität** bezeichnet die Anforderung, dass ein Verfahren ausschließlich seine zweckbestimmte Funktion verlässlich und erwartungsgemäß erfüllt. Etwaige Nebenwirkungen müssen dabei ausgeschlossen oder aber berücksichtigt werden. Daten müssen während der Verarbeitung unversehrt, vollständig und aktuell bleiben. Umgesetzt wird dieses Schutzziel dadurch, dass von gespeicherten oder versendeten Daten Prüfsummen vor und nach einer Aktion erzeugt und miteinander verglichen werden. Wenn die Prüfsummen bei einem Vergleich Vorher/Nachher übereinstimmen, darf man sichergehen, dass die Daten in der Zwischenzeit nicht verändert wurden. Die Integrität von technischen und organisatorischen Prozessen sichert man, indem die Ist-Werte eines Prozesses mit den vorher festgelegten Soll-Werten eines Prozesses verglichen werden und aus etwaig auftretenden negativen Prüfergebnissen dann Korrekturmaßnahmen erfolgen.

Das Gewährleistungsziel **Vertraulichkeit** bezeichnet die Anforderung, dass nicht zuständige, unbefugte, unbeteiligte Dritte keine Möglichkeit haben, von Daten Kenntnis zu bekommen oder ein System einzusehen und Betroffene identifizieren zu können oder sich Zugriff auf IT-Systeme oder auf Prozesse zu verschaffen. Umgesetzt wird dieses Schutzziel in Bezug auf Daten durch Verschlüsselung von gespeicherten oder transferierten Daten. Im Hinblick auf Prozesse und Systeme sorgt vor allen Dingen eine physikalische

Abschottung von Räumen oder Netzbereichen voneinander dafür, dass niemand unbefugt und unerkannt Zugriff auf andere Prozesse und Systeme nehmen kann.

Das Gewährleistungsziel **Transparenz** bezeichnet die Anforderung, dass in einem unterschiedlichen Maße sowohl Betroffene, als auch die Betreiber von Systemen sowie zuständige Kontrollinstanzen erkennen können, welche Daten für welchen Zweck erhoben und verarbeitet werden, welche Systeme und Prozesse dafür genutzt werden, wohin die Daten zu welchem Zweck fließen und wer die Datenverarbeitung und die Systeme und Prozesse dazu zu verantworten hat. Durch Transparentmachen des gesamten Datenverarbeitungsprozesses werden oftmals rechtliche Regelungslücken deutlich. Transparenz ist auch für die Beobachtung und Steuerung von Daten, Prozessen und Systemen von ihrer Entstehung bis zu ihrer Löschung erforderlich. Sie ist eine Voraussetzung dafür, dass eine Datenverarbeitung rechtskonform betrieben und in diese von Betroffenen eingewilligt werden kann. Umgesetzt wird dieses Schutzziel durch das weitgehend automatisierte Kontrollieren von Systemen durch Monitoring-Systeme, durch die Spezifikation und Dokumentation von Datenstrukturen, von IT-Systemen und Auswertungsprozessen für Protokolldaten.

Das Gewährleistungsziel **Intervenierbarkeit** bezeichnet die Anforderung, dass sowohl Betroffene als auch Betreiber von Systemen jederzeit in der Lage sind, die Datenverarbeitung eines Verfahrens, vom Erheben bis zum Löschen von Daten, ändern zu können. Schon bei der Konstruktion einer Datenverarbeitung muss dafür gesorgt werden, dass ein Verfahren auch kontrolliert außer Betrieb gesetzt werden kann. Umgesetzt wird dieses Schutzziel, indem für Betroffene und Betreiber an Systemen Vorrichtungen installiert sind, mit denen Systeme verändert und gestoppt werden können. In Bezug auf eine Organisation muss diese über reife Prozesse des Changemanagements verfügen.

Das Gewährleistungsziel **Nichtverkettbarkeit** bezeichnet die Anforderung, dass für Prozesse und Systeme sichergestellt ist, dass deren Daten nur für den Zweck verarbeitet und ausgewertet werden, für den sie erhoben wurden. Zu bedenken ist dabei, dass große Datenbestände generell Begehrlichkeiten mit ganz anderen Interessen an diesen Daten wecken können. Umgesetzt wird dieses Schutzziel bei personenbezogenen Daten durch Datensparsamkeit sowie durch spezifische Datenschutz verbessernde Techniken wie Anonymisierungsserverketten, anonyme Credentials[20] oder Pseudonyme, wie sie von nutzergesteuerten Identitätenmanagement-Applikationen bereitgestellt werden. Eine weitere wirkungsvolle Maßnahme zur Umsetzung der Nichtverkettbarkeit ist die Trennung von Datenbeständen, IT-Systemen und Prozessen, allein um den spezifischen Zweck der Datenverarbeitung prozessual eng binden zu können. Es empfiehlt sich, System(teile) allein deshalb voneinander zu separieren, damit sich bspw. Fehler in einem System nicht in einem anderen System fortpflanzen (Funktion einer Brandmauer). Die Nichtverkettbarkeit ist der technische Ausdruck der Anforderung an Zweckbindung und Zwecktrennungen, die als Funktionstrennungen einen wesentlichen Mechanismus zur

---

[20] Siehe das EU Forschungsprojekt ABC4Trust („Attribute-Based Credentials for Trust"), https://abc4trust.eu/.

Umsetzung von Checks & Balances der Gewaltenteilung in einem modernen Rechts-
staat darstellen.

Als siebtes Gewährleistungsziel, das zugleich als übergreifendes „Superschutzziel" im
Handbuch ausgewiesen ist, gilt die **Datenvermeidung** und **Datensparsamkeit**. Die
Datenvermeidung formuliert die Maßgabe, wonach keine Datenverarbeitung durch eine
Organisation der beste Datenschutz für Betroffene ist. Der davon unterscheidbare Aspekt
der Datensparsamkeit folgt der Maßgabe, dass bei einer gerechtfertigten Datenverarbeitung es datenschutzfreundlicher ist, wenn möglichst wenige personenbezogene Daten verarbeitet werden (vgl. [15]).

Ob Datenvermeidung/Datensparsamkeit tatsächlich als siebentes Schutzziel aufzufüh-
ren sind, ist im Diskurs zum SDM strittig. In dem ursprünglichen Entwurf des Modells
wurde die Datensparsamkeit dem Schutzziel der Nichtverkettbarkeit untergeordnet, da die
Datensparsamkeit sowohl von der Zweckbestimmung als auch der Erforderlichkeit und
Angemessenheit abhängt. Weil das SDM ohnehin nur dann zum Zuge kommt, wenn
Datenverarbeitung stattfindet, bekommt es auch nur die Datensparsamkeit in den Blick.
Wobei sich in einigen Konstellationen zeigt, dass die Datensparsamkeit einem wirkungs-
voll umsetzbaren Datenschutz auch entgegenstehen kann. Aus Datenschutzsicht ist es
bspw. angeraten, eine Vielzahl an differenzierten Protokolleinträgen für einen langen Zeitraum zu speichern, sofern diese Einträge dafür geeignet sein können, ein Fehlverhalten
von Organisationen nachzuweisen. Das kann man durchaus als Vorratsdatenspeicherung
zum Vorteil von Betroffenen bezeichnen.

Neben der Datenvermeidung und Datensparsamkeit spielt auch die Frage nach der
gegenseitigen Beeinflussung der Gewährleistungsziele untereinander eine konzeptionell
bedeutsame Rolle. Die Erfahrung mit der Implementierung von Maßnahmen zeigt nämlich, dass die Ziele nicht unabhängig voneinander umsetzbar sind. Wenn bspw. Daten zur
Sicherung der Vertraulichkeit verschlüsselt übermittelt werden, dann hat sicherheitstechnisch in der Regel eine Verschlüsselung des Transportwegs auch einen positiven Effekt im
Hinblick auf den Erhalt der Integrität der Daten. Deshalb wäre es, zumindest in wissenschaftlicher Hinsicht falsch, von den Gewährleistungszielen als Dimensionen zu sprechen,
die notwendig als unabhängig voneinander zu begreifen wären.

3.4.1   Die Beziehungen der Schutzziele untereinander

Die wissenschaftliche Analyse der Beziehungen der Gewährleistungs- bzw. Schutzziele
untereinander steht bislang aus.[21] Gleichwohl lassen sich einige systematische und für die
Anwendungspraxis relevante Überlegungen versammeln.

Das SDM ist zunächst einmal ein Kategoriensystem, mit dem sich Eigenschaften der
Aktivitäten von Organisationen in Bezug auf Personen unterscheiden und analysieren lassen.
Das Modell kann insofern diagnostische Interessen am Datenschutz bei Organisationen

---

[21] Siehe zum Einstieg in die Systematisierung die Übersicht bei Federrath und Pfitzmann [12].

befriedigen. In diesem Sinne wird das SDM häufig genutzt, wenn bei der Spezifikation und Dokumentation von Verfahren die Gewährleistungsziele zur Strukturierung der Gliederung für ein Datenschutzkonzept herangezogen und Standardmaßnahmen thematisiert werden. Die Frage, in welchem Verhältnis die Gewährleistungsziele zueinander stehen, stellt sich bei operativen oder deskriptiven Ansprüchen nur in einem geringeren Maße. Man listet als Prüfer oder Systemarchitekt jeweils auf, was an Maßnahmen zur Umsetzung der Schutzziele gefordert und was tatsächlich installiert ist (oder auch nicht installiert ist oder nicht mit hinreichender Qualität betrieben wird).

Das SDM lässt sich zudem als ein Steuerungsmodell für Organisationen mit „therapeutischer Wirkung" nutzen, wenn es bspw. als Methodik und Bündel an Referenzschutzmaßnahmen für ein Datenschutzmanagementsystem eingesetzt wird (vgl. [16]). Die Steuerung eines Systems bzw. Verfahrens setzt dabei voraus, dass eine Zielehierarchie vorliegt. Bei der Entwicklung des Konzepts der Schutzziele spielte diese Möglichkeit unterschiedlicher Präferenzen von Schutzzielen bzw. eine Kontrollhierarchie der Ziele keine Rolle. Was aber bei der Entwicklung des Konzepts der Schutzziele zunächst sehr wohl eine bedeutende Rolle spielte war die Vorstellung, dass immer zwei Schutzziele in einer privilegierten Beziehung zueinander stehen.

a) Nachdem in den ersten Entwürfen zu einem Konzept von zueinander in Beziehung gesetzten Schutzzielen eine Anordnung auf nur einer Dimension nicht überzeugten, wurde das Konzept der Schutzziele anhand der Vorstellung von drei *Dualpaaren* entwickelt. Nach diesem Ansatz stehen Verfügbarkeit/Vertraulichkeit, Integrität/Intervenierbarkeit, Transparenz/Nichtverkettbarkeit jeweils in einem zugleich einander ergänzenden als auch widersprechenden Verhältnis – als „Dual" bezeichnet – zueinander. Die Datensparsamkeit, die im aktuell gültigen Modell als eigenständiges, siebentes Gewährleistungsziel geführt wird, war in diesen Überlegungen als ein Aspekt der Nichtverkettbarkeit einsortiert. Das zündende Ausgangsargument, das die ersten Systematisierungsversuche der Schutzziele anleitete, war dabei die These der widersprüchlichen Dualität. Hiernach wird bei einem Datum, dessen Vertraulichkeit mit Schutzmaßnahmen zunehmend besser gesichert wird, ebenso zunehmend dessen Verfügbarkeit riskiert. Und umgekehrt. Je besser die Verfügbarkeit eines Verfahrens gestaltet ist, desto höher sind die Vertraulichkeitsrisiken. Eine solche Widersprüchlichkeit beunruhigt jeden akademisch ausgebildeten Informatiker und Systemarchitekten und ist als abzuwägender Konflikt gewendet jedoch der typische Arbeitsgegenstand eines Juristen.

Die modellgenerierende Idee nach dieser Entdeckung der Dualität lautete, dass anhand von drei Achsen zunächst die rechtlichen Anforderungen der beiden sich gegenüberliegenden Gewährleistungsziele für ein Verfahren abwägbar sind. Sind die als Dual verbundenen Ziele erst einmal in ein rechtlich begründetes Verhältnis zueinander gesetzt, kann anschließend mit Zwangsläufigkeit die technisch-organisatorische Umsetzung durch Schutzmaßnahmen, die einem Referenzkatalog für Standardmaßnahmen zu entnehmen sind, erfolgen. Das Recht führt dogmatisch, nach der rechtlichen Abwägung sind die

Freiheitsgrade aufgebraucht, die Transformation zwischen Recht und Technik ist für beide Seiten transparent und integer-systematisch leistbar. Jede Sphäre kann bei ihren Leisten bleiben – Bearbeiten von Konflikten durch Normeninterpretation, Herstellen von kausalen technischen Funktionen – durch einen festgelegten Katalog mit abgestimmten Maßnahmen.

Ein derart rechtlich-technisch verschränktes Verfahren bedeutet: Das Modell hält bei Transformationen zwischen Technik und Recht den eigenen Anforderungen an Transparenz, Integrität, Zweckgebundenheit und Intervenierbarkeit bzgl. der Prüf- und Beratungspraxis stand. Es hat sich allerdings in der bisherigen Praxis herausgestellt, dass die rechtlichen Abwägungen in dieser Form auf Seiten der Datenschutzaufsichtsbehörden nicht erfolgt. Die real getroffenen Entscheidungen über die Maßnahmen werden allein vom Schutzbedarf abhängig technisch dominierend bestimmt.

b) Eine weitere systematische Relationierbarkeit der Gewährleistungsziele besteht in einer *hierarchischen Anordnung* der Schutzziele. Mit dieser Regel lautet die These, dass abhängig vom Steuerungsinteresse einer Organisation eines der Gewährleistungsziele die anderen Gewährleistungsziele dominiert. Das kann man kurz an den Beispielen Technik, Recht und Politik verdeutlichen.

Aus der Sicht der technischen Funktionalität eines Systems bestimmt die Integrität als idealerweise führendes Schutzziel die Konstruktion eines Verfahrens: Ein System soll exakt das machen, für was es spezifiziert wurde; die Nebenwirkungen, die Verschlechterung des Wirkungsgrads oder andere Seiteneffekte sind bedacht und kontrollierbar. Kausalität ist das Kontrollideal einer idealen Maschine. Allerdings gilt: Ein perfekt funktionierendes System kann, von einer Organisation eingesetzt, gegen vernünftigerweise gesellschaftlich geltende Regeln verstoßen, wenn eine Organisation allein ihren Vorteil umzusetzen sucht. Die Perfektion der Funktionalität einer Maschine ist abhängig von derjenigen Instanz, die diese Maschine steuert – bleibt es der Hersteller oder ist dies der Eigentümer?

Datenschutzrechtlich betrachtet könnte anstelle der Integrität jedoch die Nichtverkettbarkeit als wichtigstes Gewährleistungsziel beim Betrieb eines Verfahrens gelten. Es soll mit Rückgriff auf eine Technik nur eine eingeschränkte, beherrschbare Fremdbestimmung von Personen stattfinden, mit einem Verfahren, das sich nicht am technischen Optimum kausaler Kontrolle, aber ebenso wenig primär an der optimalen Verzinsung des eingesetzten Kapitals einer Organisation orientiert, wohl aber an der Fairness für alle. Die Datenverarbeitung soll in einem Rahmen stattfinden, der zu einer geringstmöglichen Fremdbestimmung der davon betroffenen Personen führt.

In beiden Fällen – Primat der Integrität aus Techniksicht oder Primat der Nichtverkettbarkeit aus Sicht der Grundrechtswahrung – könnte die Transparenz dann als zweitwichtigstes Ziel ausgewiesen sein: Die Reproduktion der gesicherten Prüfbarkeit einer Organisation. Die Sicherung der Transparenz wäre eine Voraussetzung zum Erreichen der führenden

Ziele, mit entsprechenden Rückkopplungen bzw. Reflexions- und Reparaturstrategien. Das wiederum könnte zur logischen Folge haben, dass die Intervenierbarkeit als drittes Ziel folgen muss. Als Ziele mit dem geringsten Steuerungsimpuls könnte aus funktionaler Techniksicht die Sicherung der Vertraulichkeit und aus Datenschutzsicht die Sicherung der Verfügbarkeit sein. Wobei auch diese Ziele zu verfolgen unabdingbar ist. Die Sicherung der Vertraulichkeit bei einer Technik könnte bspw. so interpretiert werden, dass eine Technik von vornherein Schutzmaßnahmen mitbringen muss, sodass sie nicht durch unbefugte Nutzung Schäden bei Menschen oder in der Umwelt anrichtet.

Bei einem politischen Primat wäre das maßgebliche Ziel, die Verfügbarkeit von bestimmten Ressourcen (Macht, Geld, Zeit) zu sichern, dem die Intervenierbarkeit folgte. Intervenierbarkeit um der Intervenierbarkeit willen entspräche Macht als Selbstzweck, als Willkür, was als obersten Primat gesetzt pathologisch bis zur Selbstzerstörung wäre. Die Chance, den eigenen Willen auch gegen den Widerstand anderer durchzusetzen hieße, durch Maßnahmen der Intervenierbarkeit dafür zu sorgen, dass Andere geringere Chancen auf Interventionen zum Erreichen bestimmter Ressourcen haben. Dann folgte Transparenz: volle Transparenz für die eigene Seite und Intransparenz – oder klugerweise durch geringe Transparenz oder durch Ablenkungen mit viel Transparenz für Irrelevantes – für die andere Seite.

Das sollen nur anregende Thesen sein. Eine umfängliche Diskussion und eine vollständige hierarchische Anordnung der Gewährleistungsziele für verschiedene strukturell induzierte Interessen ist hier nicht zu leisten. Die kurze Diskussion soll nur zeigen, dass alle beteiligten Experten, die ein Verfahren datenschutzrechtlich ordnungsgemäß realisieren wollen, mit dem SDM zwar das gleiche Bezugssystem nutzen, doch verstehen sie nicht nur unter einem „Ziel" etwas Fachspezifisches, also etwas anderes als die Experten anderer Fachbereiche, sondern sie haben, durch ihre Profession nahegelegt und in ihren von Organisationen festgelegten Rollen, auch unterschiedliche Präferenzen der Ziele, mit einem latenten führenden „Super-Schutzziel", bei deren Umsetzung.

c) Eine weitere interessante Relationierung der Schutzziele besteht in einer vollständig durchgeführten Selbstbezüglichkeit der Ziele zueinander. Es macht einen Unterschied, ob man bspw. eine transparente Integrität oder eine integre Transparenz für ein Verfahren einfordert und bspw. die Maßnahmen der Integritätssicherung überprüfbar dokumentiert sind oder ob die Dokumentation einer Maßnahme überprüfbar und revisionsfest integritätsgesichert ist. Insofern würde sich eine Untersuchung die Matrix von entweder 6×6 oder 7×7 (für den Fall, dass man Datensparsamkeit/Datenminimierung tatsächlich als eigenes Schutzziel begreift) vornehmen, um die Schutzziele vollständig zu permutieren. Im weiter unten folgenden Kapitel wird dieses gut tragende Konzept der Selbstbezüglichkeit am Beispiel der Protokollierung (siehe Abschn. 3.6) unter der Maßgabe eincr „transparenten Transparenz" anschaulich gemacht, als Strategie zur Entwicklung eines vollständigen Sets an Schutzmaßnahmen für „hohen Schutzbedarf".

d) Zuletzt möchte ich nur auf eine bereits dargestellte soziologische Überlegung hinwei-
   sen, wonach die Gewährleistungsziele das Habermassche Set der sinnhaften Geltungs-
   anforderungen an eine vernünftige Rede auf der operativen Ebene ergänzen (vgl. [17],
   S. 80–84, 85–91). Dadurch wäre aussichtsreich auch eine sozialwissenschaftliche
   Verortung der Schutzziele geleistet. Die These lautet: Man kann die Geltung der
   Gewährleistungsziele zur Gestaltung bzw. zum Betrieb von sämtlichen Verfahren mit
   Personenbezug in Organisationen, in einem vernünftigen Diskurs eingeführt, nicht
   aussichtsreich negieren.

Damit die Geltungsanforderungen einer vernünftigen Rede bei technisch vermittelter
Kommunikation etwa im Internet berechtigt gestellt und operativ eingelöst werden können, müssen die Verfahren und die von den Verfahren genutzten Techniken den von den
Gewährleistungszielen formulierten Anforderungen genügen. Das SDM bricht diese
Anforderungen mithilfe des Referenzkataloges an Schutzmaßnahmen so weit herunter,
dass für alle an Systemarchitekturen beteiligten Experten vollkommen klar wird, was
genau zu tun ist (vgl. [18]). Zu einem konkreten Problem wird es dann, wenn diese Art des
herrschaftsfreien Diskurses zumindest in keinem Internetforum mehr geführt werden
kann, weil die Plattformbetreiber die vom Modell formulierten Anforderungen an einen
operativen Datenschutz in ihrer Architektur nicht umsetzen. Somit wird deutlich: Ohne
Datenschutz beim Betrieb von Kommunikationstechniken ist das Habermasche Diskurs-
modell für eine moderne Gesellschaft, in der paradoxerweise zugleich eine Jede und ein
Jeder zum global empfangbaren Sender werden kann, obsolet.

Diese These von der Komplementarität der Gewährleistungsziele zu den Geltungsanforderungen einer vernünftigen Rede erlaubt, Datenschutz in einen allgemeinen Vernünf-
tigkeits- und Modernitätsdiskurs zu stellen. Sie liefert damit eine Möglichkeit, Datenschutz
und Datenschutzrecht nicht an die einzelne Person bzw. an das Persönlichkeitsrecht koppeln zu müssen, sondern an die Formen, die eine Gesellschaft zur Konditionierung der
Relation Organisation-Person ausgebildet hat. Eine moderne Gesellschaft ist gekennzeichnet durch eine funktionale Differenzierung von Funktionssystemen, die auch zur
individuellen Autonomie und sozialer Freiheit von Personen führte. Wenn Autonomie und
Freiheit durch Organisationen eingeschränkt werden – und dass das gegenwärtig der Fall
ist, lässt sich nicht bestreiten – dann legt das den Umkehrschluss einer „Entmodernisie-
rung" im Sinne einer Refeudalisierung der Gesellschaft nahe.

3.5   Schutzbedarf

Jede Verarbeitung personenbezogener Daten durch eine Organisation stellt einen Eingriff
in die informationelle Selbstbestimmung der von dieser Verarbeitung betroffenen Personen
dar. Es ist auch dann ein Grundrechtseingriff, wenn eine Verarbeitung ordnungsgemäß, also

auf der Basis eines Gesetzes oder einer wirksamen, weil freiwillig und informiert gegebenen Einwilligung erfolgt. Die Einwilligung bietet nicht nur eine Rechtsgrundlage, sondern sie ist auch die Ausübung eines Grundrechts selbst.[22]

Zur Ordnungsmäßigkeit eines Verfahrens zählt, dass eine Organisation

- den Eingriff in die Grundrechte auf das erforderliche Maß beschränkt und mit geringstmöglicher Eingriffsintensität umsetzt,
- wirksame sicherheitstechnische Schutzvorkehrungen gegen unbefugte Zugriffe etwa durch Hacker trifft und
- dass die Organisation Maßnahmen unterhält, die einem Betroffener wirksam helfen, sich gegen die Organisation zu wehren;
- überprüfbar nachweisen kann, dass es die zuvor genannten Anforderungen auch wirksam umsetzt.

Eine Maßnahme, mit der eine einstmals gegebene Einwilligung zurückgezogen werden kann, ist im Vergleich zum Erteilen einer Einwilligung überhaupt erst eine tatsächlich relevante Datenschutz-Schutzmaßnahme. Die Dimensionierung einer solchen Maßnahme der operativen Unterstützung des Einwilligungsmanagements (Wie schnell? Wie sicher? Wie transparent?) hängt dann vom Schutzbedarf ab.

Bei der Ermittlung der Höhe eines **Schutzbedarfs** nimmt das SDM, wie bereits ausgeführt, die Perspektive des Betroffenen und dessen Grundrechtsausübung ein und unterscheidet sich daher grundlegend von der Sicht des IT-Grundschutzes (IT-GS). In Anlehnung an die Methodik des IT-GS nutzt das SDM drei Schutzbedarfskategorien „normal", „hoch" und „sehr hoch" für Verfahren mit Personenbezug.

3.5.1   Schutzbedarfskategorien „normal", „hoch", „sehr hoch"

Da jede Verarbeitung personenbezogener Daten einen Eingriff in die Grundrechte der betroffenen Person darstellt – der Schaden also gewissermaßen eingetreten ist –, kann gemäß SDM für Organisationsaktivitäten gegenüber Personen niemals ein niedrigerer als ein normaler Schutzbedarf festgelegt sein. Diese Feststellung zieht bereits eine ganze Reihe an notwendig zu installierenden Schutzmaßnahmen für jedes personenbezogene Verfahren nach sich.

---

[22] Deshalb ist eine begriffliche sowie inhaltliche Kehrtwende hin zu einem Grundrecht auf „informationelle Integrität" wichtig: „Im deutschen Verfassungsrecht" fehlt es insofern an einem Grundrecht auf Datenschutz. Nötig ist damit nicht eine anderweitige Verwurzelung des Rechts auf informationelle Selbstbestimmung, sondern die Entwicklung eines von der Privatsphäre emanzipierten Rechts auf informationelle Unversehrtheit" ([19], S. 597).

Im Unterschied dazu erfordern folgende Verarbeitungsszenarien einen hohen Schutzbedarf umzusetzen:

- Verarbeitung nicht veränderbarer Personen-Daten, die ein Leben lang als Anker für Pro-
  filbildungen dienen können bzw. zuordenbar sind (z. B. biometrische Daten, Gendaten),
- Verbreitung eindeutig identifizierender, hoch verknüpfbarer Daten (z. B. lebenslang
  gültige Krankenversichertennummer, Steuer-ID),
- gesetzlich begründete und andere, intransparente Verfahrensweisen für Betroffene
  (z. B. Verfassungsschutzaktivitäten, Scoring, Profiling, automatisierte Einzelentscheide
  (bspw. bei Kreditvergaben)),
- Verarbeitung von Daten in einem Verfahren mit möglichen gravierenden finanziellen
  Auswirkungen für Betroffene,
- Verarbeitung von Daten in einem Verfahren mit möglichen gravierenden Auswirkun-
  gen auf das Ansehen/die Reputation des Betroffenen,
- Verarbeitung von Daten in einem Verfahren mit möglichen Auswirkungen auf die kör-
  perliche Unversehrtheit des Betroffenen,
- Verarbeitung von Daten, die realistischer Weise zu erwartende Auswirkungen auf die
  Grundrechtsausübung einer Vielzahl Betroffener haben können (z. B. bei zunehmend
  flächendeckender Videoüberwachung, Big Data),
- Gefahr von Diskriminierung, Stigmatisierung (z. B. durch Algorithmen),
- Eingriffe in besonders geschützten inneren Lebensbereich eines Betroffenen.
- wenn Betroffene von den Entscheidungen bzw. Leistungen einer Organisation abhängig sind und wenn eine Organisation keine real nachweislich funktionierenden Möglichkeiten der Intervention und des Selbstschutzes für Betroffene bereitstellt.
- wenn ein Unternehmen oder ein Forschungsinstitut eine Monopolstellung innehat;
- wenn es faktisch unmöglich ist, dass Konflikte unter realistisch zu bewältigenden
  Bedingungen von Betroffenen vor Gericht geklärt werden können.

Von sehr hohem Schutzbedarf ist auszugehen, wenn ein Betroffener von den Entscheidungen bzw. Leistungen der Organisation unmittelbar existentiell abhängig ist und
zusätzlich Risiken durch eine nicht hinreichende Informationssicherheit oder unzulässige Zweckänderungen auf Seiten der Organisation ohne Korrekturmöglichkeiten für
den Betroffenen bestehen, insbesondere wenn diese Änderungen nicht von den davon
Betroffenen bemerkbar sind.

Wenn eine Organisation andere als im Maßnahmenkatalog ausgewiesene Standard-
schutzmaßnahmen verwendet, dann sieht sich die Organisation aufgefordert, die funktionale Äquivalenz der verwendeten Maßnahme mit der Referenzmaßnahme nachzuweisen.
Es ist ausdrücklich gewollt, dass der Organisation dadurch ein erhöhter Begründungsauf-
wand entsteht, der mit erhöhten Kosten einhergehen kann. Gleichwohl kann es durchaus
sein, dass eine andere als im Katalog ausgewiesene Maßnahme ähnlich wirksam und
günstiger ist. In diesem Falle ist der Katalog dann entsprechend fortzuschreiben (siehe
unten das Kapitel zum Betriebskonzept des SDM Abschn. 3.8).

3.5.2 Ausgewählte Aspekte zum Schutzbedarf: Kumulierung, Angreifermodell, Konflikt SDM – IT-GS, Vertraulichkeit

Vier Aspekte möchte ich ansprechen, die im Zusammenhang mit Schutzbedarfsfeststellungen erfahrungsgemäß von Bedeutung sind: a) Kumulierungseffekte, die in Summe eine Erhöhung des Schutzbedarfs auslösen können; b) das spezifische Angreifermodell des SDM; c) den Konflikt, wenn der Schutzbedarf von SDM und IT-Grundschutz nicht übereinstimmen sowie d) die besondere Rolle, die dem Schutzziel Vertraulichkeit zukommt.

3.5.2.1 Kumulierungseffekte

Der Schutzbedarf erstreckt sich auf die Komponenten Daten, Systeme und Prozesse. Es hat sich praktisch methodisch bewährt, zunächst mit Blick auf die Person und den Verarbeitungszweck der personenbezogenen Daten den Schutzbedarf der Daten zu ermitteln, der sich dann auf Systeme und Prozesse vererbt. Dabei sind zwei Typen von Kumulierungseffekten zu unterscheiden:

- Daten, die für sich normalen Schutzbedarf aufweisen, können einen hohen Schutzbedarf erzeugen, wenn sie in großer Menge verarbeitet werden („Kumulierung vieler Daten").
- Daten, die normalen Schutzbedarf aufweisen, können hohen Schutzbedarf erfordern, wenn diese Daten von Personen verarbeitet werden, die zu verschiedenen Zwecken unterschiedliche Rollen mit unterschiedlichen Rechten einnehmen und somit strukturell veranlasst befugt unbefugt zur Kenntnisnahme von Daten genötigt werden („Kumulierung vieler Rechte").

3.5.2.2 Das Angreifermodell

Neben einer Betrachtung des Eingriffs in die Grundrechte ist eine Risikoanalyse notwendig, in deren Ergebnis beurteilt sein soll, wie groß die Wahrscheinlichkeit ist, dass aktive Organisationen Datenschutzvorgaben nicht einhalten, u. a. auch, weil andere, übergeordnete Organisationen auf diese zugreifen (Sicherheitsbehörden können auf Datenbestände von Privatunternehmen zugreifen, bspw. von Mobilfunkbetreibern, Konzernmütter auf Filialen, Infrastrukturbetreiber auf Organisations- und Personendaten).

Aus dieser Risikoanalyse bzgl. der Angreifer – wie wahrscheinlich ist es, dass die rechtlich legitimierte Organisation sowie weitere Organisationen auf personenbezogene Daten zugreifen? – können sich zusätzliche Schutzmaßnahmen ergeben, die die aus der Eingriffsintensität resultierenden Maßnahmen ergänzen. Dabei sind insbesondere die folgenden vier Aspekte zu erfassen und zu beurteilen:

- Es ist die Stärke der Motivation einer Organisation im Zusammenhang mit den zur Verfügung stehenden Ressourcen (Zeit, Geld, Personal, Kompetenz) zu beurteilen, den Zweck der Nutzung von Daten unbefugt zu ändern.
- Es sind die operativen Möglichkeiten zu beurteilen, die für (Mitarbeiter) von Organisationen bestehen, den Zweck der Datenverarbeitung unbefugt zu ändern.

- Es sind Auswirkungen von Übermittlungen personenbezogener Daten in Drittstaaten zu beachten. Unabhängig vom jeweils festgestellten Schutzbedarf der Daten im nationalen Kontext muss geprüft werden, welche zusätzlichen Schutzmaßnahmen für die Übermittlung und ggf. Verarbeitung in Drittstaaten erforderlich wären.
- Es ist das Maß der getroffenen Schutzmaßnahmen der Informationssicherheit zu beurteilen einschließlich der Prozesse zur Lösung von Konflikten zwischen Sicherung der Informationssicherheit der Geschäftsprozesse und zur operativen Sicherung des Datenschutzrechts betroffener Personen.

Um zu einer methodisch geführten und zugleich praxisgerechten Schutzbedarfsfeststellung zu gelangen, ist es notwendig, mit Szenarien/Usecases zu operieren, in denen typische Angreifer mit typisch absehbaren Motiven ausgewiesen sind. Der Logik des Modellansatzes des SDM folgend, dass strukturell Organisationen die Angreifer auf die informationelle Unversehrtheit von Personen sind, wäre es folgerichtig gewesen, im SDM-Handbuch im Kapitel zum Schutzbedarf einen Standard-Angreiferkatalog mit typischen Angriffsmotiven und Angriffsressourcen aufzunehmen. Dazu konnte man sich auf Seiten der Datenschutzaufsichtsbehörden bislang jedoch nicht entschließen.

Um für ein Verfahren zu einer realistischen Sicht auf tatsächlich bestehende Datenschutzrisiken zu gelangen, bspw. im Rahmen einer Datenschutzfolgenabschätzung (vgl. Art. 35 DS-GVO), ist es unerlässlich, einen Katalog mit explizierten Angreifermotiven zu diskutieren.[23] Dieser Katalog enthielte zumindest die folgenden Organisationen mit typischen gesellschaftlich induzierten Interessen an Daten auch von anderen Organisationen:

- Öffentliche Stellen: politisch dominierte Ministerien an der Schnittstelle zwischen Politik, Verwaltung und Wirtschaft, Sicherheitsbehörden, Leistungsverwaltung
- Unternehmen, die Techniken bereitstellen, mit denen personenbezogene Verfahren verarbeitet werden (Technologiehersteller, Infrastrukturen, Diensteanbieter)
- Unternehmen, die insbesondere Techniken für gezielt personenbezogene Verfahren nutzen (Banken, Versicherungen, Versandhandel, Adresshandel, Scoring, Detekteien)
- Gesundheitswesen, Rechtsanwälte und Notare, Wissenschaftseinrichtungen für Medizin, Sozialforschung und Psychologie.

Besondere Schutzmaßnahmen sind insofern für diejenigen Fälle zu treffen, in denen anzunehmen ist,

- dass auf Seiten einer Organisation eine plausible Motivation zur Zweckänderung oder Vorratsdatenspeicherung vorliegt,

---

[23] Die Anleitung zum Durchführen eines DPIA nach DS-GVO des Forum Privatheit, die unter anderem von der Uni Karlsruhe und Fraunhofer/ISI erstellt wurde, weist einen solchen Angreiferkatalog auf (vgl. [11]).

- dass nur operativ relativ geringe Schwierigkeiten bestehen, eine rechtlich ungedeckte Verarbeitung von Daten tatsächlich durchzuführen oder
- dass Anlässe klar erkennbar sind, bei denen anderen Organisationen Zugriffe erlaubt oder Übermittlungen eingerichtet werden (müssen).

3.5.2.3 Wie ist mit dem Konflikt umzugehen, wenn die Schutzbedarfe nach SDM oder IT-Grundschutz nicht übereinstimmen?

Wegen der unterschiedlichen Zielrichtungen von IT-Grundschutz und SDM ist nicht ausgeschlossen, dass die Schutzbedarfsfeststellung nach Grundschutz und nach SDM für das selbe Verfahren unterschiedlich ausfallen, obwohl es ein Bestandteil des IT-Grundschutzes sein muss, auch die grundrechtlich bestehenden Anforderungen zu berücksichtigen. Mit anderen Wort: Auch die Informationssicherheit muss von grundrechtlich orientierten Erwägungen geleitet sein. Das bedeutet, dass in Konfliktfällen unterschiedlicher Schutzbedarfsfeststellungen die datenschutzrechtliche grundsätzlich den Vorrang hat.

Die Festlegung des Schutzbedarfs kann im Einzelfall zu schwierig lösbaren Konstellationen führen. Beispielsweise kann die Protokollierung des Verhaltens von Mitarbeiterinnen und Mitarbeitern oder die Beobachtung externer Nutzer zur Abwehr von Informationssicherheitsangriffen aus Datenschutzsicht anders bewertet werden als aus der Sicht der Informationssicherheit.

Es kommt hinzu, dass einander perfekt widersprechende Anforderungen bestehen können: Ein hoher Schutzbedarf in Bezug auf Transparenz bedeutet aus Sicht des Datenschutzes, dass Betroffene besonders ausführlich und detaillierte Einsichten bspw. in Akten nehmen können, während hoher Schutzbedarf bzgl. Transparenz aus Sicht der IT-Sicherheit bei der Polizei oder einer Armee genau das Gegenteil bedeutet, nämlich eine angemessene Geheimhaltungsstufe festzulegen, um Betroffene genau keinen Zugriff zu gewähren. Die Frage nach der Transparenz, also die Herstellung von Kontrollierbarkeit (sind alle relevante Aspekte erfasst?), Prüfbarkeit (können Soll-Ist-Bilanzen gezogen werden?) und Entscheidbarkeit (von Prüfergebnissen im Lichte der normativen Anforderungen) zieht immer die Frage nach sich: Für wen (die Organisation selbst? Die Betroffenen? Die Aufsichtsbehörden? Andere Organisationen?) ist ein Verfahren überprüfbar und: mit welchem Auflösungsniveau? Diese Fälle sind als Verfahren besonders zu behandeln, prüfbar zu dokumentieren und zu rechtfertigen.

3.5.2.4 Vertraulichkeit

Eine besondere Rolle für die Bestimmung des Schutzbedarfs spielt das Gewährleistungsziel Vertraulichkeit. Die Vertraulichkeit personenbezogener Daten muss auch dann gewährleistet sein, wenn die Eingriffstiefe in das Recht auf informationelle Selbstbestimmung gering ist. An dieser Stelle ist der Überschneidungsbereich zwischen SDM und IT-GS hoch. Die Anforderungen einer Organisation an die Sicherheit der eigenen IT-Infrastruktur decken sich vielfach zu großen Teilen mit den Anforderungen des Betroffenen an die Gewährleistung der Vertraulichkeit seiner Daten gegenüber Dritten. Die Auswahl der Maßnahmen zum Schutz personenbezogener Daten deckt sich daher in

weiten Bereichen mit der Auswahl der Maßnahmen, die die Anforderungen des Grund-
schutzes an eine angemessene Informationssicherheit sicherstellen. Aber diese Gemeinsamkeit gegenüber einem unbefugtem Dritten („Hacker") sollte nicht dazu führen, dass
die Organisation selbst in den blinden Fleck der Beobachtungen gesetzt wird, aber
genau dazu verführt ein unreflektiertes Anwenden von IT-Sicherheitsmaßnahmen etwa
nach IT-Grundschutz.

3.6   Schutzmaßnahmen für hohen Schutzbedarf

Um Schutzmaßnahmen für **hohen Schutzbedarf** zu spezifizieren ist es hilfreich, die
Gewährleistungsziele und die Maßnahmen des Modells auf die Ziele und Maßnahmen des
Modells selbstbezüglich anzuwenden. Hiernach ist es für einen Verantwortlichen von
Organisationsaktivitäten gegenüber Personen geboten darüber nachzudenken, wie bspw.
die Maßnahmen zur Umsetzung der Transparenz eines Verfahrens transparent gemacht
werden können. Dass das nicht überdreht gedacht ist – und dass man auch nicht in einen
unendlichen Regress geraten muss (Transparenz der Transparenz der Transparenz usw.),
soll nachfolgend am Beispiel der Protokollierung kurz diskutiert werden.

Das SDM setzt das Schutzziel Transparenz durch Maßnahmen um, die eine Kontrol-
lierbarkeit/Prüfbarkeit/Beurteilbarkeit von personenbezogenen Verfahren herstellen. Es ist
nachfolgend nur, dem allgemeinen Sprachgebrauch folgend, von Prüfbarkeit die Rede.

Die Prüfbarkeit eines Verfahrens muss eine Organisation in der Form von Spezifikationen, Dokumentationen und Protokollierungen eines Verfahrens sicherstellen, wobei mindestens vier verschiedene Rollen Interesse an der Prüfbarkeit eines Verfahrens haben:

- die Organisation selber, die ihre personenbezogenen Aktivitäten kennen muss, um Entscheidungen herzustellen und Prozesse daraufhin steuern zu können;
- für die von dem Verfahren betroffenen Personen;
- andere Organisationen, die ihre Zusammenarbeit mit der Organisation von einem
Nachweis (Audit, Prüfberichte) der Erfüllung der Datenschutzanforderungen abhängig
machen;
- Aufsichtsbehörden, wie Datenschutz oder Rechnungshof, Steuerprüfung oder auch Staats-
anwaltschaft, die als Vertreter eines allgemeinen, gesellschaftlichen Interesses agieren.

In Bezug auf diese Interessenten gibt es nicht die *eine* Transparenz, selbst wenn eine Organisation bereit dazu ist, im Sinne einer abstrakt gewährten totalen Transparenz sämtliche
Informationen, die nicht auf den Kern des Geschäftsgeheimnisses zielen, zugänglich zu
machen. Während eine Organisation sich selbst alles an Informationen über sich selber
zumuten kann und entscheidet, ob sie eher Kosten und Mühen bei der Produktion oder der
Konsumtion von Informationen in Kauf nimmt, haben Betroffene Anspruch auf Datenschutz-
erklärungen durch die Organisation, die vollständig und verständlich sind, wohingegen
Kooperationspartner an Prüfberichten, Testaten und Audits zumeist von vertrauenswürdigen

Dritten interessiert sind.[24] Den Aufsichtsbehörden müssen im Zweifel sämtliche Informationen zugänglich sein, und zwar vielfach auch solche, die der Organisation selber noch gar nicht vorliegen, sondern erst auf spezifische Anforderungen hin hergestellt werden müssen und die die Prüfexperten dann vielfach besser verstehen als die damit befassten Mitarbeiter einer Organisation. Man sieht, Transparenz ist eben nicht gleich Transparenz. Informationen müssen im Hinblick auf bestimmte Prüfkontexte aufbereitet werden, die zumindest bei hohem Schutzbedarf eine Organisation nicht mehr vor operative Herausforderungen stellen dürfen und weitgehend standardisiert vorliegen sollten.

Nachfolgend wird der Fokus beispielhaft auf die Protokollierung von Verfahren eingeengt, bei denen ein hoher Schutzbedarf aus Datenschutzsicht festgestellt wurde und die Verantwortlichen sich nun überlegen müssen, wie sie hohen Schutzbedarf bei der Protokollierung des Verfahrens umsetzen.

a) Zunächst gilt festzulegen, welche Aspekte in einer Protokollierung erfasst sein müssen. Hier gilt:
   - Ausweis einer Zeitkomponente („Wann?"),
   - die Bezeichnung für die Instanz, die eine Aktivität auslöst („Wer?"),
   - die Bezeichnung für die ausgeführte Aktivität bzw. ein Ereignis, das durch die Instanz ausgelöst wurde („Was?") sowie
   - die Adresse der Speicherinstanz, die diese Protokolldaten speichert („Protokollierung durch wen?") und für die gesicherte Verarbeitbarkeit der Daten zuständig ist.

   Darüber können Verantwortlichkeiten geklärt und Kausalitäten innerhalb von bestimmten Ebenen und zwischen Ebenen, Systemen und Organisationen nachvollzogen werden.

b) Dann gilt festzulegen, in wie weit die Protokollierung vollständig zu erfolgen hat. Ein Vollständigkeitsanspruch bedeutet, dass jeder relevante Funktionsaufruf zwangsläufig, also lückenlos, einen Protokolleintrag erzeugt, und dass Protokolleinträge durchgängig konsistent mit allen Aktivitäten auf allen beteiligten Ebenen erfolgen. Bei Lückenlosigkeitsanspruch innerhalb und zwischen Ebenen sind sechs verschiedene Protokollierungsebenen zu beachten:
   - Die funktionale Sachbearbeitung der Benutzer, die nach fachlich-rechtlichen Maßstäben geschieht („fachliche Prüfbarkeit der Benutzeraktivitäten");
   - das funktionale Fachprogramm, mit dem die Sachbearbeitung operativ durchgeführt wird („Prüfbarkeit des Fachprogramms");
   - die Administration des Fachprogramms („Prüfbarkeit der Fachapplikations-Administration");
   - die Funktionalität der Hardware und Software, die in einer IT-Infrastruktur eingesetzt wird, auf die ein spezielles, zweckdefiniertes Fachprogramm aufsetzt, wie etwa PCs und Server, Betriebssysteme, Middleware (typisch Datenbanken), Netzwerkkomponenten, Speichersysteme, („Prüfbarkeit des IT-Systems") sowie insbesondere die Funktionalitäten der Datenschutz-Schutzprogramme;

---

[24] Einen sehr guten Erfahrungsbericht zu insbesondere weltweit geltenden Datenschutz-Audits sowie Vorschlägen zu deren Weiterentwicklung findet sich bei Bock [20].

- die fachlich notwendigen, die organisatorisch gebotenen oder technisch möglichen funktionalen Systemübertritte, insbesondere solche, die der Übermittlung von Daten in andere Organisationen hinein dienen und mit denen ein Zweck- und Verantwortungswechsel für eine Datenverarbeitung einhergeht („Schnittstellenprüfbarkeit");
- die Administration der IT-Systeme sowie der technisch-organisatorischen Betriebsabläufe und Systemübertritte der IT-Infrastruktur, zu denen auch die Systemgenerierung im Hinblick auf die Konfiguration der Hardware sowie die Implementation und Konfiguration der Software gehören („Prüfbarkeit der allgemeinen Administrationstätigkeiten").

c) Die Protokolleinträge selber müssen besonders gesichert erhoben, gespeichert, verarbeitet und übermittelt werden. Es müssen dafür besondere Maßnahmen zur Sicherung der Verfügbarkeit, der Integrität, der Vertraulichkeit, der Transparenz (wie oben bereits dargelegt), der Nichtverkettbarkeit und der Intervenierbarkeit vorgesehen sein, die nachfolgend kurz diskutiert werden.

ca) Die Verfügbarkeit von Protokolldaten ist in Bezug zu drei Aspekten mit besonderer Zuverlässigkeit zu sichern:

Es müssen Protokolldaten für alle relevanten Funktionsaufrufe und Aktivitäten erzeugt werden. Bei hohem Schutzbedarf sollte ein Prozess nachgewiesen werden, dass eine Prüfung der Protokollierung im Hinblick auf eine vollständige Verfügbarkeit von Protokolleinträgen vorlag und fortgeführt wird.

Grundsätzlich müssen alle Protokolldaten, die in einem Verfahren über die sechs Ebenen hinweg angefertigt werden, so zugänglich sein, dass die Aktivitäten zueinander in Beziehungen gesetzt werden können. Die kausale Verknüpfung der Inhalts- und Metadaten sollte über das Rechte & Rollen-Konzept sowie einen hinreichend hochauflösenden Zeitstempel gewährleistet werden.

Die Protokolldaten müssen im Backup & Restore-Konzept berücksichtigt werden.

cb) Die Integrität eines Protokolleintrags bzw. eines Protokolldatenbestands ist in Bezug auf Reliabilität und Validität von Protokolldaten und deren Aktualität, Nichtverfälschbarkeit und Vollständigkeit beim Speichern und Übertragen zu sichern.

Die Nichtverfälschbarkeit von Protokolldaten muss mit den Maßnahmen der IT-Sicherheit umgesetzt werden. Die typische Schutzmaßnahme wäre ein Signieren und Überprüfen von Signaturen. Die Integritätssicherung Es kann auch ein Protokollierungsserver eingesetzt werden, für dessen Implementation, Konfiguration und Betrieb wiederum besondere Schutzmaßnahmen anhand der Gewährleistungsziele zu treffen sind.

cc) Die Vertraulichkeit bei der Speicherung, dem Zugriff und der Übermittlung von Protokolldaten muss gesichert sein. Dies geschieht typisch durch eine Verschlüsselung von Protokoll-Daten, sowohl vor dem Abspeichern als auch vor einer Übermittlung an eine abfordernde Instanz, mit entsprechenden Entschlüsselungsvorkehrungen bei den zugreifenden Instanzen.

Es muss im Rollen- & Berechtigungskonzept geregelt sein, welche Instanzen im Rahmen festzulegender Anlässe und zu welchen Zwecken befugt Zugriffe auf die Protokolldaten nehmen müssen bzw. können.

Bei einem Einsatz einer vertrauenswürdigen dritten Instanz, die einen dedizierten Protokollserver betreibt, muss die Vertraulichkeit sämtlicher Protokolldaten gegenüber dem Betreiber sichergestellt sein.

cd) Die Transparenz eines Verfahrens wird durch die Herstellung von Prüfbarkeit sichergestellt, indem, wie hier ausgeführt, ein Verfahren überprüfbar geplant, dokumentiert und protokolliert wird. Aus der Dokumentation muss hervorgehen, welche rechtlichen Anforderungen an die Protokollierung bestehen und welche Zwecke mit der Protokollierung verfolgt werden dürfen und welche nicht. So dürfen bspw. mit der Protokollierung zu Datenschutzzwecken keine Leistungskontrollen und grundsätzlich – mit Ausnahme der Systemadministration für genau spezifizierte Zwecke bzgl. der Kompensation der Einbußen an Vertraulichkeit und Integrität durch Möglichkeiten der unbefugten Kenntnisnahme seitens der Administratoren – auch keine Verhaltenskontrollen erfolgen. Es muss dokumentiert sein, wer Zugriffe auf die Protokolldaten zu welchen Zwecken hat und welche Eskalationsstrategien für wesentliche Beurteilungs- und Auswertungsergebnisse standardmäßig verfolgt werden.

Zur Sicherstellung der Transparenz bzgl. der Prüfbarkeit welche Daten mit welchen Begründungen und rechtlich gefordert, mit welchen Methoden und von welchen Instanzen zur Beantwortung welcher Fragen bzw. zur Klärung welcher Fehler und Mängel bzw. zur Bearbeitung welcher Konflikte erhoben und verarbeitet werden.

ce) Die Nicht-Verkettbarkeit von Protokoll-Daten bzw. die Zweckgebundenheit des Zugriffs auf die Protokoll-Daten ist unter zwei Aspekten besonders zu sichern:

Das Rollen- und Rechtekonzept muss regeln und sicherstellen, dass nur Befugte autorisiert sind, auf Protokolldaten zuzugreifen. Insbesondere zur Aufdeckung von Sicherheitsvorfällen kann es notwendig sein, sämtliche verfügbaren Protokolle zusammen zu ziehen, um bestimmte Ereignisse nachvollziehen zu können. Für diese Fälle sind im Vorhinein Regelungen zu treffen, welche Instanzen an einer Protokoll-Auswertung für welche Fälle zu beteiligen sind: IT-Administratoren, Betriebsrat/ Personalrat, IT-Sicherheitsbeauftragter, Datenschutzbeauftragter, das Management. Bei hohem Schutzbedarf sind entsprechende Übungen durchzuführen.

Es muss ein Regelwerk bestehen für die Fälle, in denen (organisationsinterne) Protokolldaten an andere Organisation übermittelt werden. Es sind Abfragen durch Sicherheitsbehörden, durch die Leistungsverwaltung, durch Meldebehörden oder Steuerbehörden, Statistikämter oder Archive möglich. Hier ist bei hohem Schutzbedarf zu prüfen, ob die Übermittlung rechtens ist, ob ein etwaig geforderter Richtervorbehalt berücksichtigt wurde oder ob in den Protokolldaten neben den Metadaten auch personenbeziehbare Inhaltsdaten vorhanden sind. Gegebenenfalls sind vor einer gesetzlich gerechtfertigten Übermittlung Maßnahmen der Pseudonymisierung oder Anonymisierung zu ergreifen.

cf) Die Intervenierbarkeit für die Protokollierung ist für mindestens zwei Aspekte sicherzustellen:

- Neue Protokolleinträge müssen mit geringer Hürde aufgenommen werden können, um die Kontrollierbarkeit eines Verfahrens zu verbessern. Fehlerhafte oder unverständliche Einträge müssen jederzeit korrigiert oder gelöscht werden können.
- Protokoll-Datenbestände müssen regelgeleitet und differenziert gelöscht werden können. Ein hoher Schutzbedarf für die Intervenierbarkeit von Protokolldaten ist dann umgesetzt, wenn Protokolldaten auch sicher gelöscht werden können (im Sinne des „Wipens"), und zwar auch in den Backupdateien der x-ten Generation. Über den Löschvorgang muss ein Nachweis erfolgen, etwa in Form einer Quittung.

3.7   Prüfablauf mit SDM

Die Anwendung des SDM kann wesentlich dazu beitragen, um den Ablauf von Datenschutzprüfungen zu standardisieren.

Das Modell unterscheidet drei aufeinander aufbauende Formen des Prüfens:

- das Kontrollieren, wonach zunächst zu klären ist, ob alle relevanten Eigenschaften des Verfahrens, die rechtlich, organisatorisch und technisch zu prüfen sind, auch von der Spezifikation, Dokumentation und Protokollierung erfasst werden. Dies verlangt eingedachte, erfahrene Experten, die das Verfahren und deren Komponenten kennen, um den Status der Prüfbarkeit zu erreichen.
- das Prüfen, wonach zu klären ist, ob für alle relevanten Eigenschaften eine Soll-Ist-Bilanzierung möglich ist, um Prüfergebnisse zu erzeugen;
- das Beurteilen von Prüfergebnissen, die Abweichungen und Störungen anzeigen können, die Konflikte nahelegen oder die Berücksichtigung besonders zu würdigender Umstände und die deshalb einer juristischen Beurteilung zu unterziehen sind; letztlich mit dem Zweck, dadurch eine heilende Steuerungswirkung auf Verantwortliche einer Organisation auszuüben.

Diese dreischrittige Unterscheidung der Prüftätigkeiten ist hilfreich, um einen Prüfprozess effektiv zu gestalten (siehe Abb. 3.1). Bei der dem SDM vorgelagerten juristischen Prüfung stellt sich im ersten Schritt die Frage, ob es sich beim zu prüfenden Verfahren um ein Verfahren mit Personenbezug handelt. Sind für die Entscheidung der Frage nach dem Personenbezug alle relevanten Aspekte genannt? Sind für die relevanten Aspekte die Ist-Eigenschaften und die Soll-Vorgaben zu ermitteln? Das gleiche gilt im zweiten Schritt der juristischen Prüfung in Bezug auf die Kontrolle, Prüfung und Beurteilung der Rechtsgrundlagen, die die Datenverarbeitung legitimieren sollen. Reicht die Rechtsgrundlage aus? Sind die einschlägigen Gesetze genannt, ist die Einwilligung freiwillig erteilt worden unter Ausweis eines grundrechtlich auch einwandfreien Verarbeitungszwecks? Ein Datenschutzprüfer kann eine Prüfung beenden,

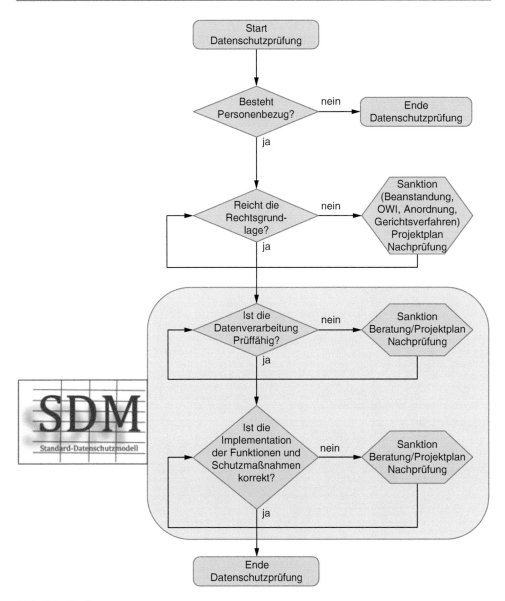

Abb. 3.1 Prüfprozess

wenn eine Kontrolle, Prüfung oder Beurteilung aufgrund mangelnder Transparenz bzgl. Der Daten, IT-Systeme und Prozesse nicht möglich ist.

Neben dem 4-stufigen Ablauf einer Datenschutzprüfung hilft das Modell auch, ein hinreichend strukturiertes Verständnis davon zu entwickeln, was im Datenschutzmanagement, als einem standardisierten Prozess, bei der Umsetzung von Datenschutznormen materiell zu bewirken und fortgesetzt zu beurteilen ist (vgl. Abb. 3.2).

Abb. 3.2 Datenschutzmanagement als Prüfen und Beraten in den Kategorien und Maßnahmen des SDM

3.8   Das Betriebskonzept zum SDM

Die Anwendung des SDM wurde im Herbst 2015 von der „Konferenz der unabhängigen Datenschutzbeauftragten des Bundes und der Länder" (DSBK) zur Beratung und Prüfung von Verfahren empfohlen. Weil das SDM zu diesem Zeitpunkt noch keinen deutschlandweit konsentierten Maßnahmenkatalog enthielt und insofern einen nur vorläufigen Status zugesprochen bekam, wurde es als „Version 0.9" veröffentlicht [21]. Das Modell selber gilt mit seinen Komponenten und Abläufen als konzeptionell abgeschlossen. Ab Herbst 2016 soll ein erster Katalog mit Standardmaßnahmen das Modellhandbuch vervollständigen.

Wenn es am Ende des Jahres 2016 unter den deutschen Aufsichtsbehörden zu keiner Einigung über den Maßnahmenkatalog gekommen sein sollte, dann steht der Anwendung des Modells in Unternehmen, Behörden und Praxen, oder ab Ende Mai 2018, wenn die DS-GVO europaweit umzusetzen ist, trotzdem nichts entgegen. Einige Landesdatenschutzbehörden nutzen das SDM seit 2012 nicht nur bei Forschungsprojekten, sondern auch bei Beratungstätigkeiten und Prüfungen. Die Anwendung des Modells hat sich bislang durchgängig bewährt.

Das Handbuch enthält außerdem ein Betriebskonzept, mit dem das SDM in einem kontrollierbaren Prozess fortgeschrieben bzw. geändert werden kann. Als Eigentümerin des Modells agiert aktuell die DSBK. Die DSBK legt fest, wer zur Eingabe von **Change Requests** (CRs) berechtigt ist. Bislang ist CRs einzubringen den Datenschutzaufsichtsbehörden vorbehalten; etwaige Interessenten unter behördlichen oder betrieblichen Datenschutzbeauftragten sowie unter den Herstellern von Programmen zur Unterstützung der Arbeit von Datenschutzbeauftragten, sind deshalb bislang darauf angewiesen, aus dem Kreis der DSBK-Mitglieder Fürsprecher zu finden. Die Entwicklung und Pflege des Modells auf der konkreten Ebene der Maßnahmen obliegt dem „Arbeitskreis Technik", der Aufträge der DSBK entgegennimmt und die Ergebnisse im SDM-Handbuch niederlegt. Der AK Technik bearbeitet Änderungsanträge, versioniert das SDM-Handbuch, sichert die Qualität von Arbeitsergebnissen und führt insgesamt das dafür notwendige Projektmanagement durch.

Die vielfach in der Praxis genutzten Orientierungshilfen („OH") der DSBK, des AK Technik sowie einzelner Aufsichtsbehörden[25] sollen nach und nach im SDM aufgehen, soweit diese einzelne Maßnahmen thematisieren. Deutschlandweit, oder wahrscheinlich sogar europaweit abgestimmte Orientierungshilfen werden vermutlich weiterhin eine Rolle spielen, wenn es darum geht, mehrere Maßnahmen aus dem SDM für bestimmte komplexe Themen, wie bspw. Videoüberwachung, Krankenhausinformationssysteme oder Dokument-Management-Systeme, kontextabgestimmt für differenzierte Einsatzzwecke zusammenzustellen.

---

[25] Eine gut gepflegte Übersicht zu Entschließungen der DSBK sowie insbesondere zu Orientierungshilfen ist auf den Webseiten des Landesbeauftragten für Datenschutz und Informationsfreiheit Mecklenburg-Vorpommern zu finden: https://www.datenschutz-mv.de/.

3.9   An Stelle eines Fazits

Mit der Fokussierung auf das Datenschutzrecht in der alltäglichen Datenschutzpraxis laufen auch Datenschützerinnen und Datenschützer Gefahr, den eigentlichen Zweck des
Datenschutzrechts und ihre daraus abgeleitete Aufgabe aus den Augen zu verlieren. Das
Datenschutzrecht dient, wie jede andere gesetzlich gefasste Regelung, der Bearbeitung
eines bestehenden strukturellen Konflikts.

Der Zweck des Datenschutzrechts – als einem ganz wesentlichen Teil nicht nur des
Rechtstaatsprinzips und der Demokratie, sondern auch der Marktwirtschaft und der an
Wahrheit orientierten Wissenschaft[26] – besteht darin, Organisationen, die gezwungener-
maßen ihre Risiken auf schwächere Risikonehmer abzuwälzen versuchen, durch gesetzliche Regelungen in die Schranken zu weisen. Nur dann kann eine gesellschaftliche
Struktur entstehen, in der eine individuelle Selbstbestimmung von Personen nicht nur
möglich wird, sondern mehr noch von Personen funktional abgefordert wird. Menschen
moderner Gesellschaften haben im „Prozess der Zivilisation" äußeren Fremdzwang in
inneren Selbstzwang verwandelt (vgl. [23, 24]) und dabei einen „Zwang zur Individua-
lisierung" ausgebildet [25]. Konzepte wie Individualität, Freiheit, Selbstbestimmung
werden im Kontext moderner Gesellschaften durch eine unübersehbare Fülle an
unterschiedlichen Rollenerwartungen erzeugt, die vielfach untereinander nicht logisch
konsistent zu machen sind, sondern pauschal einer Disziplinierung bedürfen. Selbstbestimmung ist insofern kein bloß psychisches Drängen, dem rechtlich und politisch im
Modus gnädigen Gewährens staatlicherseits in Form von Datenschutzrecht Rechnung
getragen wird, sondern dieses Konzept „Selbstbestimmung" ist im „Determinantenge-
drängel" (vgl. [26], S. 120) gesellschaftlich-funktional unabdingbar. Wer das nicht kann
oder verweigert hat in modernen Gesellschaft ein Problem. Insofern ist auch die
Einwilligung kein datenschutzrechtlicher Einstiegspunkt im Sinne des „unverfälsches-
ten Ausdrucks der informationellen Selbstbestimmung" (vgl. [27]), sondern davor liegt
erst das Bremsenmüssen notorisch aggressiv agierender, nicht von sich aus auf Fairness
gegenüber Schwächeren bedachten Organisationen. Eine Einwilligung von Betroffenen
einzuholen ist nicht das erste, sondern das letzte Mittel. Organisationen müssen erst alle
relevanten Datenschutzmaßnahmen installieren, bevor eine Einwilligung eine rechtlich
maßgebliche Rolle spielen kann.[27] Mit anderen Worten: Die Einwilligung zu geben ist
allein für sich betrachtet noch kein souveräner Akt und es geht von ihr auch keine
Schutzwirkung für Betroffene aus (vgl. [29]).

Auch wenn die Lobbyisten der Unternehmen in Berlin, Paris und vor allem Brüssel
seit vielen Jahren alles daran setzen, Datenschutz zu einem Privatproblem zu machen,

---

[26] Sozialwissenschaftlich spräche man präziser von der „funktionalen Differenzierung der Moderne"
(vgl. [22]).

[27] Und dass man bspw. *nicht* in technisch-organisatorische Maßnahmen einwilligen kann, die (notorisch) keine hinreichende Schutzwirkung entfalten, ist auch ein Umstand, der bislang viel zu wenig
zur Kenntnis genommen wurde (vgl. [28]).

von dem wiederholt behauptet wird, das es nur privat, über Einwilligungen, lösbar sei[28] – was noch in der vermeintlich kritischen Formel „Meine Daten gehören mir!"[29] aufscheint –, so muss daran erinnert werden, was in den Datenschutz-Gründungsjahrzehnten von 1970 und 1980 den Pionierdatenschützerinnen und Pionierdatenschützer zweifelsfrei und klar vor Augen stand, nämlich: Datenschutz durchzusetzen ist, analog bspw. zum Kartell- und Umweltschutzrecht, eine primär gesellschaftliche Aufgabe. Und die Durchsetzung verallgemeinerbarer gesellschaftlicher Interessen ist angewiesen auf eine angemessen dimensionierte Eskalations- und Sanktionsinfrastruktur.[30]

Wenn faktisch kein Datenschutz für Personen mehr besteht – und das ist seit wenigen Jahren der Fall (vgl. [34]), dann kann man im Umkehrschluss zur These gelangen, dass derzeit keine moderne Gesellschaft mehr besteht. Diese These belegt die amerikanische Soziologin Saskia Sassen anhand der Ausgrenzungen weltweit (vgl. [35]), sie lässt sich aber auch systemtheoretisch belegen: Die Plattform-Ökonomie, von wenigen global agierenden Organisationen betrieben, zentralisiert alle Kommunikationen und unterwirft diese zentralen Entscheidungen. Das führt zu einer funktionalen Entdifferenzierung bzw. zu einer Regression auf wieder eine stratifizierte Gesellschaftsstruktur (vgl. [36]). Die bürgerliche deutsche Gesellschaft zehrt gegenwärtig noch von den strukturellen Resten eines leidlichen Rechtsstaates, der seine stärkste Ausprägung vermutlich um die Mitte der 1980er-Jahre hatte. Die konsequente Anwendung des SDM zur Vermessung von Organisationen würde den gegenwärtig umfassend sozial-regressiven gesellschaftlichen Zustand offenbaren.

Ich vermisse Analysen auf der Basis des SDM in bestimmten Sektoren, wie etwa im Bereich der Hersteller und Betreiber von Social Networks, Suchmaschinen, Betriebssystemen, Smartphones, informatisierten Automobilen oder SmartMeter oder

---

[28] Wie ein Brain- und Speech-Washing funktioniert, wird im Kontext strategischer Kommunikation unter dem Stichwort „Framing" diskutiert (vgl. Wehling [30]). Auch die Konzepte des Selbstdatenschutzes sind letztlich darauf angewiesen, dass Organisationen, die Techniken des „Identitätenmanagements" (vgl. [31]) bereitstellen, fair und vertrauenswürdig agieren. Entscheidend für das Gelingen dieser Selbstschutzkonzepte ist die Verankerung der Techniken auf Seiten der Organisationen. Es zeigt sich wieder einmal, dass auch die Privatisierung des technischen Schutzes zu keiner Lösung des Datenschutzproblems führt.

[29] Das ist wenig mehr als eine Aufsässigkeits- oder Souveränitätssimulationsgeste, die im politischen Framing hilft, den Grundrechtseingriff durch Ökonomisierung zu camouflieren. Dieses Framing entspricht weitgehend dem amerikanischen Verständnis von Datenschutz und findet seinen Widerhall im „Verbraucher-Datenschutz", der als politische Forderungen weder auf die Umsetzung von Grundrechten besteht noch Maßnahmen zum Schutz von Menschen in den Blick bekommt sondern allenfalls mehr Transparenz als Selbstzweck oder als Voraussetzung, um den Markt sondieren zu können (typisch: Billen [32]). Die prominente Politikerin Renate Künast von DIE GRÜNEN, die sich als eine Partei mit substantieller Grundrechteorientierung versteht, hatte diesen Slogan im Bundestagswahlkampf 2013 gut vernehmbar genutzt.

[30] Dabei ist die Frage nach der Sanktionskraft nicht allein von der Ausstattung der Datenschutzaufsichtsbehörden abhängig, die offensichtlich unzureichend ist (vgl. [33]), sondern ebenso von fachlicher Kompetenz und einem behördenuntypischen Engagement der Mitarbeiterinnen und Mitarbeiter.

typische Nutzungsszenarien von Big Data-Anwendungen,[31] im Bereich der Sicherheitsbehörden, Banken, Versicherungen und Forschungsinstituten sowie aktuell des
Managements von Flüchtlingen. Eine konsequente Anwendung des Modells zur Beurteilung derartiger von Organisationen genutzter Systeme oder auch von interstaatli-
chen Übereinkommen wie dem „Privacy Shield" würde offenbaren, dass das Agieren
dieser Organisationen nicht mehr vom Grundgesetz bzw. der EU-Grundrechte-Charta
gedeckt ist (vgl. [19]).

Neben dem SDM als effektivem Analyse- und Steuerungswerkzeug für Organisationsaktivitäten könnten „herrschaftsfrei kooperative Internetdienste" (HKI) auf der Basis von
Blockchains zur Durchsetzung von Grundrechten beitragen (vgl. [38]). Diese Technik ver-
spricht, dass zentrale Plattformen – mit starken Organisationen als Vermittler, die die Kon-
tingenzquellen Gewaltenteilung, Demokratie, Markt und freie Diskurse von zentralen
Punkten aus gesteuert nur simulieren, verzichtbar sind. Nicht nur Geldmengen kontrollie-
rende Zentralbanken, sondern auch zentrale Suchmaschinen und Kontaktbörsen würden
durch Blockchains obsolet. Blockchains können interaktionsnahe Vergesellschaftskon-
zepte befeuern, einerseits. Andererseits könnten sie auch den letzten Rest an verbliebenen
staatlichen Vertrauensankern – wie „Vertrauenswürdigkeit" von unabhängig agierenden
Parlamenten, Aufsichtsinstitutionen, grundrechtlich orientierten, pazifizierten Sicherheitsbehörden und Gerichtsbarkeiten – oder Konzepte wie „Verantwortlichkeit" oder
„Legitimation", die in komplexen Gesellschaften vermutlich unabdingbar sind – vollends
unwirksam machen.

Literatur

1. Rammert W (2006) Technik, Handeln und Sozialstruktur: Eine Einführung in die Soziologie der
   Technik. https://www.ts.tu-berlin.de/fileadmin/fg226/TUTS/TUTS_WP_3_2006.pdf. Zugegriffen am 31.07.2017
2. Roßnagel A (1993) Rechtswissenschaftliche Technikfolgenabschätzung – Umrisse einer
   Forschungsdisziplin. Nomos, Baden-Baden
3. AK-Technik (2015) Tagungsband „Das Standard-Datenschutzmodell – Der Weg vom Recht zur
   Technik". https://www.datenschutz-mv.de/datenschutz/sdm/Tagungsband.pdf. Zugegriffen am
   31.07.2017
4. Alexy R (1994) Theorie der Grundrechte. Suhrkamp, Frankfurt am Main, S 480 f.
5. Rössler B (2001) Der Wert des Privaten. Suhrkamp, Frankfurt am Main
6. Rost M, Storf K (2013) Zur Konditionierung von Technik und Recht mittels Schutzzielen.
   In: Horbach M (Hrsg) Informatik 2013 – Informatik angepasst an Mensch, Organisation und
   Umwelt, 16.–20. September 2013. Koblenz, Lecture Notes in Informatics (LNI) – Proceedings,
   Series of the Gesellschaft für Informatik e.V. (GI), Bd P-220, S 2149–2166

---

[31] Das methodische Hauptproblem von Big Data-Analysen im Rahmen von Profiling- und Scoring-
aktivitäten besteht vielfach darin, dass beliebige Korrelationen, bei denen alles mit allem verkettet
und Imaginationen nach Belieben befeuert werden können, als Kausalbeziehungen interpretiert werden, siehe dazu kritisch-instruktiv Pohle [37].

7. Alexy R (2002) Die Abwägung in der Rechtsanwendung. Jahresbericht des Institutes für Rechtswissenschaft an der Meiji Gakuin Universität Tokio 17 (2001), S 69–83
8. Böhme-Neßler V (2016) Das Ende der Anonymität – Wie Big Data das Datenschutzrecht verändert. Zeitschrift für Datenschutz und Datensicherheit (DuD) (7): 419–423
9. Rost M (2003) Über die Funktionalität von Anonymität für die bürgerliche Gesellschaft. In: Bäumler H, von Mutius A (Hrsg) Anonymität im Internet. Vieweg-Verlag, Braunschweig/Wiesbaden, S 62–74
10. Karg M (2016) Grundzüge der neuen EU-DSGVO. Kedua Datenschutztag. http://slideplayer.org/slide/10720402/. Zugegriffen am 31.07.2017
11. Forum Privatheit (2016) Datenschutz-Folgenabschätzung. White Paper. https://www.datenschutzzentrum.de/artikel/1018-.html. Zugegriffen am 31.07.2017
12. Federrath H, Pfitzmann A (2000) Gliederung und Systematisierung von Schutzzielen in IT-Systemen. Datenschutz Datensich (DuD) (12): 704–710
13. Rost M, Pfitzmann A (2009) Datenschutz-Schutzziele – revisited. Datenschutz Datensich (DuD) (6): 353–358
14. Bedner M, Ackermann T (2010) Schutzziele der IT-Sicherheit. Datenschutz Datensich (DuD) (5):323–328
15. Scholz P (2011) Datenvermeidung und Datensparsamkeit. In: Simitis S (Hrsg) Bundesdatenschutzgesetz, 7. Aufl. Nomos, Baden-Baden, S 393–411
16. Rost M (2013) Datenschutzmanagementsystem. Datenschutz Datensich (DuD) (5): 295–300
17. Rost M (2013) Zur Soziologie des Datenschutzes. Datenschutz Datensich (DuD) (2): 85–91
18. Hansen M, Jensen M, Rost M (2015) Protection goals for privacy engineering. SPW, 2015. IEEE Security and Privacy Workshops (SPW), S 159–166
19. Bock K, Engeler M (2016) Die verfassungsrechtliche Wesensgehaltsgarantie als absolute Schranke im Datenschutzrecht. Dtsch Verwaltungsbl (DVBL) 131(10):593–599
20. Bock K (2015) Data protection certification: Decorative or effective instrument? Audit and seals as a way to enforce privacy. In: Wright D, de Hert P (Hrsg) Enforcing privacy, law, governance and technology series, Bd 25, S 335–356
21. DSBK (2015) SDM-Handbuch, V0.9. https://www.datenschutzzentrum.de/sdm/SDM-Handbuch.pdf. Zugegriffen am 31.07.2017
22. Luhmann N (1998) Die Gesellschaft der Gesellschaft. Suhrkamp, Frankfurt am Main
23. Elias N (1976) Über den Prozeß der Zivilisation, Soziogenetische und psychogenetische Untersuchungen. Suhrkamp, Frankfurt am Main
24. Foucault M (1994) Überwachen und Strafen, Die Geburt des Gefängnisses, 6. Aufl. Suhrkamp-Taschenbuch, Frankfurt am Main
25. Meutert N (2002) Müssen Individuen individuell sein? In: Straub J, Renn J (Hrsg) Transitorische Identität – Der Prozesscharakter des modernen Selbst. Campus, Frankfurt/New York, S 187–210
26. Marquard O (2007) Freiheit und Pluralität. In: Marquard O (Hrsg) Skepsis in der Moderne. Reclam, Stuttgart, S 109 ff.
27. Schantz P (2016) Die Datenschutz-Grundverordnung – Beginn einer neuen Zeitrechnung im Datenschutz. Neue Jurist Wochenschr 69(26):1841–1847
28. Karg M (2013) Kommentierung § 9 BDSG. In: Wolff B (Hrsg) Beck'scher Online Kommentar Bundesdatenschutzgesetz, 16. Aufl. Stand: 01.05.2016 (BeckOK DatenSR/Karg BDSG § 9, beck-online)
29. Kamp M, Rost M (2013) Kritik an der Einwilligung. Datenschutz Datensich (DuD) 37(2):85–91
30. Wehling E (2016) Politisches Framing: Wie eine Nation sich ihr Denken einredet – und daraus Politik macht. Herbert von Halem Verlag, Köln

31. Hansen M, Hoepman J-H, Leenes R, Whitehouse D (Hrsg) (2014) Privacy and identity management for emerging services and technologies. Proceedings of IFIP Summer School on Privacy and Identity Management for Emerging Services and Technologies, IFIP AICT 421. Springer, Heidelberg

32. Billen G (2012) Meine Daten gehören mir. In: Schmidt J-H, Weichert Th (Hrsg) Datenschutz – Grundlagen, Entwicklungen und Kontroversen. Bundeszentrale für politische Bildung, Bonn, S 172–177

33. Schulzki-Haddouti Ch (2015) Zu kurz gekommen, Deutsche Datenschutzbehörden leiden unter Personalknappheit. CT 17:76–81

34. Welzer H (2016) Die smarte Diktatur, Der Angriff auf unsere Freiheit. S. Fischer Verlag, Frankfurt am Main

35. Sassen S (2014) Ausgrenzungen – Brutalität und Ausgrenzungen in der globalen Wirtschaft. S. Fischer Verlag, Frankfurt am Main

36. Rost M (2014) 9 Thesen zum Datenschutz. In: Pohle J, Knaut A (Hrsg) Fundationes I: Geschichte und Theorie des Datenschutzes. Monsenstein und Vannerdat, Münster, S 37–44

37. Pohle J (2014) Kausalitäten, Korrelationen und Datenschutzrecht. In: Pohle J, Knaut A (Hrsg) Fundationes I: Geschichte und Theorie des Datenschutzes. Monsenstein und Vannerdat, Münster, S 85–105

38. Kühne CR (2016) Zur Idee herrschaftsfreier kooperativer Internetdienste, Eine Übung im utopischen Denken. FIfF-Kommunikation, 46–49 (FIfF-Studienpreis 2015)

Shadow Audits – Ein wichtiges Instrument des Prüfers im Compliance-Zeitalter

Jens Carsten Laue, Alexander Geschonneck und Guido Havers

4.1 Einleitung

Durch die zunehmende globale Vernetzung und die damit einhergehenden komplexeren Geschäfts- und Unternehmensprozesse unterliegen Unternehmen einem erhöhten Risiko, Opfer von wirtschaftskriminellen Handlungen zu werden. Wirtschaftskriminalität rückt immer mehr in den Fokus sowohl privater Unternehmen als auch öffentlicher Verwaltungen. Der Begriff beschreibt Tätigkeiten, bei denen das Vertrauensprinzip in der Wirtschaft absichtlich hintergangen wird, wodurch eine Schädigung des Unternehmens verursacht oder billigend in Kauf genommen wird. Bei einer Befragung im Jahr 2014 gaben 85 % der Unternehmen an, dass sie sich gut bis sehr gut vor wirtschaftskriminellen Handlungen geschützt fühlen. Gleichzeitig ergab die Erhebung, dass in den vorangegangenen zwei Jahren jedes dritte Unternehmen Schäden durch wirtschaftskriminelles Handeln erlitten hat (vgl. [1], S. 6). Laut der KPMG-Studie „Wirtschaftskriminalität 2016" entstanden bei 50 % der Befragten Gesamtschäden von mindestens 300.000 € durch Korruptionsfälle,

J.C. Laue (✉)
KPMG AG, Düsseldorf, Deutschland
E-Mail: jlaue@kpmg.com

A. Geschonneck
KPMG AG, Berlin, Deutschland
E-Mail: ageschonneck@kpmg.com

G. Havers
KPMG AG, Köln, Deutschland
E-Mail: Ghavers@kpmg.com

© Springer Fachmedien Wiesbaden 2017
A. Sowa (Hrsg.), *IT-Prüfung, Sicherheitsaudit und Datenschutzmodell*,
DOI 10.1007/978-3-658-17469-9_4

Kartellverstöße, Betrug und Untreue sowie Manipulation jahresabschlussrelevanter Informationen. In den Deliktsarten Datendiebstahl/Datenmissbrauch, Diebstahl und Geldwäsche meldeten ca. 30 % der Befragten einen Schaden in Höhe von 300.000 € oder mehr (vgl. [1]).

Unregelmäßigkeiten, die auf solche und ähnliche Delikte hinweisen, können auf unterschiedliche Art aufgedeckt werden. So werden Verstöße teilweise durch den Abschlussprüfer erkannt. Ferner verfügen Unternehmen über geeignete Instrumente, die auf dolose Handlungen hinweisen. Der prüferische Begriff „Unregelmäßigkeiten" umfasst Unrichtigkeiten und Verstöße in der Rechnungslegung sowie sonstige Gesetzesverstöße. Bei Unregelmäßigkeiten wird differenziert zwischen solchen, die Auswirkungen auf die Rechnungslegung haben und solchen, die keine Auswirkungen auf die Rechnungslegung haben.

„Unrichtigkeiten" entstehen aus unbeabsichtigten, falschen Angaben, z. B. durch Schreib- oder Rechenfehler, durch unbewusste Anwendung falscher Rechnungslegungsgrundsätze oder dem Übersehen bzw. einer unzutreffenden Einschätzung von Sachverhalten (vgl. [2]). Im Gegensatz dazu sind „Verstöße" beabsichtigte falsche Angaben in Jahresabschluss und Lagebericht, die Auswirkungen auf gesetzliche Vorschriften oder Rechnungslegungsgrundsätze haben. Darunter sind Täuschungen, Vermögensschädigungen oder sonstige rechnungslegungsbezogene Verstöße zu verstehen. „Täuschungen" sind bewusste falsche Angaben wie Verfälschung der Buchführung oder bewusste falsche Anwendung von Rechnungslegungsgrundsätzen im Jahresabschluss bzw. im Lagebericht (vgl. [3], S. 153, siehe Abschn. 4.2.2).

Durch neue Präventions- und Aufdeckungsmechanismen können deutlich mehr wirtschaftskriminelle Handlungen in Unternehmen direkt verhindert oder frühzeitig erkannt werden. Immer mehr und detailliertere Vorschriften und Richtlinien regeln die Themen Betrug, Bestechung, Geldwäsche, Untreue und Unterschlagung bis hin zu Bilanzfälschung, Kartellverstößen, Korruption und Geheimnisverrat sowie Wirtschaftsspionage und Datenschutzverstöße. In der Folge konnte im Jahr 2015 im Bereich Wirtschaftskriminalität ein Rückgang von 35 % gegenüber dem Vorjahr verzeichnet werden, wobei der durchschnittliche Schaden in einer Höhe von 2,4 Mio. € bei einem Drittel der Schadenshöhe im Vorjahr lag (vgl. [4], S. 7).

Wirtschaftskriminelle Handlungen stellen ein Problemfeld in der Wirtschaftsprüfung dar. Wird ein Verstoß bekannt, hat die Unternehmensführung interne Ermittlungen zu beauftragen, um die dolosen Handlungen zu verfolgen und aufzuklären. Häufig wird der Jahresabschlussprüfer im Rahmen einer Sonderuntersuchung (Shadow Audit) neben seiner eigenen Ermittlung die vom Mandanten durchgeführte Untersuchung begleiten und Schlussfolgerungen daraus ziehen, um seiner Prüfungs-, Mitteilungs- und Berichterstattungspflicht nachzukommen. Die Untersuchung der Delikte kann über einen längeren Zeitraum andauern. Dieser besondere Umstand erfordert weitere Prüfungshandlungen, um die Unregelmäßigkeiten in der Abschlussprüfung genauer zu betrachten und Rückschlüsse auf den Einfluss dieser Vorfälle auf das Prüfungsurteil zu ziehen. Daraus ergibt sich eine scheinbare Diskrepanz, inwieweit ein Prüfungsurteil abgegeben werden kann, wenn die Investigation über die Abschlussprüfung hinaus andauert und der Abschlussprüfer zu beurteilen hat, wie zuverlässig die Informationen der Ermittler sind. Der IDW PS 210 regelt die Vorgehensweise der Abschlussprüfer bei der Beurteilung von Unregelmäßigkeiten und geht damit den allgemeinen Grundsätzen der Durchführung der Abschlussprüfung nach (vgl. [5], S. 233). Zudem ergeben sich durch die EU-Abschlussprüferreform neue Regelungen, die Informationen innerhalb des Shadow Audits in die Berichterstattung einbeziehen und zusätzliche Auskünfte durch den Abschlussprüfer fordern (siehe Abschn. 4.4).

4.2 Der Begriff „Shadow Audit"

Wie bereits beschrieben, sind Unternehmen immer wieder von wirtschaftskriminellen Handlungen durch interne oder externe Täter betroffen. Daher sind Wirtschaftskriminalität und Compliance-Verstöße auch ein zentrales Problemfeld in der Abschlussprüfung. Aufgrund von aufsehenerregenden und augenscheinlich unbemerkten Compliance-Verstößen stellt die Öffentlichkeit ihr Vertrauen gegenüber der Wirtschaftsprüfung und der Aussagekraft des Bestätigungsvermerks immer wieder infrage. Daher wird in der Prüfungspraxis diskutiert, welche Verantwortung dem Abschlussprüfer bei der Aufdeckung von Verstößen im Rahmen der Jahresabschlussprüfung zukommt und wie er dieser nachkommen kann, um ein verlässliches Testat zu erstellen, das die Ergebnisse des Shadow Audits berücksichtigt.

Aus Wirtschaftlichkeitsgründen kann der Abschlussprüfer allerdings nur mit hinreichender Sicherheit Aussagen über eine Ordnungsmäßigkeit der Rechnungslegungsvorschriften treffen. Eine vollumfängliche Untersuchung bei Unregelmäßigkeiten würde den Tätigkeitsbereich des Abschlussprüfers immens ausweiten (vgl. [6], S. 2615–2616). Es liegt in der Verantwortung des Leitungsorgans eines Unternehmens, organisatorische Sicherungsmaßnahmen zu ergreifen und Kontrollinstrumente zur Überwachung der Unternehmensaktivitäten zu integrieren. Der Abschlussprüfer ist demnach zwar nicht für die Vermeidung wirtschaftskrimineller Handlungen verantwortlich, dennoch muss er weitere Prüfungen durchführen, wenn er sich nicht auf das interne Kontrollsystem (IKS) stützen kann. Entsprechende Prüfungsstandards (ISA 240, ISA 250, IDW PS 210) nehmen an Bedeutung zu, um Pflichten und Prüfungsschritte des Abschlussprüfers bei Unregelmäßigkeiten zu definieren.

Während die interne Revision oder externe Ermittler Verstöße aufdecken, hat der Abschlussprüfer deren Tätigkeiten unabhängig und ohne „besonderes" Auftragsverhältnis zu begleiten. Die Informationen der externen Ermittlungen dienen dem Prüfer als Erkenntnisquelle, um mit hinreichender Sicherheit ein Prüfungsurteil abgeben zu können. Dieser Tatbestand wird in der Praxis als **Shadow Audit** bezeichnet. Dabei ist die Untersuchung von Gesetzesverstößen nicht die Pflicht des Abschlussprüfers. Es liegt vielmehr in der Verantwortlichkeit des Managements des Mandanten, dolose Handlungen nachzuverfolgen und aufzudecken. Im Folgenden wird konkretisiert, welche Aufgaben und Pflichten der Abschlussprüfer im Zusammenhang mit einem Shadow Audit wahrnehmen muss, um der Prüfungs-, Mitteilungs-, und Berichterstattungspflicht im Rahmen der Jahres- und Konzernabschlussprüfung nachzukommen (vgl. [4] in Kap. 2, S. 233).

4.2.1   Auftragsgegenstand der Abschlussprüfung

Unabhängig von einem Shadow Audit hat der Jahresabschlussprüfer in der Jahres- und Konzernabschlussprüfung bei gewissenhafter Berufsausübung neben der Kontrolle der gesetzlichen Vorschriften gemäß § 317 Abs. 1 S. 3 HGB die Prüfung so durchzuführen, dass Unrichtigkeiten und Verstöße erkannt werden, die sich wesentlich auf die Vermögens-, Finanz-, und Ertragslage des Unternehmens auswirken. Vorrangiges Ziel ist es dabei, den Jahresabschluss sowie die Buchführung auf die Einhaltung der gesetzlichen Bestimmungen, den Gesellschaftsvertrag und die Satzung zu prüfen. Zudem ist gemäß § 317 Abs. 2 S. 1 und 2 HGB zu kontrollieren, ob der Lagebericht ein tatsächliches Bild der Unternehmung darstellt. Die Prüfungsaussagen sollen mit hinreichender Sicherheit die Informationen verlässlich und ordnungsgemäß bestätigen und somit die Glaubhaftigkeit in den Jahresabschluss erhöhen (vgl. [3], S. 153).

Die Prüfungsaussagen richten sich einerseits als Rechenschaft gegenüber den Auftraggebern an interne Adressaten und andererseits mit dem Bestätigungsvermerk an die Öffentlichkeit. Zwar ist es das Ziel der Abschlussprüfung, Verlässlichkeit und Ordnungsmäßigkeit sicherzustellen. Jedoch können die Adressaten nicht erwarten, dass die Aussagen des Abschlussprüfers eine Garantie für das Weiterbestehen des Unternehmens oder Aussagen über die Wirtschaftlichkeit der Unternehmensleitung sind. Bei diesem Sachverhalt gibt es eine Diskrepanz zwischen den gesetzlichen Anforderungen an die Abschlussprüfung und der Erwartungshaltung der Adressaten. Der Abschlussprüfer hat mit der berufsüblichen Sorgfalt die Prüfung zu planen und durchzuführen, wobei diese Prüfung keine Wirtschaftlichkeitsprüfung darstellt. Die Grenzen der Abschlussprüfung ergeben sich aus den Grundsätzen der Wesentlichkeit und Wirtschaftlichkeit sowie der zeitlichen Begrenzung, sodass der Abschlussprüfer lediglich eine stichprobenweise Prüfung durchführt. Die Öffentlichkeit kann den Bestätigungsvermerk als verlässliche Information für Entscheidungen heranziehen, wobei zu berücksichtigen ist, dass die Prüfungsaussagen nicht mit absoluter Sicherheit alle wesentlichen falschen Aussagen ausschließen können (vgl. [3], S. 157).

Im Sinne des § 252 Abs. 1 Nr. 2 HGB hat das Unternehmen den Jahresabschluss unter Annahme der Unternehmensfortführung (Going-Concern-Prinzip) aufzustellen, soweit dem keine rechtlichen oder tatsächlichen Umstände entgegenstehen. Sofern bestandsgefährdende Risiken drohen, sind diese im Lagebericht anzugeben. Der Abschlussprüfer wird in diesem Fall im Bestätigungsvermerk auf diese bestandsgefährdenden Risiken hinweisen. Der Jahresabschlussprüfer muss die Abschlussprüfung mit einer kritischen Grundhaltung gegenüber dem Unternehmen, den gesetzlichen Vertretern, dem Management und dem Aufsichtsrat durchführen. Ableitend aus § 317 Abs. 1 S. 3 HGB ist er verpflichtet, wesentliche Fehler im Jahresabschluss und Lagebericht mit hinreichender Sicherheit zu erkennen. Aufgrund der kritischen Grundhaltung muss davon ausgegangen werden, dass Kontrollen durch gesetzliche Vertreter oder leitende Mitarbeiter umgangen werden und daher die enthaltenen Informationen Fehler, Täuschungen oder sonstige Verstöße aufweisen können. Deshalb kann von der Glaubwürdigkeit der Informationsgeber und Richtigkeit der Informationen nicht grundsätzlich ausgegangen werden. Der Abschlussprüfer hat unabhängig von bisherigen Erfahrungen mit dem Unternehmen und den Mitarbeitern die Möglichkeit, das Bestehen von dolosen Handlungen zu erwägen.

Innerhalb der risikoorientierten Abschlussprüfung (risikoorientierter Prüfungsansatz) müssen Fehlerrisiken berücksichtigt werden, um mit hinreichender Sicherheit wesentliche Falschangaben auszuschließen. Risikofaktoren, die eine unzutreffende Bilanzierung zur Folge haben können oder auf die Veruntreuung von Vermögenswerten hinweisen, sind von dem Prüfer zu kontrollieren. Die Informationen über die Unternehmensfortführung und Risikoeinschätzung bezieht der Abschlussprüfer hauptsächlich aus herangezogenen Indikatoren, die vom Unternehmensmanagement und den leitenden Mitarbeitern bereitgestellt werden. Selbst wenn der Abschlussprüfer den Fortbestand des Unternehmens aus den Indikatoren herleitet, ist das dennoch keine Garantie für die zukünftige Bestandssicherheit des Unternehmens (siehe Tab. 4.1).

Von Interesse ist für den Prüfer auch, wie das interne Kontrollsystem hinsichtlich der vorhandenen Risiken aufgestellt ist und ob bis zum Zeitpunkt der Prüfung bereits Anzeichen für Verstöße vorliegen. Das Nachverfolgen dieser Hinweise offenbart dem Abschlussprüfer bedeutende Informationen über die Geschäftsführung und über das Vorhandensein und die Kommunikation ethischer Grundsätze. Zudem sind weitere Prüfungshandlungen für eine vollumfängliche Beurteilung der Risiken notwendig. Der Abschlussprüfer muss die Buchungen der Geschäftsvorfälle auf Vollständigkeit und Richtigkeit überprüfen.

Tab. 4.1 Abschlussprüfung versus Unterschlagungsprüfung (vgl. [3], S. 163)

Prüfung	
Abschlussprüfung	Unterschlagungsprüfung
Aufdeckung von Unrichtigkeiten und Verstößen gegen gesetzliche Vorschriften bei gewissenhafter Berufsausübung (§ 317 Abs. 1 S. 1 HGB)	Gezielte Aufdeckung von Vermögensschädigungen
Bericht über erkannte wesentliche Unrichtigkeiten und Verstöße im Bestätigungsvermerk und Prüfungsbericht	Vornahme rechtlicher Würdigung
Feststellung schwerwiegender Verstöße der gesetzlichen Vertreter oder von Arbeitnehmern gegen Gesetz, Gesellschaftsvertrag oder Satzung (§ 321 Abs. 1 S. 3 HGB)	
• Kritische Grundhaltung • Beurteilung mit hinreichender Sicherheit, ob der Abschluss keine wesentlichen Fehler enthält • Systemprüfung unter Anwendung des risikoorientierten Prüfungsansatzes	• Besonderes Misstrauen • Detektivische Beurteilung • Vollprüfung

→ Keine absolute Sicherheit der Abschlussprüfung
→ Nachträgliche Aufdeckung von Unregelmäßigkeiten ist kein Anzeichen dafür, dass der Abschlussprüfer die Grundsätze ordnungsgemäßer Abschlussprüfung nicht eingehalten hat, die Prüfung unzureichend geplant ist bzw. durchgeführt wurde.
Erhöhtes Risiko der Nichtaufdeckung von Unregelmäßigkeiten insbesondere bei
• bewusst falschen Angaben aufgrund von Unrichtigkeiten und Verstößen
• bewusster Umgehung des internen Kontrollsystems

Ebenfalls müssen Buchungen mit subjektivem Umfang, z. B. die Bewertung von immateriellen Vermögenswerten wie Marken oder Patente, durch den Prüfer nachvollzogen werden, um mögliche Beeinflussungen aufzudecken. Zu dieser Beurteilung werden in der Vergangenheit getroffene Entscheidungen der Mitarbeiter herangezogen. Um sich einen Überblick über die Einhaltung der rechtlichen Vorschriften des Unternehmens zu verschaffen, werden relevante Dokumente und Rechtsanwaltsbestätigungen eingesehen. Wird aus der gesamtwirtschaftlichen Situation des Unternehmens zunehmend der Fortbestand der Gesellschaft in Frage gestellt, muss der Abschlussprüfer weitere Schritte tätigen, um verlässliche Schlüsse aus der Prüfung zu ziehen (vgl. [5], S. 233).

Bei der Aufdeckung von Fehlern und Verstößen muss die Prüfung entsprechend ausgeweitet werden, um mit hinreichender Sicherheit ein Urteil über die Rechnungslegung in Jahresabschluss und Lagebericht abgeben zu können. Die Prüfungshandlungen müssen dann von einem routinemäßigen Umfang auf eine Einzelfallprüfung ausgeweitet werden. Falls keine wesentlichen Unregelmäßigkeiten festgestellt werden, kann der Abschlussprüfer das geprüfte Unternehmen als ordnungsgemäß akzeptieren. Trotz der Einzelfallprüfung verbleibt durch die begrenzte Aussagekraft der Abschlussprüfung ein unvermeidbares Risiko, dass im Nachhinein wesentliche Falschangaben aufgedeckt werden (vgl. [5], S. 233). Diese wesentlichen Falschangaben können unterschiedliche Ursachen haben und sowohl durch fehlerhaftes als auch durch absichtlich nicht regelkonformes Verhalten der Mitarbeiter oder des Managements entstehen. Diese Ursachen werden im nachfolgenden Kapital näher erläutert.

4.2.2   Der Begriff „Unregelmäßigkeit": Definition und Erläuterung

Die im Rahmen der Jahresabschlussprüfung aufgedeckten „**Unregelmäßigkeiten**" umfassen Unrichtigkeiten, Verstöße und sonstige Gesetzeswidrigkeiten. Bei Unregelmäßigkeiten wird eine Differenzierung zwischen jenen vorgenommen, die Auswirkungen auf die Rechnungslegung haben und solchen, die keine Auswirkungen auf die Rechnungslegungsvorschriften haben (siehe Abb. 4.1).

„Unrichtigkeiten" entstehen aus unbeabsichtigten, falschen Angaben, z. B. durch Schreib- oder Rechenfehler, durch unbewusste Anwendung falscher Rechnungslegungsgrundsätze oder dem Übersehen oder einer unzutreffenden Einschätzung von Sachverhalten. Darunter werden auch Sachverhalte gefasst, die sich auf Auswirkungen einer unbeabsichtigten Nichteinhaltung sonstiger, nicht rechnungslegungsbezogenen Rechtsnormen beziehen, wenn diese die Rechnungslegung berühren (vgl. [2]). Dahingegen sind „Verstöße" beabsichtigt falsche Angaben in Jahresabschluss- und Lagebericht, die Auswirkungen auf gesetzliche Vorschriften oder Rechnungslegungsgrundsätze haben. Darunter sind Täuschungen, Vermögensschädigungen oder sonstige rechnungslegungsbezogene Verstöße zu verstehen (vgl. [3], S. 153).

„Täuschungen" sind bewusste falsche Angaben wie Verfälschung der Buchführung oder bewusste falsche Anwendung von Rechnungslegungsgrundsätzen in Jahresabschluss- bzw. Lagebericht. Darunter fallen insbesondere gezielte Maßnahmen zur Umgehung des

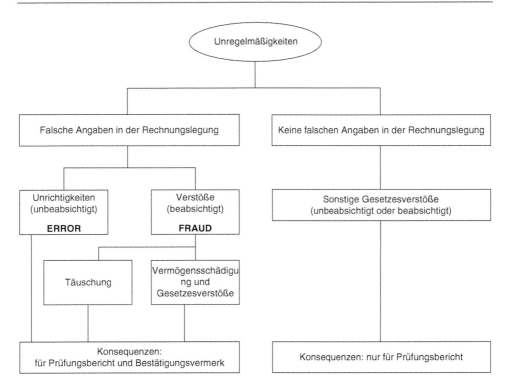

Abb. 4.1 Klassifikation von Unregelmäßigkeiten gemäß IDW PS 210, Tz. 7. (vgl. [3], S. 164)

IKS durch gesetzliche Vertreter und leitende Angestellte (vgl. [5], S. 233) eines Unternehmens. Die „Vermögensschädigung" umfasst hauptsächlich die Unterschlagung und den Diebstahl sowie die widerrechtliche Aneignung von Gesellschaftsvermögen, die Minderung von Gesellschaftsvermögen und die Erhöhung der Gesellschaftsverpflichtungen. „Sonstige Verstöße" sind nicht rechnungslegungsbezogene Handlungen und Unterlassungen des Managements und der Mitarbeiter, die unbeabsichtigt oder beabsichtigt durchgeführt wurden und gegen das Gesetz, den Gesellschaftsvertrag oder die Satzung verstoßen (vgl. [3], S. 164–165). Ein „sonstiger Verstoß" umfasst insbesondere Gesetzeswidrigkeiten im Zusammenhang mit rechtlichen – z. B. sozialversicherungsrechtlichen – Vorschriften. Beispielsweise handelt es sich um einen Verstoß gemäß IDW PS 210, wenn ein Diebstahl oder eine Unterschlagung von Geldmitteln vorliegt, unabhängig davon, ob der Vorgang als Aufwand in der Buchführung verbucht oder korrigiert wurde (vgl. [5], S. 234). Solche Vorfälle werden in der Praxis häufig durch gefälschte Dokumente verdeckt. Entspricht das Vermögensverhältnis dabei den tatsächlichen Begebenheiten, stellt dies laut IDW PS 210 keinen Verstoß gegen die Rechnungslegung, sondern einen „sonstigen Verstoß" dar. Dahingehend gelten Bestechungsgelder, die durch einen Mitarbeiter des Unternehmens an einen Kunden gezahlt werden, immer als Vermögensschädigung, auch wenn das Unternehmen durch solche einen Vorteil erzielt (vgl. [5], S. 234).

Während der Prüfungsplanung hat der Abschlussprüfer die Risikohöhe für Unregelmäßigkeiten, die zu einer wesentlichen Falschaussage in der Rechnungslegung führen, vorläufig zu
bemessen. Diese Annahmen sind während der Abschlussprüfung kontinuierlich zu überprüfen und anzupassen. Deckt der Abschlussprüfer falsche Angaben auf, so müssen die Ursachen
bestimmt werden, um mögliche Einflüsse auf die Prüfungsstrategie und das Prüfungspro-
gramm festzustellen (vgl. [2]). Wesentliche falsche Angaben in der Rechnungslegung führen
zur Einschränkung oder Versagung des Bestätigungsvermerks. Zudem hat der Abschlussprüfer gemäß § 321 Abs. 1 S. 3 HGB schwerwiegende Verstöße der gesetzlichen Vertreter oder
der Arbeitnehmer gegen gesetzliche Bestimmungen, Gesellschaftsvertrag oder Satzung im
Prüfungsbericht anzugeben. Der Abschlussprüfer hat für sonstige Verstöße schwerwiegender
Art eine Hinweispflicht (vgl. [5], S. 234). Insgesamt kommen Organen eines Unternehmens
verschiedene Verantwortlichkeiten im Rahmen der Aufdeckung und Aufklärung von Unregelmäßigkeiten zu. Diese werden im nachfolgenden Kapitel beschrieben.

4.2.3   Verantwortlichkeiten für die Vermeidung und Aufklärung von Unregelmäßigkeiten

4.2.3.1   Pflichten der gesetzlichen Vertreter und des Aufsichtsrates einer Kapitalgesellschaft

Die Verantwortung zur Vermeidung und der Nachverfolgung von dolosen Handlungen liegt
bei den gesetzlichen Vertretern und den Mitgliedern des Aufsichtsorgans des Unternehmens. In einer Aktiengesellschaft hat der Vorstand als Leitungsorgan eigenverantwortlich
das Unternehmen unter Sorgfalt eines ordentlichen und gewissenhaften Geschäftsleiters zu
führen im Sinne der § 76 Abs. 1 AktG und § 93 Abs. 1 S. 1 AktG. Abgeleitet ergibt sich eine
faktische Verpflichtung der Unternehmensleitung, Unregelmäßigkeiten durch die interne
Revision oder durch einen externen Experten nachzuverfolgen. Das Besondere bei Unternehmen mit Rechtsform, deren Eigentümer und Management auseinanderfallen, ist, dass
sich der Verhaltensstandard der Unternehmung nach fremden Vermögensinteressen (der
Shareholder) richtet.

Die ordnungsgemäße Unternehmensleitung schließt die Gewährleistung eines recht-
mäßigen Verhaltens der Mitarbeiter des Unternehmens sowie der Vorstandsmitglieder ein.
Der Vorstand muss gemäß § 91 Abs. 2 AktG Präventionsinstrumente einrichten, um Gesetzeswidrigkeiten (Unregelmäßigkeiten) zu vermeiden und im Fall eines Verstoßes diese
aufzudecken (vgl. [5], S. 235).

Die Pflicht zur Überprüfung und Aufklärung von Unregelmäßigkeiten ist nicht ausdrücklich im Gesetz konkretisiert. Jedoch lässt sich aus der allgemeinen Sorgfaltspflicht der Unternehmensleitung eine faktische Pflicht zur Aufklärung von Verstößen herleiten. So ist der
Vorstand neben der Einrichtung von Präventionsinstrumenten auch verpflichtet, Hinweise
auf dolose Handlungen nachzuverfolgen und aufzuklären. Ein zusätzlicher Aufklärungstrei-
ber kann sich aus dem Bedarf zur Prüfung von Schadensersatzansprüchen gegen Führungs-
kräfte bzw. Organmitglieder durch einen Aufsichtsrat bzw. eine Geschäftsleitung ergeben.

Wie genau aufgeklärt wird, ist nicht vorgeschrieben, sondern folgt dem Ermessenspielraum der Unternehmensleitung und richtet sich nach der unternehmerischen Entscheidung des Vorstands. Oft übernimmt die unternehmenseigene interne Revision oder eine eigens aufgestellte Task Force die Aufklärung. Jedoch können auch externe Ermittler für die Aufdeckung des Tatbestandes eingesetzt werden, wobei keine rechtliche Verpflichtung für den Einsatz externer Ermittler besteht.

Nur in wenigen Fällen wird der Ermessensspielraum so eingegrenzt, dass nur eine Möglichkeit der Aufdeckung besteht. Das ist z. B. der Fall, wenn der Sachverhalt komplexe Rechtsfragen beinhaltet, die lediglich mithilfe einer spezialisierten Rechtsanwaltskanzlei zu überprüfen sind. Wird der Verdacht auf wirtschaftskriminelle Handlungen bestätigt, muss der Vorstand entscheiden, welche Maßnahmen wie z. B. zivil- oder arbeitsrechtliche Konsequenzen eingeleitet werden. Der Vorstand hat Schadenersatzansprüche geltend zu machen, wenn dem Unternehmen Schäden entstanden sind, die durch doloses Handeln der Mitarbeiter bewirkt wurden. Um solche Ereignisse zukünftig zu vermeiden, sollten präventive Maßnahmen implementiert werden. Es ist bedeutsam zu erkennen, ob der Sachverhalt als einmaliger Vorfall zu deuten ist oder auf die Schwäche der Präventionsinstrumente zurückzuführen ist. Der Vorstand folgt seiner Sorgfaltspflicht, indem er weitere Schäden abwehrt und einen Ausgleich für den Schaden einfordert (vgl. [5], S. 237).

4.2.3.2 Spezielle Pflichten des Aufsichtsrates

Der Aufsichtsrat muss als Überwachungsorgan die Geschäftsleitung kontrollieren und ist somit ein wichtiges internes Prüfungsinstrument im Steuerungssystem der Unternehmung im Sinne des § 111 Abs. 1 AktG (vgl. [7], S. 28). Durch die Einführung des Bilanzrechtsmodernisierungsgesetzes (BilMoG) wurde im § 107 Abs. 3 S. 2 AktG konkret festgelegt, dass der Aufsichtsrat für die Überwachung des Rechnungslegungsprozesses, der Wirksamkeit des internen Kontrollsystems, des Risikomanagementsystems und des internen Revisionssystems zuständig ist. Zudem ist in DCGK Tz. 5.3.2 der Hinweis zu finden, die Aufgabentätigkeit auf Compliance zu erweitern (vgl. [8], S. 1006). Die allgemeine Sorgfaltspflicht des Aufsichtsrats leitet sich sinngemäß aus der Sorgfaltspflicht des Vorstandes her. So gilt auch für den Aufsichtsrat der Grundsatz „Sorgfalt eines ordentlichen und gewissenhaften Geschäftsleiters" anzuwenden. Diese beinhaltet die Überwachung des Vorstandes im Zusammenhang mit der Vermeidung und Nachverfolgung von Unregelmäßigkeiten. Um diese Pflicht zu erfüllen, muss der Aufsichtsrat seiner Informationspflicht nachkommen und kontinuierlich entsprechende Informationen über das Unternehmen einholen, z. B. durch die Berichterstattung des Vorstandes oder Berichte der Internen Revision. Zudem ist der Aufsichtsrat für den Informationsaustausch zwischen dem Abschlussprüfer und dem Aufsichtsrat gemäß § 171 Abs. 1 S. 2 AktG verantwortlich. So hat der Abschlussprüfer den Aufsichtsrat über Ergebnisse seiner Prüfung, insbesondere über wesentliche Schwächen des Internen Kontroll- und des Risikomanagementsystems im Hinblick auf den Rechnungslegungsprozess zu informieren. Werden Informationen über Verstöße von dem Vorstand oder der Internen Revision an den Aufsichtsrat weitergeleitet, ist dieser verpflichtet, den Sachverhalt nachzuvollziehen und zu begleiten. Dabei begrenzt sich der

Handlungsrahmen des Aufsichtsrates auf das eigene Einsichts- und Prüfungsrecht, da die Möglichkeit ausgeschlossen ist, den Vorstand zu einem bestimmten Vorgehen anzuweisen (vgl. [5], S. 237). Dementsprechend muss der Aufsichtsrat relevante Informationen durch Gespräche mit Mitarbeitern einholen und eigene Schlussfolgerungen aus dem Sachverhalt ziehen (vgl. [7], S. 29). So wird das Einsichts- und Prüfungsrecht bei bedeutsamen Sachverhalten für den Aufsichtsrat zur Pflicht, da nicht davon ausgegangen werden kann, dass sich die Vorwürfe auflösen. Die Beauftragung von externen Ermittlern erfolgt durch den Beschluss des Aufsichtsrats gemäß § 108 Abs. 1 AktG (vgl. [4] in Kap. 2, S. 237).

4.2.3.3 Regelung bei der Gesellschaft mit beschränkter Haftung (GmbH)

Grundsätzlich gelten für die Geschäftsführung einer GmbH dieselben Pflichten des Vorstandes, jedoch müssen einige Besonderheiten der Unternehmensform berücksichtigt werden. Der § 35 Abs. 1 S. 1 GmbHG regelt, dass die Gesellschaft prinzipiell durch ihre Geschäftsführer vertreten wird. Der Unterschied zur AG ist, dass die Geschäftsführungsbefugnis durch die Satzung und die Beschlüsse der Gesellschaftersammlung gemäß § 45 und § 46 Nr. 6 GmbHG beschränkt ist. Daher hat die Unternehmensleitung ihre Aufgabe in Übereinstimmung mit dem Gesetz, der Satzung und den Gesellschafterbeschlüssen auszuüben. Somit haben die Geschäftsführer der GmbH keine der AG ähnlichen Geschäftsführungskompetenzen, sondern unterliegen einer Weisungsbefugnis. Gemäß § 43 Abs. 1 GmbHG hat die Geschäftsführung die Gesellschaft mit der Sorgfalt eines ordentlichen Geschäftsmannes zu führen. Dieser Grundsatz entspricht dabei dem Maßstab des § 93 AktG. Auch hier hat die Geschäftsführung ein aus der Sorgfaltspflicht abgeleitetes, geeignetes System für Compliance im Unternehmen einzurichten und muss bei Anhaltspunkten für wirtschaftskriminelle Handlungen entsprechend einschreiten. So hat der Geschäftsführer die Gesellschafter über Verdachtsfälle von wesentlichen Unregelmäßigkeiten zu informieren. Die Gesellschafterversammlung kann der Geschäftsleitung Weisungen erteilen und Bestimmungen für weitere Schritte festlegen sowie externe Ermittler beauftragen, den Sachverhalt aufzuklären (vgl. [5], S. 237).

4.2.3.4 Aktuelle Situation in den USA

Die im internationalen Umfeld etablierten Verfahrens- und Vorgehensweisen sind auch von maßgeblicher Bedeutung für die Verfahren zur Aufdeckung von Unregelmäßigkeiten und die entsprechenden Vorkehrungen und Maßnahmen für Deutschland. In US-amerikanischen Unternehmen ist die Vermeidung sowie die Aufdeckung von Unregelmäßigkeiten ein Bestandteil der allgemeinen Sorgfaltspflicht der Unternehmensleitung. Der Unterschied zur deutschen Gesetzgebung liegt insbesondere im US-amerikanischen Sanktionssystem. Damit kann das Management indirekt eigene Ermittlungen zur Aufdeckung von Unregelmäßigkeiten durchführen.

Die corporation entspricht im US-amerikanischen Gesellschaftsrecht der deutschen Kapitalgesellschaft. Die in Deutschland bekannte Funktionstrennung zwischen Vorstand und Aufsichtsrat ist im US-amerikanischen Recht durch das monistische Modell (single-tier board structure) nicht bekannt. Das board of directors ist die Unternehmensleitung und ist für die Geschäftspolitik und allen wesentlichen Fragen der Geschäftsführung zuständig.

Grundsätzlich haben die directors eine umfassende Sorgfalts- und Treuepflicht, wobei sich der Umfang danach richtet, inwieweit sie in das operative Geschäft eingebunden sind oder einer überwachenden Tätigkeit nachgehen. Das operative Geschäft wird durch die executive members des boards und die chief officers geleitet, die dabei für die Gesellschaft handeln. Im Fall von Unregelmäßigkeiten sind die executive members für die Aufklärung des Sachverhalts zuständig. Aus der allgemeinen Sorgfaltspflicht abgeleitet, wird zumindest ein Tätigwerden der Unternehmensorgane verlangt. Die Unternehmensleitung muss ihre Tätigkeit mit derselben Sorgfalt ausführen, wie Dritte unter gleichen Umständen sorgfältig handeln würden. Daraus ergibt sich, dass die chief officers bei verdächtigen Sachverhalten entsprechend handeln müssen (vgl. [5], S. 238).

Im Sarbanes-Oxley Act of 2002 ist in § 302 die allgemeine Sorgfaltspflicht durch die Abgabe der certification of disclosure näher konkretisiert. Die Regelung legt fest, dass der principle executive officer und der financial officer der Unternehmung in Quartals- und Jahresabschlüssen eine Erklärung darlegen müssen, in der auch Erläuterungen zu Unregelmäßigkeiten erfasst werden. Durch die certification of disclosure bestätigen die unterzeichnenden Personen, dass der Abschlussprüfer sowie das audit commitee durch aktuelle Informationen über wirtschaftskriminelle Handlungen der Mitarbeiter – die wiederum einen wesentlichen Einfluss auf das IKS im Unternehmen haben – aufgeklärt wurden. Mit dieser Erklärung bestätigen der principial executive officer und der financial officer die Richtigkeit der Angaben und haften persönlich für Falschaussagen (vgl. [5], S. 238).

Werden die Hinweise auf Gesetzesverstöße nicht durch die Erklärenden nachverfolgt, kann diese Bestätigung nicht abgegeben werden. Zumindest das Befassen und die Würdigung für die Abgabe der Erklärung werden vorausgesetzt. Dies kann lediglich mit weiteren Ermittlungen erfolgen. Werden weitere Ermittlungen abgelehnt und zum späteren Zeitpunkt dolose Handlungen aufgedeckt, so wird bei einer späteren Abgabe von einer falschen Erklärungsabgabe ausgegangen. Die Rechtsnorm unterscheidet zwischen einer wissentlich (knowing) und der absichtlich (willful) falschen Abgabe der Erklärung. Eine wissentlich falsche Abgabe der Erklärung wird mit einer Geldstrafe von bis zu 1.000.000 US-Dollar oder einer bis zu zehnjährigen Freiheitsstrafe geahndet (vgl. [9]). Das Strafmaß erhöht sich auf 5.000.000 US-Dollar bzw. eine zwanzigjährige Haftstrafe bei Abgabe einer absichtlichen, falschen Erklärung. Zudem ist die falsche Abgabe einer certification of disclosure ein Verstoß gemäß § 13 (a) Securities Exchange Act (SEA), der haftungsrechtliche Konsequenzen nach sich zieht. Die allgemeine Sorgfaltspflicht gilt auch für die non-executive members, die lediglich eine Beratungs- und Kontrollfunktion ausüben und daher nicht für die Nachverfolgung von dolosen Sachverhalten zuständig sind. Die Aufdeckung von Unregelmäßigkeiten wird prinzipiell den executive members zugesprochen. Jedoch haben non-executive members aus ihrer Beratungs- und Kontrollaufgabe heraus die Pflicht, sich über dolose Vorgänge im Unternehmen zu informieren. Sie müssen Benachrichtigungen der executive officers kritisch beurteilen und feststellen, ob geeignete Maßnahmen zur Aufklärung getroffen und mögliche Konsequenzen durchgesetzt wurden. Dabei können sie sich auf das unternehmensinterne Informations- und Berichterstattungssystem verlassen, wenn sie in gutem Glauben (good faith) davon ausgehen können, dass das Gremium die Informationen zeitgerecht erhält. Wird dieser Tatbestand nicht erfüllt und die non-executive members zweifeln das unternehmensinterne Informations- und Berichterstattungssystem an, so müssen sie andere Maßnahmen vornehmen, damit sie ihrer Treuepflicht nachkommen und haftungsrechtlich abgesichert sind. Gehen die executive oder non-executive members Hinweisen wirtschaftskrimineller Handlungen nicht nach, so verletzen sie ihre Sorgfaltspflicht und sind folglich schadensersatzpflichtig. Die gleiche Regelung ergibt sich, wenn ein Schaden entstanden ist, der auf ein fehlendes oder mangelndes Unternehmensüberwachungssystem zurückzuführen ist. Der Schadensersatz kann zivilrechtlich durch die Klage erfolgen. Bei kapitalmarktorientierten Unternehmen kann die Securities and Exchange Commission (SEC) auf hoheitlichem Wege eingeschaltet werden (vgl. [5], S. 237).

Art und Umfang der Ermittlungswege

Eine konkrete gesetzliche Grundlage, die definiert, wie die Unternehmensleitung von US-amerikanischen Unternehmen die Aufklärung von Unregelmäßigkeiten durchzuführen hat, ist nicht vorhanden bzw. nicht durch Verordnungen der US-amerikanischen Verwaltungsbehörde vorgegeben. Deshalb bestehen unterschiedliche Ermittlungsformen, die zur Verfolgung von Hinweisen eingesetzt werden. Allgemein hat sich die internal Investigation durch unternehmensexterne Spezialisten, meist spezialisierte Rechtsanwaltskanzleien mit Unterstützung von Wirtschaftsprüfungsgesellschaften, als Maßnahme durchgesetzt. Es besteht jedoch keine rechtliche Verpflichtung, interne Ermittlungen durchzuführen (vgl. [5], S. 239). Allerdings kann sich durch das Auskunftsersuchen der US-amerikanischen Behörden ein faktischer Zwang ergeben, da das betroffene Unternehmen die geforderten Informationen nicht aus eigener Kraft und unabhängig beibringen kann.

Aus dem US-amerikanischen Sanktionssystem ergibt sich eine Pflicht, die staatlichen Ermittlungsbehörden durch eigene Untersuchungen zu begleiten. Dadurch, dass keine Rechtspflicht zur Kooperation mit den Ermittlungsbehörden besteht, wird das in der Praxis uneinheitlich umgesetzt (vgl. [5], S. 239).

Allerdings werden nach den US-amerikanischen Strafbemessungsregeln für die US-Behörden (United States Sentencing Commission's of Organizations vom 01.11.1999) unternehmensinterne Ermittlungen sowie die Zusammenarbeit mit den Behörden durch einen geringeren Strafrahmen berücksichtigt. Zudem werden umgehende und angemessene Handlungen des Unternehmens berücksichtigt, die Hinweise auf Compliance-Verstöße untersuchen. Des Weiteren haben Maßnahmen, die die Wiederholung wirtschaftskrimineller Handlungen verhindern, bei der Bestimmung des Strafmaßes eine positive Auswirkung. Daher ist es sinnvoll, klar definierte Regelungen und Verantwortlichkeiten im Zusammenhang mit Compliance-Verstößen im Unternehmen aufzustellen (vgl. [5], S. 240). Da die Vorgehensweise in Deutschland durch die im internationalen Umfeld etablierten Verfahren zur Aufdeckung von Unregelmäßigkeiten geprägt wird, sind insbesondere die Standards für Deutschland von Interesse, die sich an diesen Vorgehensweisen orientieren. Das nachfolgende Kapitel zum prüferischen Vorgehen im Falle von Verstößen gibt einen genaueren Überblick.

4.3   Prüferisches Vorgehen im Falle von Verstößen

4.3.1   Ablauf der Vorgehensweise durch den Prüfer

In Deutschland werden verschiedene Standards wie der ISA 240, der ISA 250 oder auch der IDW PS 210 angewandt, um Jahresabschlussprüfern ein Rahmenkonzept zur Verfügung zu stellen, das ihnen mittels gesetzeskonformen Vorgaben einen konkreten Handlungsrahmen für ihre prüferische Vorgehensweise im Zusammenhang mit Verstößen gibt. Die gesetzliche Verpflichtung des Jahresabschlussprüfers umfasst im Rahmen der sogenannten erweiterten Prüfungspflicht bei bekannt gewordenen Unregelmäßigkeiten sowie Gesetzesverstößen, dass er besonderer Maßnahmen ergreift, um mögliche Auswirkungen auf die Rechnungslegung sachgerecht zu beurteilen (Definition Unregelmäßigkeiten Abschn. 4.4.2). Die Formulierung des abschließenden Prüfungsurteils und die Erteilung des Bestätigungsvermerks werden unmittelbar von den Ergebnissen dieser Maßnahmen als integraler und wesentlicher Bestandteil der Jahresabschlussprüfung beeinflusst.

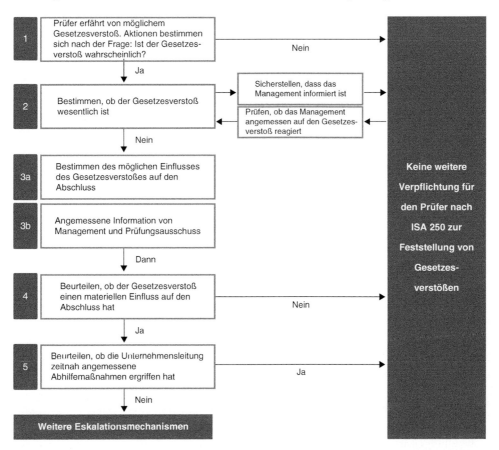

Im Rahmen des risikoorientierten Prüfungsansatzes identifiziert der Jahresabschlussprü-
fer zunächst Risiken, die auf wesentliche falsche Angaben in der Rechnungslegung durch
Fehler und Verstöße hindeuten (vgl. [7], S. 431). Er muss abschätzen, inwieweit die identifizierten Risiken wesentlich sind und zu beabsichtigten und unbeabsichtigten Fehlern in der
Rechnungslegung führen. Entdeckt der Prüfer in diesem Zusammenhang während der
Abschlussprüfung Unrichtigkeiten und Verstöße, die sich wesentlich auf Angaben in der
Rechnungslegung auswirken können, hat er eine erweiterte Prüfungspflicht. Dies geht aus
einschlägigen nationalen und internationalen Standards wie IDW PS 210, ISA 240 und 250
hervor. Das bedeutet, dass der Jahresabschlussprüfer auf Unrichtigkeiten mit angemessenen
Prüfungshandlungen reagieren und Sorge dafür tragen muss, dass eine umgehende Korrek-
tur veranlasst wird (vgl. [2], Tz. 23, 40, 41). Die Ursachen, die zu der Unregelmäßigkeit
geführt haben, müssen ermittelt werden. Zudem muss eine Risikobeurteilung der Umstände
vorgenommen werden, die zu den Unregelmäßigkeiten geführt haben. Dazu gehört auch,
dass mögliche Auswirkungen auf die Rechnungslegung und das rechnungslegungsbezogene interne Kontrollsystem festgestellt und beurteilt werden (vgl. [2, 7], Tz. 22).

Insgesamt hat der Jahresabschlussprüfer Informationen über Vorkehrungen und Maßnahmen des Unternehmens anzufordern, die zur Aufklärung von Unregelmäßigkeiten dienen und mit denen Fraud-Risiken begegnet werden (vgl. [10], S. 4–10). Nur damit kann er
das Potenzial möglicher Fraud-Risiken im Unternehmen abschätzen. Darüber hinaus ist
zur Abschätzung des Risikopotenzials durch den Jahresabschlussprüfer im Unternehmen
zu diskutieren, welche möglichen Schwachstellen bzw. Anfälligkeiten im Unternehmen
bestehen, die das Potenzial haben, zu einer Falschdarstellung im Jahresabschluss zu führen.

In diesem Zusammenhang sollte die Prüfungsplanung und -durchführung kontinuierlich
angepasst werden. Dafür müssen die Prüfungsaktivitäten hinsichtlich Art, Zeitpunkt und
Umfang koordiniert werden, damit wesentliche unbeabsichtigte Fehler und Fraud ausgeschlossen werden können. Zur Informationsgewinnung bietet sich auch die Befragung des
Managements, des Aufsichtsrats, der Internen Revision oder der leitenden Mitarbeiter an.

Der Jahresabschlussprüfer unterliegt dann einer Informationspflicht, d. h. er muss feststellen, an wen er zu berichten hat. Die Informationsübermittlung muss zeitnah und angemessen an die Unternehmensebene erfolgen, die derjenigen übergeordnet ist, die an dem
Verstoß beteiligt ist (vgl. [2] Tz. 60 ff.). In einem weiteren Schritt erfolgt eine Einschätzung
durch den Jahresabschlussprüfer darüber, ob ein möglicher Einfluss auf die Ordnungsmäßigkeit des Abschlusses vorliegt. Es ist dabei notwendig, mögliche daraus resultierende
Konsequenzen für weitere Fragestellungen im Zusammenhang mit der Jahresabschlussprüfung zu berücksichtigen.

Vor dem Hintergrund der erweiterten Prüfungspflicht lassen sich nachfolgende, konkrete Prüfungsschritte ableiten.

1. Zunächst kommt der Gewinnung eines Verständnisses eine große Bedeutung zu, wie
   der unternehmensinterne Aufarbeitungsprozess ausgestaltet ist, die richtigen Prüfungshandlungen und -methoden geplant sind und zu welchen Ergebnissen dieser kommt
   (Investigation).

2. Des Weiteren erfolgt eine übergreifende Risikoeinschätzung, ob die nach der Bewertung der Ergebnisse getroffenen Maßnahmen und das interne Kontrollsystem für die Zukunft geeignet konzipiert sind, um entsprechendes Fehlverhalten zu verhindern und Kontrollschwächen zu vermeiden. Auch spielt die Frage eine Rolle, ob derartige Unregelmäßigkeiten in anderen Bereichen existieren, bzw. aufdeckbar wären (Remediation-Design).

3. In der Bewertung der Ergebnisse der internen Untersuchung muss sich der Prüfer eine Meinung bilden, ob das Management des Mandanten beteiligt war und sich hier Zweifel an der Integrität ergeben können, die eine Auswirkung auf den Jahresabschluss haben.

4. Weiter sind die durch das Management eingeleiteten Maßnahmen und Änderungen im internen Kontrollsystem zu überprüfen und zu beurteilen, ob sichergestellt ist, dass in Zukunft das Risiko eines Fehlverhaltens tatsächlich verhindert wird (Remediation-Operating Effectiveness).

Die wesentlichen Auswirkungen auf den Jahresabschluss und den Lagebericht müssen validiert werden. In diesem Zusammenhang sind insbesondere zu berücksichtigen:

a. Mögliche bilanzielle und erfolgsrechnerische Konsequenzen z. B. aus Vertragsstrafen, Strafmaßnahmen, Schadensersatzforderungen, Enteignungen von Vermögenswerten sowie steuerlichen Korrekturen, insbesondere durch eine Nichtabzugsfähigkeit von Zahlungen im Rahmen der Auftragserlangung sind zu beurteilen sowie

b. mögliche, sachverhaltsbezogene Angabepflichten in Anhang und Lagebericht.

c. Es muss beurteilt werden, ob die vom Management erteilten Auskünfte, Erklärungen und Risikobeurteilungen glaubwürdig sind. Darauf aufbauend muss eingeschätzt werden, inwieweit sich mögliche Konsequenzen für andere Gebiete der Abschlussprüfung ergeben.

d. Abschließend wird beurteilt, ob die finanziellen Auswirkungen so schwerwiegend sind, dass sie den Jahresabschluss als Ganzes infrage stellen.

Der Jahresabschlussprüfer begleitet die laufenden internen und externen Untersuchungen und hinterfragt und beurteilt, ob diese umfassend und angemessen durchgeführt werden. Diese Erkenntnisse zur Risikoeinschätzung dienen als Grundlage zur Feststellung weitergehender, einzelfallbezogener Prüfungshandlungen. Die Erkenntnisse bilden daher einen integralen Bestandteil des Prozesses zur Formulierung des abschließenden Prüfungsurteils.

4.3.2 Forensik-Service in der Abschlussprüfung

Neben den im Abschn. 4.3.1 aufgeführten Prüfungsschritten des Abschlussprüfers ist die Einbeziehung von Spezialisten ein geeignetes Instrument, um wirtschaftskriminelle Handlungen nachzuverfolgen, insbesondere wenn die Leitungsebene involviert ist. Die Zielsetzung von forensischen Services besteht darin, Wirtschaftskriminalität durch Dienstleistungen in den Bereichen der „Prävention, Aufdeckung, Aufklärung und Beweissicherung wirtschaftskrimineller Sachverhalte" zu bekämpfen sowie rechtliche Auseinandersetzungen und die Wiederbeschaffung von Vermögenswerten zu begleiten. Externe Forensik-Services unterstützen Unternehmen bei der praxisnahen Aufdeckung und Aufklärung wirtschaftskrimineller Sachverhalte und beraten bezüglich des unternehmensspezifischen präventiven Umgangs mit Fraud-Risiken (vgl. [10], S. 45).

Diese Services werden durch rechtliche Expertise in klassischen Compliance-relevanten Rechtsgebieten unterstützt, wie z. B. Datenschutz. Im Rahmen der Sonderuntersuchung, die bei einem Shadow Audit erfolgen würde, ist die Aufdeckung und Untersuchung wirtschaftskrimineller Sachverhalte und Handlungen in und gegen Institutionen der Mandanten das Ziel.

Für eine forensische Sonderuntersuchung werden in der Regel forensische Interviews, Dokumentenanalysen, Hintergrundrecherchen und Analysen von elektronischen Daten herangezogen. Im Anschluss an eine umfassende Sachverhaltsaufklärung kann im Rahmen einer Remediation die Aufarbeitung der wirtschaftskriminellen Vorfälle mit der Zielsetzung der Optimierung von Prozessen und Kontrollsystemen erfolgen.

Im Rahmen einer **Sonderuntersuchung** können sowohl präventive als auch reaktive Untersuchungen von wesentlicher Bedeutung sein. Im Rahmen der präventiven Untersuchung sollen Schwachstellen abgestellt oder aufgedeckt werden. Der Blick von außen auf Prozesse, Abläufe und Kontrollen ermöglicht eine unabhängige Aufnahme und die zielgerichtete Reaktion. Dies hilft dem Abschlussprüfer u. a. bei der Bewertung des IKS, des Compliance Management Systems oder der allgemeinen Kontrollstruktur in einem Unternehmen und erhöht die Prüfungssicherheit. Im Rahmen einer reaktiven Untersuchung verschiebt sich der Fokus dahin, dass einem Unternehmen Klarheit über Unregelmäßigkeiten verschafft werden soll. Damit sollen zuerst unternehmensinterne Maßnahmen erfolgen, die aber auch in zivil- und/oder strafrechtliche Maßnahmen münden können. Ausgangspunkt für eine solche Sachverhaltsaufklärung sind oft Erkenntnisse des Abschlussprüfers.

Gemäß § 238 Abs. 1 Satz 2 HGB muss die Buchführung einer Gesellschaft so erfolgen, dass ein sachverständiger Dritter sich innerhalb einer angemessenen Zeit einen Überblick über die Geschäftsvorfälle und die Lage des Unternehmens bilden kann. Der wirtschaftskriminell handelnde Täter wird seine Verstöße jedoch so darstellen, dass diese eben nicht sofort aufgedeckt werden können. Nun muss der Abschlussprüfer in seiner kritischen Grundhaltung Merkmale identifizieren, die potenzielle Unregelmäßigkeiten darstellen können (Auftragsgegenstand der Abschlussprüfung, Abschn. 4.2.1). Sofern der Abschlussprüfer solche Merkmale identifiziert, muss er diese mit Blick auf die Bedeutung für falsche Angaben in der Rechnungslegung beurteilen. Bei bedeutsamen Merkmalen muss der Abschlussprüfer reagieren und eine Anpassung oder eine Erweiterung der Prüfungshandlungen vornehmen (Erweiterung der Prüfungshandlung Abschn. 4.3.1). Letztendlich werden bedeutsame Risiken in der Berichterstattung oder im Bestätigungsvermerk offengelegt.

An diesen Aufgaben des Abschlussprüfers wird allerdings schnell ein Zielkonflikt erkennbar: Die Ausweitung der Prüfungshandlungen führt zu einem höheren Zeitaufwand und zu höheren Kosten. Zwar darf sich der Abschlussprüfer von diesen Faktoren nicht beeinflussen lassen, jedoch darf er bei der Durchführung von erweiterten Prüfungshandlungen andere Prüfungsgebiete nicht vernachlässigen. Der Vorteil eines Shadow Audits wird daher deutlich: Während der Abschlussprüfer den Jahresabschluss am Ende eines Geschäftsjahres prüft und damit einen ganzheitlichen Schwerpunkt hat, ermöglicht das Shadow Audit eine spezifische Aufklärung des vorliegenden Sachverhalts.

Sofern der Abschlussprüfer Merkmale identifiziert hat, die eine Sonderuntersuchung bedingen, werden diese zwischen dem externen Forensiker, dem Abschlussprüfer selbst und der Unternehmensleitung bzw. dem Aufsichtsorgan diskutiert, um weitere Untersuchungsschritte zu definieren. Isoliert betrachtet ist die Aussagekraft einzelner Hinweise auf Unrichtigkeiten und Verstöße gering, da effiziente Kontrollsysteme und spezifische Umstände das Risiko von Unregelmäßigkeiten abschwächen können. Liegen jedoch Kombinationen von mehreren Merkmalen vor, besteht in der Regel ein erhöhtes Risiko, sodass eine vollständige Sachverhaltsaufklärung sinnvoll ist.

Dies kann entweder in einer Vollprüfung eines bestimmten Bereichs oder einer erweiterten Stichprobenüberprüfung münden. Hierbei ist der zeitliche und materielle Aufwand einer Vollprüfung gegenüber ihrem Nutzen und der Aussagekraft der Erkenntnisse abzuwägen. Diese Prüfungen können dann von externen Forensikern im Rahmen eines Shadow Audits durchgeführt werden. Die genutzten Erkenntnisquellen im Rahmen eines solchen Shadow Audits werden nachfolgend dargestellt.

4.3.2.1 Quellen externer Forensiker: digital und auf Papier, strukturiert und unstrukturiert

Im Rahmen eines Shadow Audits durch den externen Forensiker werden relevante Unterlagen gesichert und gesichtet – in Papierform und digital. Im Rahmen der Sachverhaltsaufklärung bereiten die externen Forensiker diese (elektronischen) Daten entsprechend auf und werten diese aus, sodass die Ergebnisse einen Blick auf die Vorgehensweise des potenziell dolos handelnden Mitarbeiters bzw. auf den entsprechenden Sachverhalt selbst ermöglichen. Im Rahmen der elektronischen Daten wird zwischen strukturierten und unstrukturierten Daten unterschieden.

Unter strukturierten Daten werden dabei solche Daten verstanden, die in einer bestimmten Weise einheitlich strukturiert sind und eine inhaltliche Verknüpfung aufweisen. Diese strukturierten Daten sind typisch für Buchhaltungssysteme. Im Gegensatz dazu weisen unstrukturierte Daten keinen einheitlichen Aufbau auf. Hierzu werden z.B. alle Office-Anwendungen, andere Textverarbeitungssysteme oder weitere Anwendungen gezählt. Beiden Datentypen gemeinsam ist, dass vor der Bearbeitung und somit vor der Auswertung die geltenden unternehmensinternen und insbesondere die gesetzlichen Datenschutzanforderungen geprüft werden müssen.

Nach der Feststellung der für die Sachverhaltsaufklärung benötigten elektronischen Daten und der Klärung der Datenschutzanforderungen werden die Daten durch die Forensiker entsprechend gesichert.

Die Auswertung strukturierter Daten erfolgt auf der Basis der festgestellten Merkmale bzw. der Unregelmäßigkeit. Dabei können bestehende Abfragen vorgenommen werden, um das Ausmaß des Sachverhaltes festzustellen. Alternativ können auch auf den Sachverhalt bezogene unternehmensbezogene individuelle Abfragen erfolgen. Hierbei soll das Handlungsmuster des Täters festgestellt werden, da dieser bei seinen Handlungen zumeist wenig bekannte Schwachstellen im Buchhaltungs- oder Kontrollsystem nutzt.

Auch eine Analyse der unstrukturierten Daten zielt darauf ab, den Sachverhalt möglichst umfassend aufzudecken, wodurch auch hier Handlungsmuster eine wichtige Rolle spielen. Jedoch erfolgt über unstrukturierte Daten ein wesentlicher Teil der inner- und außerbetrieblichen Kommunikation, sodass hier auch ein Ziel ist, Absprachen zwischen internen und externen Personen aufzudecken. Die Daten werden in eine forensische Analysesoftware eingespielt, die eine effiziente und effektive Auswertung durch einen erfahrenen Anwender ermöglicht. In dieser Software können mithilfe von Suchwörtern Informationen gewonnen werden, durch die der Sachverhalt verdichtet wird. Zusätzlich können durch die Einbeziehung von weiteren Kenngrößen, wie z.B. von Zeiträumen oder Beteiligten, weitere Analysen vorgenommen werden.

Auf Grundlage der zur Verfügung stehenden Dokumente kann der externe Forensiker Einzelsachverhalte nachvollziehen und erlangt tiefere Kenntnisse über bestehende Strukturen, Handlungsmuster und mögliche systemische Schwächen. Zusätzlich werden in persönlichen Gesprächen mit Mitarbeitern in Schlüsselpositionen Arbeitsweisen und Handlungsabläufe plausibilisiert. Hierbei ist zwischen Informationsgesprächen und forensischen Interviews zu unterscheiden.

4.3.2.2 Informationsgespräche, forensische Interviews und Hintergrund- Recherchen zur Informationsgewinnung

Im Rahmen von Informationsgesprächen werden allgemeine Informationen gesammelt. Es kann sich dabei um eine Prozessaufnahme oder die Klärung von Berichtswegen sowie Zuständigkeiten und Verantwortlichkeiten in einzelnen Abteilungen handeln. Diese Informationen dienen zum Verständnis der Unterlagen und zur Abrundung des Sachverhaltes. Zu unterscheiden ist davon das forensische Interview, bei dem spezielle Informationen im Zusammenhang mit dem aufzuklärenden Sachverhalt gesammelt werden. Zusätzlich sollen Widersprüche aufgeklärt und der Sachverhalt vervollständigt werden. Teilweise können die forensischen Interviews den Prozess der Dokumentensichtung abkürzen, was Zeit und Kosten spart.

Eine dritte Säule zur Aufklärung eines Sachverhaltes sind Hintergrundrecherchen. Hierbei werden durch ein speziell ausgebildetes Team öffentlich zugängliche Quellen auf nützliche Informationen ausgewertet. Bei diesen Informationen kann es sich um private oder gesellschaftsrechtliche Verbindungen zwischen zwei oder mehreren Personen handeln, die in den Sachverhalt integriert sind, deren Verbindung jedoch nicht offensichtlich oder bekannt ist. Hierdurch können sich neue Zusammenhänge in den Sachverhalten ergeben bzw. unklare Beziehungen verdeutlicht werden. In vielen Fällen ergeben sich durch die Hintergrundrecherchen von Corporate Intelligence sogar neue Aspekte, die den Sachverhalt vervollständigen oder sogar erweitern.

Werden neue Verdachtsmomente identifiziert oder ergeben sich Hinweise, die den Fokus der Untersuchung verlagern, können neue, passgenaue Untersuchungshandlungen beschlossen und durchgeführt werden. Die Kombination von technischen Analysen, Dokumentenreviews, persönlicher Gesprächsführung und Hintergrundrecherchen erlaubt eine umfassende und zielgenaue Sachverhaltsaufklärung. Diese Sachverhaltsaufklärung wäre für den Abschlussprüfer in der dargestellten Tiefe aufgrund seines Prüfungsauftrags gar nicht leistbar, sodass das Shadow Audit den Abschlussprüfer entlastet.

Wenn der Abschlussprüfer einzelne Teammitglieder für das multidisziplinäre Team der Forensiker stellen kann, ergibt sich ein zusätzlicher Mehrwert sowohl für das Shadow Audit und die Abschlussprüfung als auch für die Unternehmensleitung. Die Qualität des Shadow Audits profitiert dabei von der guten Unternehmens- und Prozesskenntnis der Abschlussprüfer und die Beurteilung des Jahresabschlusses von der investigativen Methodik der forensischen Untersuchungen.

Die Untersuchungsergebnisse dokumentiert der externe Forensiker sorgfältig, sodass sie auch für gerichtliche und außergerichtliche Auseinandersetzungen tauglich sind. Insbesondere die Bezifferung möglicher Schäden und die Feststellung von Verantwortlichkeiten, z. B. im Hinblick auf Organversagen oder Verletzung der Aufsichtspflichten, sind auch im Rahmen der Jahresabschlussprüfung von Bedeutung.

Die Kommunikation und Berichterstattung zwischen Abschlussprüfer und Forensiker sind von der Auftaktbesprechung bis zum Abschluss des Shadow Audits von elementarer Bedeutung. Durch den intensiven Austausch kann der Abschlussprüfer die eigenen Ergebnisse und Informationen mit denen des Forensikers abgleichen und die Effekte auf den Jahresabschluss und den Lagebericht einschätzen. Zusätzlich kann anhand der Dokumentation ein Vergleich zwischen der Vorgehensweise und den Ergebnissen des Abschlussprüfers und des Forensikers angestellt und somit die Unabhängigkeit des Abschlussprüfers belegt werden (Beachtung der Unabhängigkeit Abschn. 4.4.1). Die Berichterstattung der forensischen Untersuchung darf der Abschlussprüfer auch für die eigene Dokumentation der Prüfungshandlungen heranziehen.

Das Shadow Audit unterliegt keiner zeitlichen oder sachlichen Beschränkung. Somit können einerseits auch Vorgänge aus der Vergangenheit untersucht werden, die nach wie vor Relevanz für den Jahresabschluss besitzen. Andererseits können Vorkommnisse außerhalb der gesetzlichen Rechnungslegungsvorschriften und ergänzenden gesellschaftsrechtlichen Bestimmungen untersucht werden.

Die Erkenntnisse des forensischen Shadow Audits können als zusätzliche Informationsquelle eingesetzt werden, um die Qualität der Abschlussprüfung zu steigern. Dabei muss der Abschlussprüfer die Erkenntnisse des Shadow Audits kritisch hinterfragen und die Rahmenbedingungen, Vorgehensweise und das Beschaffen der Beweisunterlagen begutachten. Folglich dürfen die durch die externen Forensiker bereitgestellten Berichte nur vom Abschlussprüfer verwertet werden, wenn diese nachvollziehbar sind, d. h. die Prüfungsschritte wesentlich sachgerecht und schlüssig erscheinen (vgl. [10], S. 2). Welche konkreten Auswirkungen das Shadow Audit für das Testat des Jahresabschlussprüfers hat, ist davon abhängig, ob zum Abschlusszeitpunkt der Jahresabschlussprüfung die Ergebnisse des Shadow Audits bereits feststehen und ob die Unregelmäßigkeiten den Jahresabschluss wesentlich beeinflussen (vgl. [5], S. 244).

Weiterhin kann ein unangekündigtes Shadow Audit, das vom jährlich ähnlichen Prüfungsschema des Abschlussprüfers abweicht, dolose Handlungen aufdecken. Durch den Einsatz forensischer Datenanalysen können auch große Datenbestände effizient auf Unregelmäßigkeiten überprüft werden. Insgesamt kann so die forensische Vollprüfung von kritischen Sachverhalten ein detaillierteres Bild als die Risikoüberprüfung des Abschlussprüfers liefern (siehe Abschn. 4.3.1). So kann der Bestätigungsvermerk auf Grundlage umfassender Informationen abgegeben und die Qualität des Testats erhöht werden.

Wichtig bei der Erbringung von Forensik-Services in der Abschlussprüfung ist und bleibt die Gewährleistung der Unabhängigkeit des Jahresabschlussprüfers. Nicht nur vor dem Hintergrund der Unabhängigkeitsvorschriften stellt sich die Frage, welche relevanten Neuregelungen sich aus der Abschlussprüferreform für die Pflichten des Jahresabschlussprüfers im Compliance-Zeitalter ergeben. Diese werden nachfolgend verifiziert und näher erläutert.

4.4 Welche Neuerungen ergeben sich aus der Abschlussprüferreform?

Die Neuregelungen der **EU-Abschlussprüferreform** gelten ab dem 17. Juni 2016 und betreffen mehrere Themen: von der verpflichtenden externen Rotation des Abschlussprüfers, über die Regelungen für Nicht-Prüfungsleistungen, bis hin zu vollkommen neuen Anforderungen an Prüfungsausschüsse und deren Arbeit. Auf diese Umstellungen müssen sich Unternehmen gemeinsam mit ihren Abschlussprüfern gut vorbereiten. In vielen Fällen bedeutet der Wechsel des Abschlussprüfers zukünftig auch, dass Berater und Steuerberater ebenfalls ausgetauscht werden, sofern es sich um zukünftig unzulässige Beratungsleistungen handelt. Insbesondere internationale Konzerne mit Tochterunternehmen von öffentlichem Interesse unterliegen komplexeren Anforderungen.

Die externe Überwachungsfunktion erfordert einen unabhängigen und unbefangenen Abschlussprüfer. Nur so können bestehende Informationsasymmetrien zwischen dem Leitungsorgan und den Kapitalgebern eines Unternehmens abgebaut werden. Das kann immer nur dann der Fall sein, wenn Kapitalmarktteilnehmer dem Bestätigungsvermerk des Abschlussprüfers vertrauen können (vgl. [11], S. 2120, [12], S. 261). Die Unabhängigkeitsgefährdung ist seit der Finanzkrise im Jahr 2008 ein Hauptthema auf der EU-Ebene. Insbesondere werden bestimmte Beratungsdienstleistungen von der Tätigkeit des Wirtschaftsprüfers durch die neue EU-Verordnung getrennt, um das Vertrauen in die Kapitalmärkte zu stärken. Dieses Vertrauen kann nur erzielt werden, wenn das Urteil des Abschlussprüfers vertrauenswürdig und verlässlich ist, d. h. der Abschlussprüfer das Testat ohne jeglichen Einfluss anderer treffen kann (vgl. [13], S. 623).

4.4.1 Beachtung der Unabhängigkeitsvorschriften

Definition der „Unabhängigkeit" und deren Bedeutung
Die Unabhängigkeit ist eine der allgemeinen Berufspflichten des Wirtschaftsprüfers. Sie ist in § 43 Abs. 1 S. 1 WPO, § 1 Abs. 1 S. 1 und § 2 BS WP/vBP geregelt und muss bei allen Berufstätigkeiten des Wirtschaftsprüfers eingehalten werden. Darüber hinaus ist eine unbefangene Verhaltensweise des Wirtschaftsprüfers nach § 21 BS WP/vBP von größter Bedeutung. Demnach ist ein Auftrag abzulehnen, wenn Hinweise bestehen, dass die

Unabhängigkeit nach § 21 BS WP/vBP beeinträchtigt werden könnte oder Befangenheit besteht (vgl. [11], S. 2117). Die Urteilsbildung eines unabhängigen Wirtschaftsprüfers ist dadurch geprägt, dass sie sowohl frei von Fremdeinflüssen ist sowie von dem Anschein, ggf. Fremdeinflüssen sachkundiger Dritte zu unterliegen.

Man unterscheidet zwischen der inneren und äußeren Unabhängigkeit (vgl. [13], S. 623). Die innere Unabhängigkeit – auch Unbefangenheit genannt – stellt den Bezug zur inneren Einstellung des Wirtschaftsprüfers her. Der Wirtschaftsprüfer muss sich ohne Einfluss von unsachgemäßen Erwägungen, die insbesondere einen geschäftlichen, finanziellen oder persönlichen Hintergrund haben können, ein Urteil bilden, § 21 II BS WP/vBP (vgl. [13], S. 623). Die äußere Unabhängigkeit hingegen zielt darauf ab, dass aus der Perspektive eines verständigen Dritten keine Umstände erkannt werden, die den Anschein erwecken, dass eine unsachgemäße Beeinflussung der Urteilsbildung des Wirtschaftsprüfers durch den Mandanten oder einen Dritten erfolgt sein könnte.

In Fällen, in denen angenommen werden muss, dass die Urteilsbildung des Wirtschaftsprüfers aufgrund z. B. rechtlicher oder wirtschaftlicher Einflussfaktoren eingeschränkt ist, spricht man von einer Besorgnis der Befangenheit im Sinne des § 21 III BS WP/vBP. Von der Unabhängigkeit des Wirtschaftsprüfers ist folglich dann auszugehen, wenn er zum einen tatsächlich unabhängig und unbefangen ist und zum anderen auch von sachkundigen Dritten als unabhängig und unbefangen angesehen wird (vgl. [13], S. 623). Nur wenn das Prüfungsurteil verlässlich und vertrauensvoll ist, ist gewährleistet, dass Adressaten eines geprüften Jahresabschlusses einen Mehrwert aus der Prüfung gewinnen. Unbedingte Voraussetzungen hierfür sind die Unabhängigkeit und die Unbefangenheit des Abschlussprüfers (vgl. [14], S. 61, [13], S. 623).

EU-Verordnung zur Abschlussprüfung
Durch die EU-Reform wird der bereits bestehende in § 319 und § 319a HGB niedergelegte Katalog der für den Jahresabschlussprüfer unzulässigen Dienstleistungen erweitert. Er beinhaltet nach seiner Anpassung das explizite Verbot bestimmter Rechtsberatungsleistungen, bestimmter Personaldienstleistungen sowie Gestaltungs- und Einführungsberatung bei internen Kontrollsystemen und Risikomanagementsystemen. Durch diese Erweiterung soll die Unabhängigkeit des Jahresabschlussprüfers verbessert werden (vgl. [15], S. 147).

Art. 5 Abs. 1 EU-Verordnung besagt:

Der Abschlussprüfer oder die Prüfungsgesellschaft eines Unternehmens von öffentlichem Interesse und jedes Mitglied eines Netzwerks, dem der Abschlussprüfer bzw. die Prüfungsgesellschaft angehört, darf weder direkt noch indirekt für das geprüfte Unternehmen, dessen Mutterunternehmen oder die von ihm beherrschten Unternehmen in der Union verbotene Nichtprüfungsleistungen innerhalb folgender Zeiträume erbringen:

a) innerhalb des Zeitraums zwischen dem Beginn des Prüfungszeitraums und der Abgabe des Bestätigungsvermerks und
b) innerhalb des Geschäftsjahrs, das dem in Buchstabe a genannten Zeitraum unmittelbar vorausgeht, in Bezug auf die in Unterabsatz 2 Buchstabe e genannten Leistungen.

Darüber hinaus definieren die Wirtschaftsprüferordnung, die Berufssatzung für Wirtschaftsprüfer sowie der **Code of Ethics** for Professional Accountants ethische Verhaltensregeln für Wirtschaftsprüfer. Der Code of Ethics wird durch ein internationales, unabhängiges Gremium, die International Federation of Accountants (IFAC), veröffentlicht und ist auch für Wirtschaftsprüfer in Deutschland verbindlich anzuwenden. Der Kodex beinhaltet ethische Grundsätze für einen Wirtschaftsprüfer, wonach dieser „Dienstleistungen für die interessierte Öffentlichkeit mit gleichbleibend hoher Qualität zu erbringen und die Effizienz der Kapitalmärkte zu gewährleisten hat (vgl. [16], S. 1)." Der Code of Ethics gibt Rahmenbedingungen mit dem Ziel vor, die Unabhängigkeit des Jahresabschlussprüfers sicherzustellen.

Auch im Code of Ethics werden Beratungsdienstleistungen als eine Gefährdung der Prüferunabhängigkeit genannt. Der Code of Ethics unterstützt den Wirtschaftsprüfer darin, eigenständig und professionell Unabhängigkeitsgefährdungen zu bewerten, auch in Situationen, die nicht konkret im Ethikkodex beschrieben sind (vgl. [16], S. 46). In einer solchen Situation gilt es für den Wirtschaftsprüfer, mögliche Unabhängigkeitsgefährdungen festzustellen und ihre Bedeutsamkeit vor dem Hintergrund seiner Prüfungen zu beurteilen. In der Folge sind Maßnahmen zu ergreifen, die das Risiko einer Einschränkung der Unabhängigkeit beseitigen oder maßgeblich reduzieren (vgl. [16]; S. 46 f.).

Ergänzend ist auf Art. 4 Abs. 2 der EU-Verordnung hinzuweisen. Nach der Regelung werden zulässige Nichtprüfungsleistungen auf maximal 70 % des Durchschnitts der in den vergangenen drei aufeinanderfolgenden Geschäftsjahren erzielten Abschlussprüfungshonorare begrenzt (vgl. [17]).

Im Rahmen des Shadow Audits ist zu prüfen, ob die Zusammenarbeit mit dem Abschlussprüfer und der Internen Revision oder der Einsatz von Forensikern in der Abschlussprüfung unter dem Verbotskatalog aufgeführt sind.

Forensik-Service

Aus der EU-Verordnung besteht kein ausdrückliches Verbot, ein unternehmensinternes Shadow Audit während der Abschlussprüfung einzusetzen. Einschränkungen diesbezüglich sind auch nicht im HGB, Sarbanes-Oxley Act oder im Code of Ethics aufgeführt. Jedoch können einige Teilbereiche der forensischen Dienstleistung laut der EU-Verordnung eine Gefährdung bezüglich der Unabhängigkeit darstellen. Besonders die forensischen Teildienstleistungen, die den Fokus auf juristische Beratungtätigkeiten und Präventionsberatung haben, stellen einen Unabhängigkeitskonflikt gemäß Art. 5 Abs. 1 EU Unterabsatz 2 Buchstabe e), g), h) EU-VO dar. Demgemäß ist die Gestaltung und Umsetzung interner Kontrollen- oder Risikomanagementverfahren untersagt, die im bestimmten Maße mit der Gestaltung und Kontrolle von Finanzinformationen oder Finanzinformationstechnologien in Verbindung stehen. Zudem werden juristische Leistungen mit einem Beratungsschwerpunkt, Verhandlungen im Namen des geprüften Unternehmens und Vermittlungtätigkeiten im Zusammenhang mit der Beilegung von Rechtsstreitigkeiten ausgeschlossen. Schließlich sind jegliche Leistungen bezogen auf die interne Revision des geprüften Unternehmens verboten (vgl. [18], S. 33).

Es bestehen jedoch keine Einschränkungen, wenn sich der Einsatz der Forensik ausschließlich auf die forensische Sachverhaltsaufklärung und Forensik-Accounting bezieht.

Folglich können forensische Zusatzleistungen während der Abschlussprüfung durch die Wirtschaftsprüfungsgesellschaft unbeschadet der Unabhängigkeitsverordnung der EU-Regelung, Code of Ethics, HGB oder Sarbanes-Oxley Act durchgeführt werden. Dennoch ist zu berücksichtigen, ob eine wirtschaftliche Abhängigkeit zwischen dem Jahresabschlussprüfer und den geprüften Unternehmen bestehen könnte. Dementsprechend sollten die Umsatzanteile von 30 % bzw. 15 % bei kapitalmarktorientierten Unternehmen beachtet werden (vgl. [10], S. 95).

Kommt der Jahresabschlussprüfer zu dem Ergebnis, dass er im Rahmen des Shadow Audits unter Auswahl einer vergleichbaren Vorgehensweise und eines vergleichbaren Prüfungsansatzes zu den gleichen Ergebnissen wie der externe Ermittler gekommen wäre, gilt es seine Unabhängigkeit von dem externen Ermittler zu belegen. Der Nachweis der Unabhängigkeit des Jahresabschlussprüfers kann mithilfe der von der EU-VO 537/2014 vorgesehenen Erweiterung der verbotenen Prüfungsdienstleistungen hergeleitet werden, da hierdurch die Unabhängigkeit des Wirtschaftsprüfers verbessert werden soll.

4.4.2   Erweiterte Berichtspflichten

Ausgangssituation
Die EU-VO 537/2014 (Anlage zur Prüfungsverordnung, AP-VO) sieht an zwei Stellen Meldepflichten an Dritte über Unregelmäßigkeiten bzw. Regelverstöße vor: Art. 7 sowie Art. 12 Abs. 1 AP-VO. Beide Meldepflichten betreffen nur Prüfungen bei Unternehmen von öffentlichem Interesse (PIE) (vgl. [19], S. 61). Besteht im Rahmen der Jahresabschlussprüfung eines Unternehmens von öffentlichem Interesse die Vermutung oder besteht ein berechtigter Grund zu der Vermutung, dass Unregelmäßigkeiten – wie etwa Betrug im Zusammenhang mit dem Abschluss des geprüften Unternehmens – möglicherweise eintreten oder bereits eingetreten sind, so teilt der Jahresabschlussprüfer dies dem geprüften Unternehmen gemäß Art. 7 AP-VO mit. Er fordert dieses auf, die Angelegenheit zu untersuchen sowie angemessene Maßnahmen zu treffen, um derartige Unregelmäßigkeiten aufzugreifen und einer Wiederholung dieser Unregelmäßigkeiten in der Zukunft vorzubeugen. Nimmt das geprüfte Unternehmen keine Handlungen vor, um den Sachverhalt aufzuklären, so informiert der Jahresabschlussprüfer die von den Mitgliedstaaten benannten Behörden, die für die Untersuchung solcher Unregelmäßigkeiten verantwortlich sind (vgl. [43] in Kap. 3, S. 84).

Eine Meldepflicht des Abschlussprüfers nach Art. 12 Abs. 1 der EU-VO über wesentliche Verstöße des zu prüfenden Unternehmens ist für Kreditinstitute sowie für Versicherungsunternehmen bereits bekannt. Für die weiteren Prüfungen bei Unternehmen von öffentlichem Interesse ergibt sich – wie bereits nach Art. 7 AP-VO – die Notwendigkeit der einzelfallabhängigen Bestimmung der zuständigen Behörde. „Dies gilt ebenfalls für die Beurteilung, welche Rechtsvorschriften die Zulassung oder die Ausübung der Unternehmenstätigkeit regeln. Hier kommen die Betriebslizenzen z. B. für die Betreiber von Flughäfen oder Kernkraftwerken in Betracht. Adressaten der Mitteilung im Fall von (mutmaßlichen) Verstößen wären in solchen Fällen die zuständigen Genehmigungsbehörden." (vgl. [19], S. 64).

Ergänzend an dieser Stelle zu nennen ist auch das Exposure Draft Responding to Non-Compliance with Laws and Regulations (**ED NOCLAR**), das im Juli 2015 durch das International Ethics Standards Board for Accountants (IESBA) veröffentlicht wurde. Das ED NOCAR stellt weitere Anforderungen bei Verdacht auf Verstöße gegen Gesetze und andere Rechtsvorschriften durch den Mandanten. Im Unterschied zur AP-VO werden diesbezüglich nicht ausschließlich Prüfungen bei Unternehmen von öffentlichem Interesse, sondern sämtliche Abschlussprüfungen und darüber hinaus auch sonstige Leistungen an den Mandanten erfasst. Nach ED NOCLAR muss sich der Abschlussprüfer bei Verdacht auf oder Anhaltspunkte für derartige Verstöße zunächst ein hinreichendes Verständnis von Art und Umfang des (mutmaßlichen) Verstoßes sowie der einschlägigen Gesetzes- und Rechtsvorschriften verschaffen. Ferner muss der Mandant dazu aufgefordert werden, zeitnah angemessene Maßnahmen zu ergreifen. Diese Maßnahmen haben zum Zweck, einen potenziellen Verstoß zu vermeiden, die Konsequenzen eines Verstoßes zu beseitigen oder abzuschwächen und ggf. zuständige Behörden zu informieren. Der Abschlussprüfer muss schließlich beurteilen, ob und ggf. welche weiteren Maßnahmen wie z.B. die Mitteilung des (mutmaßlichen) Verstoßes durch ihn selbst an eine geeignete Behörde notwendig sind. Eine solche Mitteilung ist aber nur möglich, wenn sie nicht gegen nationales Recht verstößt (vgl. [19], S. 62).

Besonders schwierig ist es – unabhängig von den aufgezeigten Meldepflichten – Tatbestände, die auf mögliche wirtschaftskriminelle Handlungen hindeuten, im Prüfbericht gemäß § 321 Abs. 1 S. 3 HGB zu dokumentieren. Das können Tatbestände sein, die im Rahmen der Prüfung aufgedeckt wurden oder sonstige wichtige Sachverhalte, die mit der Unternehmensleitung kommuniziert wurden oder die nach dem fachkundigen Urteil des Prüfers für die Überwachung des Rechnungslegungsprozesses bedeutsam sind.

Das Ausmaß des Verstoßes ist im Prüfungsbericht auszuführen und hängt von unterschiedlichen Kriterien ab (vgl. [5], S. 244). Beispiele hierfür sind das mit dem Verstoß einhergehende Risiko für das Unternehmen oder die Signifikanz der verletzten Rechtsnorm (vgl. [17]). Es ist auf wesentliche Unrichtigkeiten und Verstöße im Prüfungsbericht hinzuweisen, die für eine angemessene Information der Adressaten, vor allem hinsichtlich der Überwachung der Unternehmensführung und des geprüften Jahresabschlusses von Bedeutung sind. Das gilt auch für den Fall, dass in der Zwischenzeit ausgeräumte Fehler auf Schwächen im internen Kontrollsystem schließen lassen (vgl. [20] Tz. 70).

Darüber hinaus ist von dem Jahresabschlussprüfer zu verifizieren, ob am Ende der Prüfung ein uneingeschränkter Bestätigungsvermerk erteilt werden kann. Insbesondere ist dies genau zu prüfen, wenn es sich bei dem Verdacht um korrupte Aktivitäten handelt und das Ausmaß durch die Ermittlungen noch nicht abschließend zu einem Ergebnis gekommen ist. Einen uneingeschränkten Bestätigungsvermerk kann der Jahresabschlussprüfer im Rahmen seines pflichtgemäßen Ermessens erst dann erteilen, wenn alle für Beurteilung des Jahresabschlussprüfers relevanten Ermittlungen und Prüfungen in diesem Rahmen abgeschlossen sind und keine wesentlichen Beanstandungen gegen die Buchführung, den Jahresabschluss und den Lagebericht bestehen.

Eine Einschränkung oder Verweigerung des Bestätigungsvermerks liegt dann vor, wenn die sich wesentlich auf den Jahresabschluss des Unternehmens auswirkende Unregelmäßigkeit nicht reduziert oder ausgeräumt werden kann. Er ist insbesondere dann zu verweigern, wenn der Jahresabschlussprüfer von der Unternehmensleitung keine entsprechenden Informationen zur Aufklärung der Unregelmäßigkeit erhält oder diese sogar die Ermittlungen behindert. In solchen Fällen spricht man gemäß § 322 Abs. 2 Nr. 4, Abs. 5 HBG von einem Prüfungshemmnis. Das Gesamturteil des Jahresabschlussprüfers enthält somit nicht nur Aussagen über die von ihm selbst durchgeführten Prüfungshandlungen, sondern auch über die Ergebnisse der Ermittlungen (vgl. [5], S. 244).

Die Abschlussprüferrichtlinie 2014/56/EU und auch die EU-VO 537/2014 geben entsprechende Hinweise, wie zukünftig mit Risiken, die im Rahmen der Jahresabschlussprüfung festgestellt wurden, umzugehen ist und welche Rolle diesen zukünftig im Bestätigungsvermerk zukommt. Die EU-Verordnung enthält insbesondere Anforderungen an den Bestätigungsvermerk bei Unternehmen von öffentlichem Interesse (vgl. [43] in Kap. 3, S. 63).

Der Bestätigungsvermerk wird um die Key Audit Matters erweitert
Die EU-VO 537/2014 sieht die Erweiterung des Bestätigungsvermerks um die sogenannten Key Audit Matters bei Unternehmen von öffentlichem Interesse wie z. B. kapitalmarktorientierten Unternehmen, Kreditinstituten und Versicherungsunternehmen vor (vgl. [21], S. 11).

Key Audit Matters beschreiben eine Auswahl der wichtigsten Themen im Rahmen der Abschlussprüfung und dienen der Untermauerung des Prüfungsurteils. Der Abschlussprüfer wählt aus den wichtigsten Themen die Sachverhalte aus, die wiederum am bedeutendsten für die Durchführung der Prüfung des Abschlusses waren. Bei den einzelnen Key Audit Matters ist im Bestätigungsvermerk zunächst darzulegen, inwiefern es sich um einen besonders bedeutsamen Prüfungssachverhalt handelt. Um sicherzustellen, dass die bedeutsamsten Sachverhalte ausgewählt werden, sieht der einschlägige Prüfungsstandard ISA 701 einen mehrstufigen Auswahlprozess vor. Grundlage hierfür ist die Gesamtheit der Sachverhalte, die der Jahresabschlussprüfer mit dem Audit Committee erörtert hat.

Zunächst kommen solche Sachverhalte in Betracht, die dem Abschlussprüfer ein erhöhtes Maß an Aufmerksamkeit abforderten. Darunter fallen z. B. erhöhte Fehlerrisiken, die der Jahresabschlussprüfer als Ergebnis seiner Risikobeurteilungen aufgedeckt hat, wichtige Annahmen oder Entscheidungen der Unternehmensleitung, die speziell bei größeren bilanziellen Schätzunsicherheiten von entsprechender Relevanz sind sowie wichtige Geschäftsvorfälle im zu prüfenden Geschäftsjahr. Dann werden Prüfungsschwerpunkte ausgewählt, die ein Anliegen des Audit Committees dargestellt haben. Aus den verbleibenden Sachverhalten wählt der Abschlussprüfer eigenständig und mit pflichtgemäßer Beurteilung die Themen aus, die bei der Prüfung des jeweiligen Geschäftsjahrs von größter Bedeutung waren.

Als Kriterien kommen neben dem finanziellen Ausmaß eines Sachverhalts für die Darstellung der Vermögens-, Finanz- und Ertragslage auch in Betracht:

• Der zeitliche Prüfungsaufwand, z. B. die Intensität der Prüfungshandlungen oder ein überdurchschnittlich intensiver Einsatz von Sachverständigen,
• unerwartete Schwierigkeiten bei der Prüfungsdurchführung, z. B. Feststellungen von IKS-Mängeln,

- eine unerwartet hohe Anzahl an Fehlern im Jahresabschluss oder
- die Aufdeckung von Unregelmäßigkeiten, die im Zusammenhang mit wirtschaftskriminellen Handlungen stehen (könnten).

Zusammenfassend sind also die Prüfungssachverhalte als Key Audit Matters im Bestätigungsvermerk auszuwählen, die relativ betrachtet die größten Auswirkungen auf das Gesamtbild der Unternehmenssituation haben und deren Prüfung den größten Aufwand verursacht hat.

In einem nächsten Schritt ist das sich aus dem Key Audit Matter für den geprüften Jahres- oder Konzernabschluss ergebende Fehlerrisiko genauer zu erläutern. Es ist ferner zu benennen, welche Abschlussposten bzw. Anhang-Angaben von diesem Risiko betroffen sind. Darüber hinaus ist darzulegen, welche Gründe für mögliche Fehler in diesen Abschlussinformationen in Frage kommen.

Mit den Key Audit Matters werden erstmals vertrauliche Details über die im Einzelfall durchgeführte Abschlussprüfung veröffentlicht, wie z. B. die Darstellung der bedeutendsten, vom Jahresabschlussprüfer im Abschluss identifizierten Risikobereiche für wesentliche Fehler sowie die Beschreibung der wichtigsten im Hinblick auf diese Risiken durchgeführten Prüfungshandlungen.

Der Abschlussprüfer beschreibt seine Reaktion auf festgestellte Risiken und wie er mit diesen in prüferischer Hinsicht konkret umgegangen ist. Bei der Prüfung bilanzieller Schätzwerte kann z. B. auf die kritische Würdigung zentraler Bewertungsannahmen und -parameter der Unternehmensleitung eingegangen werden.

Weitere Beispiele von im Bestätigungsvermerk darzulegenden Prüfungshandlungen sind:

- Die Verwertung von Sachverständigengutachten zu Bewertungsfragen, rechtlichen Risiken oder technischen Sachverhalten,
- die Prüfung des Aufbaus und der Wirksamkeit der relevanten internen Kontrollen sowie
- die Einholung von Drittbestätigungen oder die Befragung kompetenter Auskunftspersonen innerhalb oder außerhalb des geprüften Unternehmens.

Die im Einzelfall adressierten Fehlerrisiken und die entsprechenden Prüfungshandlungen sind ausschlagend dafür, welche Beobachtungen ein Abschlussprüfer schlussendlich als bedeutsam für seinen Bestätigungsvermerk bewertet. Der Jahresabschlussprüfer hat seine Beobachtungen dann näher auszuführen, wenn er sie für die Würdigung der untersuchten Fehlerrisiken für relevant hält.

Hier sind schließlich Aussagen zur Angemessenheit und Ausgewogenheit von Bewertungsmodellen oder -annahmen sowie Feststellungen aus der Prüfung interner Kontrollen oder relevanter Angaben der Unternehmensleitung zu treffen. Die Key Audit Matters werden insgesamt unternehmensindividuell formuliert und stellen voraussichtlich einen der längsten Abschnitte des künftigen Bestätigungsvermerks dar (vgl. [21], S. 6).

4.5   Schlussbemerkung

Der vorliegende Beitrag zeigt, dass Wirtschaftskriminalität und Compliance-Verstöße ein zentrales Problemfeld in der Abschlussprüfung sind, wenn es darum geht, ein vertrauenswürdiges und verlässliches Urteil des Abschlussprüfers zu gewährleisten. Shadow Audits eignen sich, um neben eigenen Ermittlungen des Abschlussprüfers insbesondere die in der Verantwortung des Mandanten liegenden Untersuchungen zu begleiten und so den Prüfungs-, Mitteilungs- und Berichterstattungspflichten nachzukommen. Das prüferische Vorgehen bei Shadow Audits mit Unterstützung von Forensik-Services wurde aufgezeigt, durch das Unregelmäßigkeiten in der Abschlussprüfung vermieden oder nachverfolgt werden können. Der Ablauf der Vorgehensweise durch den Prüfer folgt dabei einschlägigen Standards (ISA 240, ISA 250 und IDW PS 210). Die zusätzliche Einbeziehung von Forensik-Spezialisten stellt ein geeignetes Instrument für die Aufdeckung und Untersuchung wirtschaftskrimineller Sachverhalte und Handlungen in und gegen Institutionen der Mandanten dar. Die Durchführung des Shadow Audits durch den Einsatz der Forensik-Services löst insoweit einen bestehenden Zielkonflikt des Abschlussprüfers bei der Aufdeckung von Unregelmäßigkeiten. Auf Grund von zusätzlichen Untersuchungshandlungen im Falle aufgedeckter Unrichtigkeiten und Verstöße werden beim Abschlussprüfer erwartungsgemäß ein höherer Zeitaufwand und somit höhere Kosten verursacht. Hieraus abgeleitet besteht bei zeitlichen Restriktionen und vorgegebenen Abschlussterminen die Gefahr, dass die übrigen für das Urteil des Abschlussprüfers wesentlichen Sachverhalte zeitlich und inhaltlich im Rahmen der Prüfung vernachlässigt werden. Ein Shadow Audit, welches durch Forensik-Service erbracht wird, ermöglicht eine fokussierte und ganzheitliche Aufklärung des vorliegenden Sachverhaltes und damit eine zeitliche Entlastung des Abschlussprüfers. Das Vorgehen der Forensik im Falle der Sonderuntersuchung stützt sich dabei auf drei Säulen: Neben der Sicherung und Sichtung von Papieren und digitalen Unterlagen (strukturiert und unstrukturiert) dienen Informationsgespräche zur Abrundung des Sachverhalts. Des Weiteren werden Hintergrundrecherchen von Spezialisten durchgeführt, um nützliche Informationen aus öffentlich zugänglichen Quellen zu erhalten. Der aktive Austausch zwischen Abschlussprüfer und Forensiker ist im Verlaufe des gesamten Shadow Audits von elementarer Bedeutung und dient dem Abschlussprüfer als Grundlage, um u. a. die Effekte der Unregelmäßigkeiten auf den Jahresabschluss und Lagebericht abzuschätzen und die notwendigen Schlussfolgerungen für sein eigenes Urteil zu ziehen.

Zusammenfassend ist festzuhalten, dass Shadow Audits im Compliance-Zeitalter ein wichtiges Instrument des Abschlussprüfers darstellen, um den deutlich erhöhten Risiken von Unregelmäßigkeiten nach ihrer Aufdeckung im Rahmen der Abschlussprüfung Rechnung zu tragen. Dies gilt insbesondere vor dem Hintergrund der sich erweiternden Berichtpflichten bei Unternehmen von öffentlichem Interesse im Zuge der Neuregelungen aus der EU-Regulierung. Der Aufdeckung von Unregelmäßigkeiten, die im Zusammenhang mit wirtschaftskriminellen Handlungen stehen, kommt im Kontext der aufgezeigten Key Audit Matters als Teil des neuen Bestätigungsvermerks zudem künftig eine verstärkte Bedeutung zu.

Literatur

1. KPMG AG Wirtschaftsprüfungsgesellschaft (2014) Wirtschaftskriminalität in Deutschland 2014. https://www.kpmg.com/DE/de/Documents/Wikri-Studie_2014_sec.pdf. Zugegriffen am 27.04.2016
2. Institut der Wirtschaftsprüfer (Hrsg) Prüfungsstandard 210 (IDW PS 210) – Zur Aufdeckung von Unregelmäßigkeiten im Rahmen der Abschlussprüfung. Stand: 12.12.2012
3. Graumann M (2012) NWB Studium Betriebswirtschaft-Wirtschaftliches Prüfungswesen, 3 Aufl. NWB Verlag, Herne
4. Sächsische Zeitung (2016) Wirtschaftskriminalität macht 2,4 Millionen Euro Schaden. Sächsische Regionalausgabe (15.4.2016). https://www.nexis.com/results/enhdocview.do?docLink Ind=true&ersKey=23_T23949925939&format=GNBFI&startDocNo=0&resultsUrlKey= 0_T23949925941&backKey=20_T23949925942&csi=412768&docNo=1. Zugegriffen am 26.04.2016
5. Schindler J, Haußer J (2012) Die Pflicht gesetzlicher Vertreter von Kapitalgesellschaften zur Aufdeckung von Unregelmäßigkeiten und die Reaktion des gesetzlichen Abschlussprüfers. WPg 5:233–246
6. Berndt T, Jeker M (2007) Fraud Detection im Rahmen der Abschlussprüfung. Betriebsberater, Frankfurt am Main, S 2615–2621
7. Marten K, Quick R, Ruhnke K (2015) Wirtschaftsprüfung – Grundlagen des betriebswirtschaftlichen Prüfungswesens nach nationalen und internationalen Normen, 5. Aufl. Schäffer-Poeschel Verlag, Stuttgart
8. Laue J, Brandt V (2016) Möglichkeiten und Grenzen des Outsourcing von Compliance-Aufgaben. Betriebsberat (BB) 2016(1002):1002–1006
9. „Sarbanes-Oxley Act of 2002", Public Law 107-204, 107th Congress, „An Act to protect investors by improving the accuracy and reliability of corporate disclosures made pursuant to the securities laws, and for other purposes", 30.07.2002
10. Zwernemann J (2015) Forensic Services, Eine Analyse im Kontext zur Jahresabschlussprüfung. Springer Gabler Verlag, Wiesbaden
11. Ferlings J, Lanfermann G (2002) Unabhängigkeit von deutschen Abschlussprüfern nach der Verabschiedung des Sarbanes-Oxley Acts. Betrieb 55:2117–2122
12. Böcking HJ, Orth C (2002) Beratung und Prüfung, Vereinbarkeit von. In: Ballwieser W, Coenenberg AG, von Wysocki K (Hrsg) Handwörterbuch der Rechnungslegung und Prüfung, 3. Aufl. Schäffer-Poeschel, Stuttgart, S 257–267
13. Quick R (2002) Abschlussprüfung und Beratung Zur Vereinbarkeit mit der Forderung nach Urteilsfreiheit. Betriebswirtsch 62:622–643
14. Leffson U (1988) Wirtschaftsprüfung, 4., vollst. überarb. und erw. Aufl., Nachdruck 1991. Gabler, Wiesbaden
15. Buhleier C, Niehues M, Splinter S (2014) Deloitte Center für Corporate Governance, EU-Reform der Abschlussprüfung und Auswirkungen auf den Aufsichtsrat, Board 04/2014, S 147 ff.
16. The International Federation of Accountants (2012) Handbook of the code of ethics for professional accountants
17. VERORDNUNG (EU) Nr. 537/2014 DES EUROPÄISCHEN PARLAMENTS UND DES RATES vom 16. April 2014 über spezifische Anforderungen an die Abschlussprüfung bei Unternehmen von öffentlichem Interesse und zur Aufhebung des Beschlusses 2005/909/EG der Kommission. Art. 4 Abs. 2 EUVO Institut der Wirtschaftsprüfer (Hrsg) Prüfungsstandard 450 (IDW PS 450) Grundsätze ordnungsmäßiger Berichterstattung bei Abschlussprüfungen. Stand: 01.03.2012
18. EU-Regulierung der Abschlussprüfung IDW Positionspapier zu Inhalten und Zweifelsfragender EU-Verordnung und der Abschlussprüferrichtlinie – erstmalig überarbeitete Fassung mit

Stand: 11.04.2016. https://portal.ema.kworld.kpmg.com/de/pmo/Documents1/IDW-Positions-papier_Zweifelsfragen_Ueberarbeitung_11042016.pdf. Zugegriffen am 29.04.2016

19. Schruff W, Spang H (2016) Künftige Meldepflicht des Abschlussprüfers bei Gesetzesverstößen des Mandanten. WPK Mag 2:61–64. http://www.wpk.de/uploads/tx_templavoila/WPK_Maga-zin_2-2016.pdf. Zugegriffen am 13.06.2016

20. Sowa A (2016) Es lebe die Statistik – oder: Wie wertet man 2,6 Terabyte panamaische Daten aus? http://www.theeuropean.de/aleksandra-sowa--2. Zugegriffen am 26.04.2016

21. Thomas R (2015) Audit Committee Quarterly, Erweiterter Bestätigungsvermerk aus Sicht des Bilanzaufstellers, KPMG, 11.11.2015

Das Internet der bösen Dinge

5

Penetrationstests in Internet-of-Things-Umgebung und
IT-Sicherheitsaudits für Produktionsanlagen

Aleksandra Sowa

> *Wir sollten also, statt die Technologie als Ursache des Übels zu
> verdammen, nicht in ihre Apologie verfallen, sondern ganz einfach
> begreifen, dass die präregulative Ära zu Ende geht. Unser weiteres
> Vorgehen muss von einem moralischen Kanon geleitet werden, der
> uns als Ratgeber bei der Entscheidung zwischen den verschiedenen
> Alternativen dient, welche die amoralische Technologie hervor-
> bringt. Sie liefert die Mittel und Werkzeuge – das Verdienst bzw. die
> Schuld für ihre oder schlechte Verwendung liegt bei uns.*
>
> (Stanislaw Lem, *Summa technolgiae*)

Kann ein internetfähiger Haartrockner das gesamte Internet ausschalten? Er kann vermutlich viel mehr als das – und vor allem viel Schlimmeres, wissen die Experten. Das
alles ist nicht erst bekannt seit der imposanten Präsentation der Möglichkeiten der smarten Geräte im Oktober 2016, bei der Dutzende Dienste infolge einer sogenannten
Distributed-Denial-of-Service-Attacke (DDoS) auf die Nameserver des Internetinfra-
strukturanbieters Dyn (DynDNS) in den USA einen gewissen Zeitraum eingeschränkt
verfügbar gewesen waren.

Eine Attacke, die, wie der US-amerikanische Sicherheitsguru Bruce Schneier urteilt,
von nur einer einzelnen Person konzipiert und durchgeführt werden konnte, indem die
Schwachstellen der Endgeräte des Internet of Things (IoT) – Webcams, digitale Videore-
korder, Router etc. – ausgenutzt und diese zu einem großen Botnetz unfreiwilliger Angreifer zusammengeführt wurden [1]. Und die DynDNS mit Anfragen so lange bombardierten,

A. Sowa (✉)
Deutsche Telekom AG, Bonn, Deutschland
E-Mail: a_sowa@web.de

© Springer Fachmedien Wiesbaden 2017
A. Sowa (Hrsg.), *IT-Prüfung, Sicherheitsaudit und Datenschutzmodell*,
DOI 10.1007/978-3-658-17469-9_5

bis sie den Server zum Ausfall brachten – und mit ihm auch alle Webseiten, die auf seinen Dienst angewiesen waren.

Wer glaubt, die Attacke auf DynDNS sei der erste Vorfall dieser Art und dieses Ausmaßes gewesen, irrt. Im Januar 2014 gab die auf Sicherheit von Daten und elektronische Kommunikation spezialisierte Firma Proofpoint bekannt, ein Botnetz von 100.000 infizierten IoT-Endgeräten entdeckt zu haben. Mithilfe dieses Netzes wurden 750.000 Spam-Mails verschickt, schätzte die Firma und stellte fest, dass die primitiven, aber voll funktionsfähigen Computer in den smarten Geräten zunehmend das Interesse der Malware-Entwickler weckten. Unautorisierte Zugriffe und Datenabflüsse, DoS-Attacken oder die Injection mit Schadsoftware treffen nicht nur die IoT-Geräte, sondern nehmen auch im Produktionsumfeld, in den Werkshallen und Fabriken zu, wo früher IT-Systeme als Insellösungen betrieben wurden und die nun zunehmend miteinander vernetzt werden. Kaum geschützt, oft nur mit einfachen Sicherheitsmaßnahmen versehen. Ebenso häufig ganz ohne Schutz. Ideales Mittel für gezielte oder Massenangriffe, die lange vorher vorbereitet und nicht entdeckt werden sollen. Der prominenteste Angriff auf eine Großanlage war der im Jahr 2010 bekannt gewordene Vorfall des Stuxnet-Wurms, mit dem Teile der iranischen Atomanlagen infiziert wurden [2].

Dabei gehören Internetausfälle oder Spam-Mails zu den Risiken mit relativ wenig Impact: Schlimmeres sei denkbar, meinen Experten wie Ross Anderson [3]. Und malen Szenarien aus, die man schnell als paranoid bezeichnen würde. Die kompromittierten Geräte könnten beispielsweise dazu missbraucht werden, verbotene oder strafbare Inhalte zu hosten oder Webseiten mit einer Datenflut zu erpressen. Aber auch Cyberangriffe mit weitreichenden Folgen wären denkbar, wie das gleichzeitige Ein- und Ausschalten mit Schadsoftware befallender Klimaanlagen. Damit hätte man ein Stromnetz sabotieren und zum Ausfall bringen können. Potenzielles Ergebnis: flächendeckender Stromausfall – ein Blackout, wie aus dem gleichnamigen Zukunftsthriller von Marc Elsberg (vgl. auch Kap. 9). In der Cybersicherheit, warnte Ross Anderson, sei die Paranoia von heute oft die Realität von morgen [3].

Mit dem Internetausfall in den USA wurde schlagartig klar, wie sehr die Sicherheit in den smarten Geräten über Jahre hinweg vernachlässigt wurde. Dass in den Häusern, Büros oder Werkhallen Geräte stehen, die voller Schwachstellen und Sicherheitslücken sind. Und dass der Missbrauch dieser Schwachstellen nun Realität geworden ist. Wie sich herausstellte, werden die smarten Endgeräte nicht nur billig verkauft, sondern auch billig produziert. Angemessene Sicherheit kostet Geld, verlängert die Entwicklungszyklen und verzögert den Time-to-Market, heißt es [4]. Oft handelt es sich um Offshore-Produkte, die für die Märkte in den USA oder Europa lediglich umetikettiert werden. Viele der Produzenten, so die Experten, verstehen nur wenig von den Sicherheitsanforderungen an die smarten Geräte, haben noch kein systematisches IT-Sicherheitsmanagement und interessieren sich nicht für den Datenschutz. Das Gleiche gilt offenbar für dessen Verkäufer.

Ross Anderson von der Cambridge University schlug deswegen vor, die Verantwortung für die adäquate Sicherheit in den smarten Geräten den Verkäufern bzw. dem Vertrieb aufzuerlegen [3]. Er schlug eine gesetzliche Regelung vor, die den Verkäufer für die

Sicherheit eines jeden Geräts, das ans Internet angebunden wird, verantwortlich gemacht hätte. Ulf Buermeyer, Jurist, Richter und ehemaliger Linux-Admin, regt anlässlich der Diskussion um einen neuen Strafrechtsparagrafen zum digitalen Hausfriedensbruch Lösungen für das Botnetz-Problem außerhalb des Strafrechts ab: „Wirklich wirksam wären Maßnahmen zur Steigerung der IT-Sicherheit, insbesondere eine scharfe Produkthaftung für Sicherheitslücken. Damit würden die gesellschaftlichen Kosten bei denen angesiedelt, die die gegenwärtigen Probleme tatsächlich beheben könnten: bei den Herstellern von Hard- und Software" [5], schrieb er. Keine gute Idee, meinten Kritiker, man könne beispielsweise Hersteller nicht für die Ausfälle verantwortlich machen, bei denen Angreifer eine Hintertür (Backdoor) nutzen, die vom Staat per Gesetz eingebaut wurde.

Inzwischen nimmt auch der US-Sicherheitsguru Bruce Schneier das lange Zeit verpönte Wort „Regulierung" in den Mund. Und wirbt dafür, dass Großmärkte wie die USA eine starke Internetsicherheit für die Internet-of-Things-Geräte gesetzlich normieren. In diesem Fall würden die Hersteller gezwungen werden, die Sicherheit ihrer Geräte an die hohen Anforderungen anzupassen, falls sie auf diesen Märkten tätig sein sollten. Würden in den USA und in einigen der Länder mit den wichtigsten Märkten solche Regulierungen eingeführt, hätte dies eine globale positive Auswirkung auf die Sicherheit des Internets der Dinge, argumentiert Schneier [1]. Denn die wesentlichen Kosten eines Geräts seien die Entwicklungskosten. Es würde sich für den Hersteller nicht lohnen, so Schneier, zwei verschiedene Versionen für zwei Märkte zu produzieren: die eine mit starker, die andere mit schwacher oder gleich ganz ohne Sicherheit.

Wie man die smarten Dinge wieder sicher macht? Nicht nur mit Technologie. Neue Handlungsfelder eröffnen sich für die Regulierung, Normierung, Standardisierung, Zertifizierung, Revision – und für Audits, die mit Tests und Prüfungen entweder direkt im Entwicklungs- und Produktionsprozess begleitend oder a posteriori im Rahmen von System- oder Funktionsprüfungen die Wirksamkeit eingesetzter Kontrollen und Schutzmaßnehmen bewerten und beurteilen. Zentrales Instrument der Risikominimierung – im Idealfall vor, spätestens aber nach der Markteinführung – ist der Penetrationstest der smarten, netzfähigen Geräte, Systeme und Anlagen durch einen unabhängigen Dienstleister oder Revisor bzw. Auditor (Kap. 6). Es gibt dennoch Bereiche, bei denen die Produktionsabläufe oder die Verfügbarkeit und Integrität der Anlagen nicht beeinträchtig werden dürfen und die nur eingeschränkt für den Einsatz von Penetrationstests oder Schwachstellenscanner geeignet sind. Hier kommen umfassende IT-Sicherheitsaudits zum Einsatz (Kap. 7).

Im Grunde genommen gehörte schon viel Glück dazu, dass es bei den zurückliegenden Vorfällen nur einige Webseiten oder das Internet waren, die ausgefallen sind. Smarte Geräte, Anlagen und Systeme sind bereits im Einsatz. Mit Projekten wie „Industrie 4.0" werden Digitalisierung, Vernetzung und Komplexität der Produktionsanlagen zunehmen. Ihre Schwachstellen können zu kritischen, besitz- und lebensbedrohlichen Sicherheitsvorfällen führen. Es stellt sich nicht mehr die Frage, ob sie ausfallen, schreibt Bruce Schneier in *The Washington Post*, sondern wann sie ausfallen [1]. Konzepte, die dabei helfen sollten, Anforderungen an Datenschutz und Sicherheit bereits in der Konzeptions- und Entwicklungsphase von Produkten zu berücksichtigen, wurden längst methodisch aufgearbeitet, veröffentlicht, aber bisher nur teilweise normiert. Sie wurden zum Teil Gegenstand der Regulierung, wie Privacy-by-Design in der EU-Datenschutz-Grundverordnung (vgl. Kap. 2 und 3), oder sollen rechtlich verankert werden, wie Security-by-Design laut kürzlich veröffentlichter *Cyber-Sicherheitsstrategie 2016* des Bundesministeriums des Innern (BMI) [6]. Die deutsche Regierung setzt beim Thema Cybersicherheit auf Kooperationen mit der Wirtschaft und auf Konzepte wie „Made in Germany", um die „digitalen Verwundbarkeiten" zu minimieren. Ob „Vorgaben für eine angemessene Verteilung von Verantwortlichkeiten und Sicherheitsrisiken im Netz zum Beispiel durch Produkthaftungsregeln für IT-Sicherheitsmängel und Sicherheitsvorgaben für Hard- und Softwarehersteller" notwendig seien, sollte wenigstens geprüft werden, heißt es in der *Cyber-Sicherheitsstrategie 2016*. Für Experten wie Bruce Schneier stellt sich die Frage, ob sich der Staat regulativ einmischen soll oder nicht, mittlerweile gar nicht mehr. Es gibt für die Regierung nur noch die Möglichkeit einer smarteren Regulierung und Intervention – oder eben einer stupideren.

Auch wenn die gesetzliche Normierung und Regulierung noch nicht durchgreift und die Haftungsfragen nicht abschließend beantwortet sind, können sich Hersteller dennoch fragen: Wo lauern die Gefahren bezüglich der Sicherheit von IoT-Geräten? Und was können Hersteller tun – und die Nutzer oder Verkäufer verlangen –, um die smarten Geräte besser vor externen und internen Angreifern abzusichern? Der Beitrag von Sebastian Schreiber, Gründer und Geschäftsführer der Tübinger SySS GmbH, Marktführer in Deutschland auf dem Gebiet des Penetrationstests, und Dr. Erlijn van Genuchten, die als IT Security Consultant bei der SySS GmbH tätig ist und regelmäßig Sicherheitstest bei einem breiten Spektrum digitaler Systeme durchführt, beleuchtet diese Thematik und geht dabei detailliert auf den IoT-Penetrationstest als eine wichtige Maßnahme zur Verbesserung der Sicherheit ein (siehe Kap. 6).

Schwachstellen, die durch Angreifer für Attacken ausgenutzt werden können, entstehen häufig durch den Einsatz ungesicherter oder schlecht gesicherter Komponenten. Sebastian Schreiber und Dr. Erlijn van Genuchten zeigen, wie sich potenzielle Risiken in smarten Geräten auf Ebene der Webapplikation bzw. mobilen App, des Back-End oder der Hardware verringern lassen. Entsprechende Tests können während der Konzeptions- und Entwicklungsphase, also vor der Markteinführung, oder nach der Markteinführung, bspw. im Rahmen von Prüfungen oder Zertifizierungen, durchgeführt werden. Ziel dieses Penetrationstests ist es, Sicherheitslücken und Schwachstellen aufzudecken, die trotz einer adäquaten Produkt- oder Systemkonzeption mit Berücksichtigung von Anforderungen an Sicherheit und Datenschutz möglicherweise dennoch vorhanden sind. Die oben beschriebenen Prüfungsphasen auf verschiedenen Ebenen (Webapplikation, Hardware etc.) sowie der exemplarisch vorgestellte Projektplan können Herstellern, Auditoren, Zertifizierern und Revisoren als Handreichung dienen, um entsprechende Penetrationstests im Rahmen ihrer Privacy-by-Design- und Security-by-Design-Prozesse zu integrieren.

Ein auf diese Weise erhöhter Fokus auf Sicherheit, regelmäßige Tests a posteriori und die Integration von Penetrationstests in die Entwicklungsprozesse mindert deutlich das

Risiko, dass Angreifer zukünftig in der Lage sein werden, smarte Geräte für digitale Angriffe zu missbrauchen – oder gar ganze (kritische) Infrastrukturen zum Ausfall zu bringen.

Dort, wo Penetrationstests oder Schwachstellenscanner nur in begrenztem Umfang anwendbar sind, insbesondere im Bereich der Industrieanlagen, wo Produktionsprozesse nicht beeinträchtigt werden dürfen und die Verfügbarkeit und Integrität der IT-Anlagen gewährleistet sein muss, empfehlen Mechthild Stöwer und Reiner Kraft vom Fraunhofer-Institut für Sichere Informationstechnologie den Einsatz umfassender IT-Sicherheitsaudits zur Risikobewertung und -behandlung mit geeigneten Maßnahmen (siehe Kap. 7). Aus den bereits bestehenden Standards und Best Practices, von denen die Autoren einen Überblick geben, können relevante Prüfkriterien oder Checklisten abgeleitet werden, mit welchen der Reifegrad der Sicherheitsorganisation im Produktionsumfeld bestimmt und geeignete (oder notwendige) Maßnahmen bzw. Sicherheitskontrollen abgeleitet werden können.

Das Jahr 2016 sei ein überaus erfolgreiches Jahr gewesen, sagte Bundesministerin für Bildung und Forschung, Prof. Dr. Johanna Wanka, auf der Nationalen Konferenz IT-Sicherheitsforschung in Berlin[1] – für die Hacker. So verwundert es wenig, dass die IT-Sicherheit in „Industrie 4.0" im Fokus des Referenzprojekts des Bundesministeriums für Bildung und Forschung IUNO steht. Mit Industrie 4.0 sei Deutschland international führend und möchte es bleiben. Digitale Transformation und Industrie 4.0 werden nur gelingen, wenn es Lösungen für die Probleme der IT-Sicherheit und den Schutz der Privatsphäre im Produktionsumfeld gibt – waren sich die Teilnehmer der Konferenz sicher. Die Industrie in Deutschland ist in großen Teilen mittelständisch geprägt. Sowohl IoT-Penetrationstests als auch IT-Sicherheitsaudits, die in den Kap. 6 und 7 vorgestellt werden, eignen sich speziell auch für kleinere und mittlere Unternehmen, aber auch für solche, die noch kein systematisches IT-Sicherheitsmanagement im Entwicklungs- und Produktionsbereich aufgebaut haben. Und die Kosten? Sicherheit als Produkt verkauft sich sehr gut als Teil eines anderen Produkts, bestätigten Experten aus der Industrie. Besonders bei einer mehrere Millionen Euro teuren Produktionsanlage sei Security-by-Design eine rentable und durch Skaleneffekte schnell amortisierte Investition.

Literatur

1. Schneier B (2016) Your WiFi-connected thermostat can take down the whole Internet. We need new regulations. The Washington Post 03.11.2016. https://www.washingtonpost.com/posteverything/wp/2016/11/03/your-wifi-connected-thermostat-can-take-down-the-whole-internet-we-need-new-regulations/. Zugegriffen am 26.02.2017

---

[1] Nationale Konferenz IT-Sicherheitsforschung des Bundesministeriums für Bildung und Forschung (BMBF) am 14. und 15.2.2017 in Berlin.

2. Langner R (2013) To kill a centrifuge. A technical analysis of what stuxnet's creators tried to achieve. The Langner Group, 11.2013. www.langner.com/en/wp-content/uploads/2013/11/To-kill-a-centrifuge.pdf. Zugegriffen am 03.01. 2017
3. The Economist (2014) Spam in the fridge. The Economist 25.01.2014. http://www.economist.com/news/science-and-technology/21594955-when-internet-things-misbehaves-spam-fridge. Zugegriffen am 26.02.2017
4. Meinungsbarometer (2016) Experten erwarten massive Hackerattacken. Was gegen Angriffe aus dem Internet der Dinge getan werden müsste. Interview mit A. Sowa und B. Krsic vom 15.12.2016. https://meinungsbarometer.info/beitrag/Experten-erwarten-massive-Hackerattacken_1882.html. Zugegriffen am 10.03.2015
5. Buermeyer U (2016) „Digitaler Hausfriedensbruch": IT-Strafrecht auf Abwegen. Legal Tribune Online (LTO) 06.10.2017. http://www.lto.de/recht/hintergruende/h/entwurf-straftatbestand-digitaler-hausfriedensbruch-botnetze-internet/. Zugegriffen am 26.02.2017
6. BMI (2016) Cyber-Sicherheitsstrategie für Deutschland 2016. BMI, Berlin

Der IoT-Penetrationstest

6

Erlijn van Genuchten und Sebastian Schreiber

> *When the Internet apocalypse comes, your smart thermostat may be to blame.*
>
> (Condliffe [1])

6.1   Einführung

Mit solch drastischen Worten kommentierte der MIT Technology Review einen ebenso massiven wie erfolgreichen Hackerangriff Ende Oktober 2016, der sich weltweit schlecht abgesicherter Geräte – vor allem Geräte im sogenannten **Internet of Things** (IoT) oder „Internet der Dinge" – bediente und darauf eine Schadsoftware (Malware) installierte. Mithilfe dieser Malware missbrauchten die Angreifer die Geräte, um einen großflächig angelegten **Distributed Denial-of-Service-Angriff** (DDoS) auf den US-amerikanischen Domain Name System-Dienstleister Dyn durchzuführen. In der Folge waren vor allem an der Ostküste der USA Teile des Internets zeitweise nicht zu erreichen. Konkret lief der Angriff so ab: Die Malware verschickte Anfragen an verschiedene Server, die diese riesige Menge an Datenverkehr nicht verarbeiten konnten. Normale Benutzeranfragen wurden deshalb entweder gar nicht mehr oder nur mit sehr großer Verzögerung beantwortet. Für viele Firmen und Nutzer eine unangenehme Situation, es hätte aber schlimmer kommen können. Denkbar wäre auch, dass auf dieselbe Art und Weise Kritische Infrastrukturen lahmgelegt werden, beispielsweise die Server eines Krankenhauses oder die Steuerungsanlagen eines Energieversorgers. Sicherheitsforscher gehen davon aus, dass es auch in

E. van Genuchten (✉) • S. Schreiber
SySS GmbH, Tübingen, Deutschland
E-Mail: erlijn.vangenuchten@syss.de; sebastian.schreiber@syss.de

© Springer Fachmedien Wiesbaden 2017
A. Sowa (Hrsg.), *IT-Prüfung, Sicherheitsaudit und Datenschutzmodell*,
DOI 10.1007/978-3-658-17469-9_6

Zukunft erneut vergleichbare DDoS-Angriffe geben wird (vgl. [2]). Entsprechend wichtig sind deshalb heute die Fragen: Wo lauern die Gefahren bezüglich der Sicherheit von IoT-Geräten? Und was können Hersteller tun, um IoT-Geräte besser abzusichern? Der folgende Beitrag wird diese Thematik näher beleuchten und dabei detailliert auf den IoT-Penetrationstest als eine wichtige Maßnahme zur Verbesserung der Sicherheit eingehen.

6.2   Was ist das Internet of Things?

Das Internet of Things hat in den letzten Jahren einen regelrechten Höhenflug erlebt. Eine immer größere Anzahl von Gerätegattungen, die wir vor einigen Jahren noch nicht im Bereich IT angesiedelten hätten, sind mittlerweile zu kleinen Computern geworden und mit dem Internet verbunden. Doch das **Internet der Dinge** (Internet of Things, IoT) ist nicht eine, sondern eine ganze Reihe unterschiedlicher Technologien: „Internet of Things (IoT) is characterized by heterogeneous technologies, which concur to the provisioning of innovative services in various application domains" [3]. Konkret bedeutet dies, dass entsprechende Geräte in der Lage sind, Daten zu sammeln, auszutauschen und diese für weitere Aktionen zu verwenden. Aus diesem Grund werden sie häufig auch „smart devices" genannt (vgl. [3]). Ein entscheidender Punkt ist, dass IoT-Geräte häufig eine eigene IP-Adresse besitzen und deshalb als eigenständiges Gerät im lokalen Netz oder Internet erreichbar sind. Positiv und rein pragmatisch betrachtet lassen sich auf diese Weise bestimmte gerätespezifische Aktionen einfacher, effizienter, zeitnaher, automatisiert oder aus der Distanz auslösen.

Dieser Trend wird wohl kaum nachlassen, zu erwarten ist vielmehr eine Erweiterung des Spektrums an IoT-Devices, das bereits heute breit gefächert ist. Dazu gehören etwa Gebäudesteuerungen, Rasenbewässerungssysteme, elektrische Zahnbürsten, Personenwagen, Überwachungskameras, Alarmanlagen, Küchengeräte, Öfen oder Heizungen.

Die genannten Beispiele zeigen, dass es einerseits Produkte gibt, die im Rahmen von IoT neue Funktionen erhalten haben: So etwa Kühlschränke mit Kameras, die den Kunden die Option bieten, fehlende Vorräte mittels einer App nachzubestellen. Oder der Kühlschrank überwacht seine Bestände sogar selbst und stößt via Internet den Einkauf an, sobald etwas fehlt. Anderseits gibt es Produkte, die in Hinblick auf das IoT neu entwickelt wurden, so etwa Rasenmähroboter, die aus der Ferne angeschaltet werden können und diesen Teil der Gartenarbeit eigenständig übernehmen.

Diese Technologien bieten den Nutzern eine Reihe neuer Möglichkeiten, welche die Arbeit oder den Alltag vereinfachen. Damit einher gehen jedoch auch eine Reihe neuer digitaler Angriffsszenarien.

6.3   Angriffsszenarien

Gefahren entstehen etwa durch den Einsatz ungesicherter oder schlecht gesicherter Komponenten (siehe Abb. 6.1).

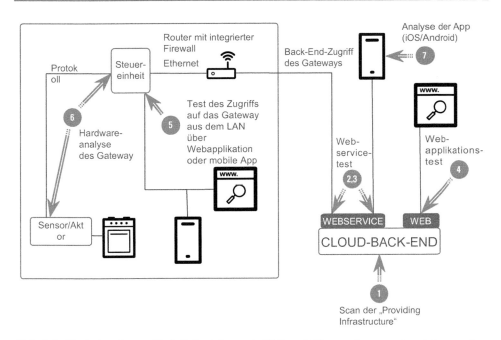

Abb. 6.1 Typisches Set-up für IoT-Produkte, rote Pfeile mit Nummerierungen bezeichnen potenzielle Angriffsvektoren (vgl. auch den exemplarischen Projektplan, Abschn. 6.4.4)

Auf dem Back-End (Abb. 6.1: 1) laufen üblicherweise verschiedene Dienste. Diese können – je nach Konfiguration – Schwachstellen aufweisen oder auf veralteter Software basieren. Sind Schwachstellen vorhanden, besteht die Gefahr einer möglichen Rechteausweitung des Angreifers, die zur Kompromittierung des Systems führt. In der Folge ließe sich ein entsprechendes IoT-Gerät für bösartige Aktionen missbrauchen.

Um ein IoT-Gerät zu bedienen, kommen häufig Webapplikationen oder mobile Apps zum Einsatz. Diese Applikationen selbst (Abb. 6.1: 4, 5, 7) und der dahinterstehende Webservice sowie der Datenverkehr mit dem Back-End (Abb. 6.1: 2, 3) können verwundbar sein bzw. Schwachstellen aufweisen. In einer für **SQL-Injection-Angriffe** verwundbaren Applikation ließe sich z. B. die Passwortprüfung umgehen, sodass unautorisierter Zugriff auf das Back-End oder das Gateway möglich wird. Außerdem besteht die Gefahr, dass ein Angreifer mittels entsprechender Manipulationen in die Lage versetzt wird, die Software zu ungewollten Aktionen zu bringen. Sofern softwareseitig keine Überprüfung dahingehend stattfindet, ob es sich bei eingehenden Anfragen um legitimen Datenverkehr handelt, steht das IoT-Gerät in der Folge unter der Kontrolle des Angreifers.

Darüber hinaus kann ein IoT-Gerät auch bereits auf Hardwareebene (Abb. 6.1: 6) Schwächen aufweisen. Die prominenteste Gefahr bildet auch hier ein potenzieller Zugriff auf das Gerät mit dem Ziel, sensible Daten – zum Beispiel Passwörter – zu entwenden. Aber auch die im Gerät verbauten Sensoren können angegriffen werden: Laut Son et al. [4] ist es möglich, Signalarten, die grundsätzlich für das Gerät geeignet sind und von dessen Sensoren erfasst werden können, auf eine Art und Weise zu manipulieren, dass sie den

Sensor stören und zu Fehlmessungen oder Fehlfunktionen führen. Vorstellbar wären beispielsweise Funksignale mit einer zu großen Wellenlänge, aber auch die Signale zwischen Sensor und Gateway sowie zwischen Gateway und Back-End können auf vergleichbare Weise angegriffen werden. In beiden genannten Fällen kann die Manipulation durch einen Angreifer dazu führen, dass das IoT-Gerät ungewollte Aktionen ausführt.

6.3.1 Maßnahmen

Die Einfachheit, mit der Angreifer im eingangs genannten Beispiel des Ende 2016 erfolgten DDoS-Angriffs eine enorm große Menge an IoT-Geräten ausnutzen konnten, zeigt, dass es hier in Hinblick auf IT-Sicherheit noch viel Handlungsbedarf gibt. Die Hersteller von IoT-Devices sind sich häufig noch nicht bewusst, wie wichtig neben der eigentlichen Funktionalität auch die Absicherung ihrer Produkte ist. In der Folge finden sich bei vielen Produkten entweder gar keine oder lediglich begrenzte Sicherheitsmechanismen. Beides ist unzureichend, da ein Angreifer eigentlich nur eine einzige Lücke benötigt, um ein verwundbares System zu kompromittieren (vgl. 0, S. 151 ff.). Deswegen ist es zunächst unentbehrlich, ein allgemeines „digitales Gefahrenbewusstsein" zu entwickeln. Ist diese Voraussetzung erfüllt, können im nächsten Schritt konkrete Maßnahmen umgesetzt werden.

6.3.2 Konzeption

Bei der Herstellung von IoT-Geräten sollte die IT-Sicherheit schon bei der Planung und Entwicklung berücksichtigt werden. Auf diese Weise könnten etwa passende Architekturen und geeignete sicherheitsbezogene Entwurfsentscheidungen frühzeitig in den Entwicklungsprozess einfließen. Auf diesem Weg können eventuelle Folgekosten minimiert werden.

Mögliche Angriffsflächen lassen sich beispielsweise von vornherein derart verhindern, dass bereits frühzeitig im **Entwicklungsprozess** entschieden wird, welche hard- und softwareseitig zur Verfügung gestellten Funktionen tatsächlich für den Betrieb des Geräts benötigt werden und deshalb Priorität genießen. Ein bislang häufig genutzter Ansatz seitens der Hersteller besteht darin, bestimmte Funktionen, die beispielsweise erst in einer Folgeversion zur Verfügung gestellt werden sollen oder die Bestandteil einer genutzten Standardsoftware sind, für den Nutzer auszublenden bzw. unsichtbar zu machen. Ein Angreifer ist in diesem Fall aber unter Umstände dazu in der Lage, „das Unsichtbare sichtbar zu machen" und sich darüber neue Einstiegspunkte zu erarbeiten. Ein besserer Ansatz besteht darin, nicht benötigte oder dem Nutzer nicht zur Verfügung gestellte Funktionen gar nicht erst zu implementieren. Schließlich gilt: Was nicht da ist, kann auch nicht angegriffen werden [5].

Bei denjenigen Funktionen wiederum, die unbedingt für den Betrieb des IoT-Geräts erforderlich sind, sollte seitens der Hersteller bereits in der **Konzeptionsphase** die **Sicherheit der Kommunikation** zwischen den beteiligten Schnittstellen Berücksichtigung finden. Es kann heute nicht mehr ohne weiteres davon ausgegangen werden, dass Signale oder Anfragen, die das System erreichen auch tatsächlich vom Sensor, Back-End oder Nutzer stammen. Vielmehr ist es durchaus möglich, dass Signale und Anfragen manipuliert wurden oder sogar aus einer anderen Quelle stammen. Aus diesem Grund sollten auf Applikationsebene Maßnahmen ergriffen werden, die sicherstellen, dass potenziell bösartiger Input zurückgewiesen wird.

Des Weiteren sollte der Hersteller – wenn das Gerät Sensoren verwendet – auch die Sicherheit der Sensoren nicht außer Acht lassen. Allgemein wirksame Schutzmaßnahmen existieren bislang noch nicht und müssten deshalb je nach Sensorart und Angriffsmethode spezifisch gestaltet werden (vgl. [6]). Davon abgesehen bietet sich ein möglicher, sensorunspezifischer Ansatz, der durch den Einsatz „künstlicher Intelligenz" unglaubwürdige Sensordaten aufspürt und so die Angriffsflächen verringert (vgl. [4]).

6.4   Vor der Markteinführung

Werden die oben genannten Maßnahmen umgesetzt, bleibt es unerlässlich, das Produkt vor der Markteinführung einem Sicherheitstest durch einen unabhängigen Dienstleister zu unterziehen (vgl. [2]). Ziel eines solchen sogenannten **Penetrationstests** ist es, Sicherheitslücken aufzudecken. Diesbezüglich wurden in den vergangenen Jahren von führenden Organisationen im Bereich IT-Sicherheit – beispielsweise das Open Web Application Security Project (OWASP) oder der PCI Security Standards Council – spezifiziert, wie Penetrationstests und deren Dokumentation aussehen sollten. In Bezug auf IoT-Geräte beziehen sich diese Spezifikationen auf die Analyse der Webapplikation und/oder der mobilen App inklusive Datenverkehr und Webservice (Abb. 6.1: 2–5, 7), des Back-End (Abb. 6.1: 1) und der Hardware (Abb. 6.1: 6).

6.4.1   Analyse der Webapplikation/mobilen App

Der **Test** einer Webapplikation oder mobilen App inklusive Datenverkehr und Webservice ist typischerweise ein sogenannter **„Greybox"-Test**. Dies bedeutet, dass der Penetrationstester wichtige Informationen – wie beispielsweise Logindaten der Webapplikation oder mobilen App – vor Testbeginn erhält. Dieser Testtyp steht im Gegensatz zu einer „Blackbox"-Situation, in der sich zum Beispiel ein „Black Hat", sprich ein böswilliger Angreifer befindet. Bei einem Blackbox-Test werden vor einem Angriff keine Informationen explizit bereitgestellt. Da ein Penetrationstester im Gegensatz zu einem Angreifer jedoch anderen zeitlichen Einschränkungen unterliegt, erlaubt es ein „Greybox"-Test, die verfügbare Zeit und Ressourcen besser einzusetzen. Der Test wird in verschiedene Phasen unterteilt: die

Reconnaissance-, die Mapping-, die Discovery- und die Exploitation-Phase. Alle Phasen sind für einen erfolgreichen Test und relevante Ergebnisse wichtig. Bei einem „Grey-box"-Test liegt jedoch der Schwerpunkt auf den letzten drei der vier Phasen.

6.4.1.1 Die Reconnaissance-Phase

Das Ziel der ersten Phase ist das Kennenlernen der Webapplikation und/oder mobilen App sowie des Unternehmens, welches das IoT-Gerät auf den Markt bringen wird. In dieser Phase wird nach Informationen gesucht, die im Internet verfügbar sind, ohne direkt mit der Applikation zu interagieren. Dazu gehören zum Beispiel DNS-Anfragen, aber auch eine Recherche in Suchmaschinen wie Google. Diese Informationen sind später wichtig, um einen sinnvollen Angriff zu planen und die Erfolgschancen zu erhöhen. Tools, die in dieser Phase verwendet werden, sind unter anderem „whois", „host" oder „dig" und „dnsrecon".

6.4.1.2 Die Mapping-Phase

Nachdem der Tester sich einen Überblick über den Kontext des IoT-Geräts verschafft hat, verlagert er den Fokus auf die Bedienoberfläche. Das Ziel dieser zweiten Phase ist es, die Applikation detaillierter zu untersuchen, indem unter anderem Funktionen, Technologien, die logische Abfolge in der Applikation, Parameter und sonstige Einstiegsstellen für einen Angriff aufgelistet werden. Zum Einsatz kommen verschiedene Browser-Plugins, darunter Wappalyzer und Firebug in Firefox sowie die Burp Suite als lokaler Angriffs-Proxy und Tools wie „nikto" und „dirbuster".

6.4.1.3 Die Discovery-Phase

In der dritten Phase fängt der Penetrationstester an, die Webapplikation oder die mobile App anzugreifen. Dabei gilt es zu prüfen, ob die vorgefundenen Einstiegsstellen auch tatsächlich eine Schwachstelle aufzeigen. Dazu werden Informationen aus den ersten beiden Phasen verwendet und ausgenutzt. Der dabei verwandte Hybridansatz ermöglicht, sowohl automatisierte als auch manuelle Tests durchzuführen. Hier fließen Ergebnisse der automatischen Tests in die manuellen Prüfungen ein und umgekehrt. Zum Beispiel zeigen automatisierte Tests, wo der Tester noch einmal genauer hinschauen sollte. Manuelle Prüfungen offenbaren, wo ein zusätzlicher automatischer Test sinnvoll ist. Dieser Hybridansatz erlaubt es dem Penetrationstester, die Vorteile von beiden Methoden zu vereinbaren: Mit einem automatisierten Test können innerhalb kürzester Zeit viele Angriffsszenarien ausprobiert werden; mit einer manuellen Prüfung können die besonderen Eigenschaften der Webapplikation berücksichtigt, logische Fehler und die Ergebnisse der automatisierten Tests geprüft werden. Ein Tool, das in dieser Phase für automatisierte Tests eingesetzt wird, ist der Scanner in Burp Suite. Für manuelle Tests wird Burp Suite in Kombination mit Browser-Plugins eingesetzt.

6.4.1.4 Die Exploitation-Phase

Das Ziel der letzten Phase ist das Ausnutzen von Schwachstellen, die in der Discovery-Phase identifiziert worden sind, um neue Informationen zu erhalten, die weitere Angriffe ermöglichen oder Schwachstellen offenlegen, die zuvor noch nicht ersichtlich waren. Jedoch können in der Regel nicht alle Schwachstellen ausgenutzt werden, da teilweise mehrere Bedingungen erfüllt sein müssten, deren Simulation den zeitlichen Rahmen des Penetrationstests sprengen würde. Bei anderen Schwachstellen reicht es aus, diese zu identifizieren ohne sie aktiv auszunutzen, beispielsweise ein möglicher Denial-of-Service bei Benutzerkonten, eine Schwachstelle, die durch Passwort-Rate-Angriffe aufgedeckt wird. Ein wichtiges Tool in dieser Phase ist wiederum Burp Suite. Je nach Schwachstelle können auch weitere Werkzeuge eingesetzt werden, wie beispielsweise Metasploit Framework und SQLmap. Ebenso erstellt der Tester immer wieder eigene Skripte und Exploits, um bei der Ausnutzung von Schwächen erfolgreich zu sein.

Diese Phasen werden bei jedem Penetrationstest durchlaufen, je nach Testtiefe sowie der erlangten Zwischenergebnisse auch öfter. Zum Beispiel könnte die Entdeckung einer SQL Injection-Schwachstelle in der Discovery-Phase zur Ausnutzung in der Exploitation-Phase führen, indem die Inhalte der Datenbank ausgelesen werden. Für den Penetrations-tester fängt in diesem Fall der Prozess von vorne an, denn er wird die Inhalte der Datenbank dahingehend erforschen, welche Informationen er für weitere Angriffe finden kann (Reconnaissance-Phase), welche Angriffsflächen es gibt (Mapping-Phase) und wo weitere Schwachstellen vorhanden sind, die er ausnutzen könnte (Discovery- und Exploitati-on-Phase). Ebenso könnte der Penetrationstester eine Tabelle mit Benutzernamen und Passwörtern entdecken, in der das Klartextpasswort des Administrators abgelegt ist. Mit diesem Passwort kann er versuchen, das zugrunde liegende System zu kompromittieren. Falls dies gelingt, werden die vier Phasen erneut durchlaufen. Ein „Black Hat"-Angreifer wird in der Schleife dieses „Reconnaissance-Mapping-Discovery-Exploitation"-Prozes-ses so lange verweilen, bis er sein jeweiliges Ziel erreicht hat.

6.4.2 Analyse des Back-End

Im Gegensatz zu dem beschriebenen Test der Webapplikation/mobilen App, der oft als „Greybox"-Test durchgeführt wird, ist eine Analyse des Back-End in den meisten Fällen ein **„Blackbox"-Test**. In einem „Blackbox"-Test stehen ausschließlich die zu testenden IP-Adressen zur Verfügung. Bevor ein Penetrationstester jedoch diesen Test durchführt, gilt es zu überprüfen, ob die genannten IP-Adressen auch wirklich dem Auftraggeber gehören. Wenn nicht, macht sich ein Penetrationstester bei der Simulation eines Angriffs gegen Systeme Dritter unter Umständen strafbar. Wenn die Zugehörigkeit geklärt ist oder eine Testgenehmigung Dritter vorliegt, wird für diese IP-Adressen zunächst ein Portscan durchgeführt, um herauszufinden, welche Ports offen sind und welche Dienste darauf angeboten werden.

Bei einem TCP-Portscan werden Pakete zum Server geschickt, anhand derer der Scan-ner identifizieren kann, ob der Port offen, geschlossen oder gefiltert ist. Der Portscanner schickt ein sogenanntes SYN-Paket zum Server. Dies ist vergleichbar mit einer „Hallo, hier bin ich"-Nachricht. Schickt der Server daraufhin ein SYN-ACK-Paket zurück, so antwortet er mit einem „Hallo" und zeigt somit an, dass der Port offen ist. Schickt er jedoch ein RST-ACK-Paket, so bedeutet seine Antwort: „Hier gibt es nichts zu sehen", womit er zum Ausdruck bringt, dass der Port geschlossen ist. Wenn der Server keine Antwort schickt, kann der Portscanner auf keinen Status schließen und identifiziert den Port als „filtered".

Zunächst wird bei jedem System – also für jede IP-Adresse – nach offenen Ports gesucht. Anschließend wird bei den offenen Ports geprüft, welche Dienste erreichbar sind, indem zum Beispiel der Banner samt Versionsinformationen ausgelesen wird oder man versucht, das richtige Protokoll mit dem Dienst zu sprechen. Ein Werkzeug, das diese Prüfung durchführt, ist unentbehrlich, da die große Anzahl von Ports pro System (65536 TCP- und UDP-Ports) dafür sorgen würde, dass eine manuelle Prüfung extrem lange dauert.

Nach dem Portscan werden automatisierte und manuelle Sicherheitsprüfungen durchgeführt. Die identifizierten Dienste können – ähnlich wie bei einer Webapplikation – individuelle Schwächen aufweisen, die offengelegt werden sollen. Dazu werden einerseits **automatisierte Sicherheitsscans** gestartet, beispielsweise mit einem Vulnerability Scanner wie Nessus oder OpenVAS, andererseits werden zusätzliche manuelle Prüfungen durchgeführt, wobei mehrere Werkzeuge mit unterschiedlichen Schwerpunkten zum Einsatz kommen. Zusammen mit der Erfahrung des Penetrationstesters ermöglichen es diese, sowohl zu detaillierten Ergebnissen zu kommen als auch Testergebnisse zu überprüfen. Letzteres ist wichtig, um sogenannte False Positives, das heißt Funde, die sich bei näherer Betrachtung als falsch herausgestellt haben, auszumachen und False Negatives, das heißt von einem Werkzeug nicht identifizierte, aber existierende Schwachstellen aufzuspüren. Auch hier ist das Ziel, Sicherheitslücken eindeutig zu identifizieren, um Vorschläge für eine allgemeine Verbesserung der Sicherheit machen zu können.

Die identifizierten Dienste laufen auf verschiedenen Ports, wobei bestimmte Ports oftmals denselben Arten von Diensten zugeordnet sind. Geläufige Ports bei IoT-Geräten sind TCP-Ports 21, 22, 23, 80 und 443. So läuft auf TCP-Port 21 üblicherweise ein FTP-Dienst, bei dem der Penetrationstester sich zum Beispiel die folgenden Fragen stellt: Welche Softwareversion wird eingesetzt und ist sie veraltet? Können Standard-bzw. Trivialzugangsdaten Zugang verschaffen? Ist es möglich, sich als anonymer Benutzer anzumelden und wenn ja, können Dateien ausgelesen werden? Und, falls eine verschlüsselte Kommunikation möglich ist, weist die TLS-Konfiguration Schwächen auf? Ähnliche Fragen ergeben sich bei weiteren Diensten wie SSH auf Port 22 oder Telnet auf Port 23.

TCP-Port 80 bzw. 8080 wird häufig von Webservern verwendet, um eine Webapplikation – oft über das unverschlüsselte Protokoll HTTP – bereitzustellen. Hier kommt die vorher beschriebene Vorgehensweise für Webapplikationen zum Einsatz. Wird für die Applikation jedoch eine verschlüsselte Verbindung genutzt (HTTPS im Gegensatz zu HTTP auf TCP-Port 80), dann läuft sie auf TCP-Port 443. Zusätzlich sollte in diesem Fall geprüft werden, ob zum Beispiel der HTTP Strict Transport Security (HSTS)-Header gesetzt ist, um eine konsequente verschlüsselte Übertragung zu gewährleisten. Weiterhin ist der Frage nachzugehen, ob Schwächen in der TLS-Konfiguration bestehen oder ob Möglichkeiten zur clientseitigen Neuaushandlung des Schlüsselmaterials bestehen.

6.4.3   Analyse der Hardware

Bei der Hardwareanalyse können für verschiedene Aspekte Ansätze aus der Analyse der Webapplikation bzw. mobilen App inklusive Datenverkehr und der Analyse des Back-End übertragen werden. Auch die verschiedenen Phasen, die bereits bei der Analyse der Webapplikation bzw. mobilen App beschrieben wurden, sind hier ebenfalls für eine strukturierte Durchführung relevant. Für die Reconnaissance-Phase wird auf die frühere Beschreibung verwiesen, da sich diese im Wesentlichen kaum unterscheidet.

6.4.3.1 Die Mapping-Phase

Nachdem der Penetrationstester einen Überblick über den Kontext des IoT-Geräts bekommen hat, verlagert er den Fokus auf die Hardware. Zunächst wird das Gerät von außen angeschaut, um festzustellen, um welches Gerät es sich handelt, welche Schnittstellen – beispielsweise USB oder Ethernet – es nach außen aufweist und welche sonstigen Interaktionsmöglichkeiten der Benutzer hat. Auch führt er – wenn sinnvoll – ein Portscan durch, um herauszufinden, welche Dienste zur Verfügung stehen (siehe Abschn. 6.4.2). Daraufhin öffnet der Penetrationstester das Gerät. Wenn eine sogenannte „Tamper Detection" implementiert wurde, führt das Öffnen des Geräts eventuell dazu, dass es nicht mehr ordnungsgemäß funktioniert, weil zum Beispiel Daten gelöscht wurden. Ist keine „Tamper Detection" vorhanden, kann sich der Penetrationstester meist ohne Einschränkungen die Platine im Detail anschauen und feststellen, welche Chips vorhanden sind und wie diese zusammenarbeiten. Auch können weitere Schnittstellen und deren Protokolle – wie zum Beispiel SPI, UART, I²C und JTAG – identifiziert werden. Dabei können Datenblätter des Chipherstellers zur Hand genommen werden, um detaillierte Informationen zu den Funktionen der vorhandenen Pins und deren Belegung zu erhalten. Auch befinden sich darin Informationen des Chipherstellers über die zur Verfügung stehenden Sicherheitsmaßnahmen. Außerdem kann festgestellt werden, welche Spannungspegel sich an Kommunikationsleitungen messen lassen. Das Mithören dieser Kommunikation kann weitere Informationen darüber verschaffen, ob eine Verschlüsselung zum Einsatz kommt. Verwendet werden zu diesem Zweck verschiedene Messgeräte wie Multimeter, Logic Analyzer und Oszilloskopen.

6.4.3.2 Die Discovery-Phase

In der Discovery-Phase beginnt der Penetrationstester mit dem eigentlichen Angriff. Er versucht, die Kommunikation zwischen den verschiedenen Schnittstellen in einer Man-in-the-Middle-Position zu manipulieren. Ebenfalls wird der Penetrationstester mithilfe eines

Debuggers versuchen, zum Beispiel via JTAG, eine Verbindung zum Chip herzustellen, um festzustellen, ob diese Schnittstelle eine ungesicherte Einstiegsmöglichkeit bietet. Des Weiteren wird festgestellt, ob die Firmware des Geräts aktualisiert werden kann und, wenn ja, ob diese Aktualisierungen verschlüsselt und signiert sind.

6.4.3.3 Die Exploitation-Phase

In der Exploitation-Phase versucht der Penetrationstester, die in der Discovery-Phase identifizierten Schwachstellen auszunutzen, inklusive die in Bezug auf die Verbindung zum Back-End. Dazu gehört das Auslesen und Auswerten des integrierten Speichers, sodass zum Beispiel Zertifikate und Passwörter daraus entwendet werden können. Mit diesen Informationen kann versucht werden, weitere Sicherheitsvorkehrungen zu umgehen. Wenn der Penetrationstester in der vorherigen Phase festgestellt hat, dass Aktualisierungen nicht verschlüsselt und/oder signiert werden, kann er versuchen, die Firmware zu manipulieren, um auf diesem Weg Zugriff auf das Gerät zu erlangen. Wenn keiner der vorherigen Schritte zum Ziel führt, gibt es außerdem weitere – zeitlich aufwendigere – Möglichkeiten. Diese sind zum Beispiel das Auslöten von externen Speicherelementen oder Chips, um Daten daraus zu extrahieren oder weitere Seitenkanalangriffe, wie „Timing Attacks" und „Glitching Attacks".

6.4.4   Exemplarischer Projektplan

Die verschiedenen Analysen kommen als Projektteile in einem IoT-Penetrationstest zusammen. In der folgenden Tabelle werden diese in einem exemplarischen Projektplan zusammengefasst. Die Nummern für die einzelnen Teilprojekte und die entsprechenden Angriffsvektoren finden sich auch in Abb. 6.1.

Teilprojekt	Modul	Zeitbedarf (in Personentagen)
Kick-Off-Workshop (telefonisch)	KICK	
1) Analyse Cloud-Systeme (Infrastrukturtest) Alle an der Lösung beteiligten und über das Internet erreichbaren Serversysteme werden einer Sicherheitsanalyse unterzogen. Dazu setzt der Pentester sowohl unterschiedliche Securityscanner (z. B. Nessus, MaxPatrol, Saint) als auch Verwundbarkeitsscanner/Exploit-Sammlungen (wie z. B. Metasploit Framework) ein. Zudem werden bei Sicherheitstests im entsprechenden Kontext selbst entwickelte Software-Tools eingesetzt, wie beispielsweise Active Directory Scanner, ShCoLo, FirePeek/FirePoke, Windows File System Scanner, Windows Registry Scanner und Wolpertinger. Manuelle und teilmanuelle Tests sind ebenfalls Bestandteil dieser Prüfung.	INTERNET	0.5

Teilprojekt	Modul	Zeitbedarf (in Personentagen)
2) und 3) Prüfung der beiden Webservices für a) App und b) Gateway Der Fokus dieses Tests liegt auf einer Sicherheitsanalyse des über XMPP kommunizierenden Webservices des Kunden, wie sie in den zur Verfügung gestellten Dokumenten dargestellt sind. Primäre Prüfgegenstände sind: 1) Schwächen in der Transportsicherung und Man-in-the-Middle-Manipulation legitimer Anfragen, insbesondere Überprüfung auf Anfälligkeit für einen Downgrade-Angriff 2) Eingabefilterung (z. B. auf SQL Injection oder XPath Injection) 3) Autorisierung (Rechteausweitung, Zugriff auf fremde Daten,…) 4) XML-Parser (External Entities, XML Bomb, …) Zwei Methoden kommen zum Einsatz: **1) Direkte Analyse der API** Der Kunde stellt eine Schnittstellendefinition zur Verfügung. Über direkte Zugriffe auf den Webservice werden Schwachstellen identifiziert. Ggf. wird hierzu ein eigener Client geschrieben. **2) Traffic Interception** Die Kommunikation zwischen Client und Webservice wird unter Anwendung eines Angriffs-Proxys aufgebrochen und so manipulierbar gemacht.	WEB-SERVICE	1.5
4) Analyse der Webapplikation: Einerseits wird die Existenz von Webschwachstellen (unter anderem die OWASP Top 10) aus der Perspektive eines unangemeldeten Angreifers sowie eines angemeldeten Nutzers geprüft. Andererseits wird ein Nachweis einer sicher verschlüsselten Datenübertragung erstellt. Zum Einsatz kommen Browsererweiterungen, spezielle Angriffsproxies sowie manuelle Prüfmethoden. Die Aufwände ergeben sich aus unserer *Kalkulationsgrundlage Webapplikationstests* (siehe nächster Abschnitt). **Bewertung der Applikation:** Schutzbedarf: *hoch (in Internet exponiert)* Komplexität: *niedrig-mittel (wenig Funktionalitäten, kein Rechte- und Rollenkonzept)*	WEBAPP	2
5) Analyse der Webapplikation auf dem Gateway Einerseits wird die Existenz von Webschwachstellen (unter anderem die OWASP Top 10) aus der Perspektive eines unangemeldeten Angreifers sowie eines angemeldeten Nutzers geprüft. Andererseits wird ein Nachweis einer sicher verschlüsselten Datenübertragung erstellt. Zum Einsatz kommen Browser-Erweiterungen, spezielle Angriffsproxys sowie manuelle Prüfmethoden. Die Aufwände ergeben sich aus unserer Kalkulationsgrundlage Webapplikationstests. **Bewertung der Applikation:** Schutzbedarf: *mittel* Komplexität: *niedrig* WEBSERVICE	WEBAPP/ WEBSERVICE	2

(Fortsetzung)

Teilprojekt	Modul	Zeitbedarf (in Personentagen)
6) Hardwareanalyse des Gateways: Der Pentester wird die eingesetzte Hardware des Produkts analysieren. Neben weiteren werden die folgenden Aspekte beleuchtet: * Hardwareinventarisierung (Identifikation eingesetzter Bauteile und vorhandener Schnittstellen wie JTAG, serielle Konsole/UART) * Hardware-Debugging über die identifizierten Schnittstellen (z. B. Memory Dumps) * Identifizierung und Analyse des Betriebssystems, eingesetzter Anwendungen, Dienstekonfigurationen und des Dateisystems * Analyse auf Extraktionsmöglichkeiten eingesetzter Speicherkomponenten (z. B. Flash/SPI) Mögliche Tools für diese Testphase sind Bus Pirate, JTAGulator, Minicom/Screen, flashrom oder Logic Analyzer. * Fahndung nach hinterlegten Credentials	PRODUCT	2
Dokumentation inkl. *Executive Summary*, Bewertung der Schwachstellen. Zweistufige Qualitätssicherung	DOCU	2.5
Summe der Personentage:		**10.5**

Die genaue Auswahl an Tests und Tools wird dabei passend zum IoT-Gerät und dessen Anforderungen getroffen, da ein Penetrationstester seine Testzeit optimal ausschöpfen und zu möglichst vielen Erkenntnissen gelangen möchte. Auch ist es wichtig, die Funde sowie die erzielten Testergebnisse für den Auftraggeber genau zu dokumentieren, sodass er sein IT-Sicherheitsniveau nachhaltig steigern kann. Darüber hinaus ist es essenziell, dass der Auftraggeber die Ergebnisse entsprechend ernst nimmt und Schritte einleitet, um die Sicherheitslücken zu beheben. Ist die Sicherheit des Geräts auf einen Stand gebracht worden, der entsprechend der oben exemplarisch genannten (OWASP, PCI) oder anderer vergleichbarer Spezifikationen ausreichend ist, kann die Markteinführung beginnen.

6.5 Nach der Markteinführung

Sollte es vor der Markteinführung nicht möglich sein, einen IoT-Penetrationstest durchzuführen, ist es empfehlenswert, diesen nach Markteinführung nachzuholen. Auch wenn ein Produkt sich bereits auf dem Markt befindet, sollte weiterhin die Sicherheit des IoT-Geräts im Auge behalten werden. Selbst eine durchdachte Konzeption und die Behebung von in Penetrationstests identifizierten Funden stellt letztlich keine hundertprozentige Garantie dafür dar, dass das fertige Produkt frei von Sicherheitsproblemen ist. Mit großer Regelmäßigkeit werden Sicherheitslücken aufgedeckt und veröffentlicht, beispielsweise auf der Plattform „CVE Details". Um das Vertrauen der Nutzer zu gewinnen, ist dabei durchaus relevant, wie viele Lücken nach Markteinführung entdeckt werden, noch viel mehr jedoch, wie seitens des

Herstellers mit der Behebung der Sicherheitsprobleme umgegangen wird. Wenn bekannte Lücken zeitnah behoben und Sicherheitsupdates zur Verfügung gestellt werden, ist die Wahrscheinlichkeit geringer, dass eine Schwachstelle erfolgreich ausgenutzt werden kann.

6.6   Fazit

IT-Sicherheit hat im Bereich des Internet of Things eine neue Dimension erreicht, da weltweit immer mehr schlecht oder gar nicht abgesicherte Geräte im Internet erreichbar sind und somit ein leicht auszunutzendes Einfallstor für Angreifer darstellen. Wie im vorliegenden Beitrag dargestellt, gibt es jedoch eine Reihe von Maßnahmen, mit denen sich potenzielle Risiken auf Ebene der Webapplikation bzw. mobilen App, des Back-End oder der Hardware verringern lassen. Diese können während der Konzeption, vor der Markteinführung und nach der Markteinführung durchgeführt werden. Ein zentrales Instrument der Risikominimierung ist der IoT-Penetrationstest eines unabhängigen Dienstleisters – im Idealfall vor, spätestens aber nach der Markteinführung. Ziel dieses Tests ist es, Sicherheitslücken aufzudecken, die trotz einer ausführlichen und detaillierten Konzeption bezüglich der Sicherheit möglicherweise noch vorhanden sind. Die oben beschriebenen Prüfungsphasen auf verschiedenen Ebenen (Webapplikation, Hardware etc.) sowie der exemplarisch vorgestellte Projektplan, können Herstellern als Handreichung dienen, um entsprechende Penetrationstests in ihren Entwicklungsprozess zu integrieren. Ein auf diese Weise erhöhter Fokus auf Sicherheit und das Ergreifen entsprechender Sicherheitsmaßnahmen mindert deutlich das Risiko, dass Angreifer auch zukünftig IoT-Geräte für digitale Angriffe missbrauchen und im schlimmsten Fall sogar Kritische Infrastrukturen lahmlegen.

Literatur

1. Condliffe J (2016) Connectivity: how the internet of things took down the internet. In a worrying trend, our smart devices are being commandeered to launch massive cyber-assaults. MIT Technol Rev. https://www.technologyreview.com/s/602713/how-the-internet-of-things-took-down-the-internet/. Zugegriffen am 24.10.2016
2. Orcutt M (2016) Lebensgefährliches Internet der Dinge? Technol Rev. https://www.heise.de/tr/artikel/Lebensgefaehrliches-Internet-der-Dinge-3562468.html. Zugegriffen am 07.12.2016
3. Sicari S, Rizzardi A, Grieco LA, Coen-Porisini A (2014) Security, privacy and trust in Internet of Things: the road ahead. Comput Netw 76:146–164
4. Son Y, Shin H, Kim D, Park Y, Noh J, Choi K, Choi J, Kim Y (2015) Rocking drones with intentional sound noise on gyroscopic sensors. 24th USENIX Security symposium, S 881–896
5. van Genuchten E (2017) Das Unsichtbare. SySS Pentest Blog. https://www.syss.de/pentest-blog/article/2017/02/17/das-unsichtbare/
6. Sokolov DAJ (2017) Sensoren sind Angriffsflächen im Internet of Things. https://www.heise.de/newsticker/meldung/Sensoren-sind-Angriffsflaeche-im-Internet-of-Things-3611114.html. Zugegriffen am 31.01.2017
7. Sowa A, Duscha P, Schreiber S (2015) IT-Revision, IT-Audit und IT-Compliance. Springer Vieweg, Wiesbaden

IT-Sicherheitsaudits im Bereich der industriellen Produktion

7

Prüfkriterien und Vorgehensweise

Mechthild Stöwer und Reiner Kraft

7.1 Herausforderungen

IT-Sicherheitsaudits dienen dazu, die Effizienz und Effektivität der Maßnahmen zur IT-Sicherheit in einem gegebenen Anwendungsbereich zu bewerten und mögliche Schwachstellen zu identifizieren.[1] Mit dieser Zielsetzung sind sie seit vielen Jahren ein bewährtes Instrument für eine nachhaltige, auf kontinuierliche Verbesserung hin angelegte Steuerung der Informationssicherheit in Unternehmen und Behörden. Sie tragen dazu bei, Risiken im IT-Betrieb zu identifizieren und sind damit eine Grundlage für die Konzeption und Einführung angemessener IT-Sicherheitsmaßnahmen. Um aussagekräftig bleiben zu können, müssen Audits ferner regelmäßig durchgeführt werden, denn Geschäftsprozesse und die diese unterstützenden (informations-)technischen Ressourcen ändern sich ebenso wie die Gefährdungslage und die Anforderungen Dritter an die IT-Sicherheitsvorkehrungen einer Institution.

Für den üblichen IT-Betrieb, der durch Anwendungen im Office-Umfeld und die Nutzung von Internet-Diensten wie E-Mail und WWW sowie die hierfür erforderlichen infrastrukturellen Ressourcen, Server, Clients und Netzkomponenten geprägt ist, gibt es seit vielen Jahren bewährte Kriterien, die festlegen, was mit welcher Relevanz geprüft wird. Die weithin verbreiteten Informationssicherheitsstandards wie ISO 27001/02 und der IT-Grundschutz des Bundesamts für Sicherheit in der Informationstechnik (BSI) sind hierzulande die prominentesten Vertreter dieser Regelwerke. Ebenso gibt es Verfahren und technische Hilfsmittel für die Durchführung einer solchen Prüfung, angefangen mit der

---

[1] Die Begriffe IT-Sicherheit und Informationssicherheit werden nachfolgend synonym verwendet.

M. Stöwer (✉) • R. Kraft
Fraunhofer-Institut für Sichere Informationstechnologie, Sankt Augustin, Deutschland
E-Mail: mechthild.stoewer@sit.fraunhofer.de; reiner.kraft@sit.fraunhofer.de

© Springer Fachmedien Wiesbaden 2017
A. Sowa (Hrsg.), *IT-Prüfung, Sicherheitsaudit und Datenschutzmodell*,
DOI 10.1007/978-3-658-17469-9_7

Sichtung von Dokumenten und der Befragung zuständiger oder kompetenter Personen, über Begehungen vor Ort und der Inaugenscheinnahme ausgewählter IT-Systeme und ihrer Umgebung bis hin zum Einsatz von Tools wie Port- und Schwachstellenscannern und der Simulation von Angriffen mit Penetrationstests unterschiedlichster Ausprägung.

Zwar beanspruchen alle wichtigen und verbreiteten IT-Sicherheitsstandards, die als Grundlage für ein Audit genutzt werden können, unabhängig von bestimmten Einsatzszenarios anwendbar zu sein. Für sehr generisch formulierte Anforderungen, etwa diejenigen in ISO 27001, trifft dies fraglos zu. Je konkreter die Anforderungen gefasst sind, desto stärker zeigt sich jedoch, dass der primäre Fokus der gängigen Informationssicherheitsstandards auf der Office-IT liegt und bei der Übertragung der empfohlenen Maßnahmen auf den Produktionsbereich Besonderheiten zu berücksichtigen und Anpassungen vorzunehmen sind.

7.1.1 Konversion der Technik in Büro und Fertigung

Durch die rasante Innovation in den Verfahren zur Herstellung und Verteilung von Gütern besteht in einem modernen Industrieunternehmen eine erhebliche Notwendigkeit für eine ausreichende IT-Sicherheit im Fertigungsbereich. Wie nahezu alle Bereiche des gesellschaftlichen Lebens zeichnet sich auch dieser Bereich mittlerweile durch einen hohen und weiter wachsenden Grad an Digitalisierung und Vernetzung aus. Wesentliche Kennzeichen dieser Entwicklung sind eine zunehmende Konvergenz der eingesetzten informationstechnischen Systeme und die immer stärkere Verknüpfung der Anwendungen, die durch diese Systeme unterstützt werden. Konnte früher beispielsweise noch konstatiert werden, dass die im Fertigungsbereich eingesetzte Informationstechnik – z. B. speicherprogrammierbare Steuerungen (SPS) oder Feldbussysteme zur Vernetzung der Komponenten einer Anlage – gegenüber derjenigen im Büroumfeld noch eine eigene, abgeschottete Welt bildet, so lässt sich eine solche Aussage nicht einmal mehr in Ansätzen aufrechterhalten. Zwar dominieren bei der unmittelbare Anbindung der Sensoren und Aktoren einer Produktionsanlage immer noch weitgehend industriespezifische IT-Lösungen, jedoch werden auf den höheren Schichten immer mehr Aufgaben durch Hard- und Softwarekomponenten übernommen, die auch im Büroumfeld im Einsatz sind. In den Werkshallen von heute finden sich neben speziellen Industrierechnern, die gegenüber physischen Beschädigungen weniger anfällig sind, vielfach handelsübliche PCs mit den für diese Geräte üblichen Schnittstellen. Beide Gruppen eint, dass sie oft mit Standardbetriebssystemen ausgestattet sind – sei es eine der verfügbaren Varianten der Microsoft-Betriebssysteme oder eines der vielfältigen Unix-Derivate. Die IT-Landschaft wird vermehrt auch durch Objekte aus dem sogenannten Internet of Things (IoT) ergänzt, beispielsweise vernetzte Überwachungskameras oder Komponenten der Gebäudetechnik.

Anders als früher werden die IT-Systeme im Produktionsbereich nicht mehr als Insellösung betrieben, sondern sind mehr oder weniger durchgängig miteinander vernetzt. Hierfür werden anstelle proprietärer Lösungen mittlerweile Standardverfahren wie Ethernet, TCP/IP,

WLAN oder Mobilfunk und die hierfür typische Netztechnik (Router, Switche etc.) eingesetzt. Die technische Angleichung erleichtert es darüber hinaus, die Anlagen, IT-Systeme
und Anwendungen im eigentlichen Fertigungsbereich mit anderen Systemen und Anwendungen der Unternehmens-IT und auch unternehmensübergreifend zu vernetzen. Dies
schließt eine verstärkte Nutzung des Internets für den Datenaustausch ein, was wiederum
eine Voraussetzung für die Umsetzung der mit dem Schlagwort „Industrie 4.0" bezeichne-
ten Zukunftsvision einer umfassend digitalisierten Kommunikation zwischen Unternehmen, Zulieferern und Kunden ist.

7.1.2 Zunehmende Anfälligkeit für IT-Risiken

Abb. 7.1 zeigt exemplarisch eine Auswahl der IT-Systeme und -Anwendungen, die in verschiedenen Stufen und Phasen des Fertigungsprozesses im Einsatz sind. Die Grafik soll
verdeutlichen, wie hoch mittlerweile der IT-Durchdringungsgrad aller Produktentwick-
lungs-, Planungs- und Fertigungsstufen ist.

Die zunehmende Digitalisierung und Vernetzung im Produktionsumfeld birgt jedoch
nicht nur Chancen für mehr Effizienz in den Unternehmensprozessen und neuartige
Geschäftsmodelle, sondern auch erhöhte Risiken, da eine zuvor weitgehend abgeschlossene Welt nunmehr geöffnet ist und dadurch vielfältige Angriffspunkte für „klassische" IT-Sicherheitsbedrohungen bietet. Dazu gehören unautorisierte Zugriffe und

Abb. 7.1 Exemplarische IT-Anwendungen in der modernen industriellen Produktion

Datenabflüsse, Denial-of-Service-Attacken oder die Infektion mit Schadsoftware. Das Risiko, eines erfolgreichen Angriffs zu werden, wächst mit jeder zusätzlichen Schnittstelle der Produktions-IT.

Wenngleich Angriffe auf Anlagensteuerungen auch schon einige Jahre vorher möglich waren und vereinzelt auch über solche Ereignisse berichtet wurde, so trat dieses Problem erst im Jahr 2010 in größerem Umfang mit dem Bekanntwerden des Stuxnet-Wurms in das öffentliche Bewusstsein. Dieser bis heute immer noch nicht vollständig aufgeklärte Vorfall, von dem Teile der iranischen Atomanlagen betroffen waren, zeichnete sich unter anderem durch seine Komplexität und den hohen Aufwand aus, der für seine Vorbereitung und Durchführung erforderlich war. Aus diesem Grund schien nur ein kleinen Kreis an möglichen Tätern für die Urheberschaft des Angriffs infrage zu kommen – insbesondere wurden staatliche Geheimdienste verdächtigt.[2] Dass Angriffe auf Produktions-IT jedoch auch mit weniger Aufwand und Spezialwissen erfolgreich sein können, zeigten im Jahr 2014 zwei Berliner Studenten, die sich auf das Thema „IT-Sicherheit" und insbesondere die Durchführung von Penetrationstests spezialisiert hatten. Um Schwachstellen in den Steuerungssystemen von Unternehmen im Bereich der kritischen Infrastrukturen systematisch zu prüfen, hatten sie gezielt Schnittstellen zur Gebäudeautomatisierung und industrieller Steuerungen getestet – mit einem besorgniserregenden Ergebnis: Es gelang ihnen, über das Internet in die internen Netze von vier Wasserwerken einzudringen und Zugang zu Administrationssystemen zu erlangen. Zwei dieser Wasserwerke stehen in Bayern und versorgen mehr als 80.000 Menschen täglich mit Trinkwasser. Ihre Analysen zeigten auch, dass hinlänglich bekannte Angriffsformen etwa Distributed-Denial-of-Service-Attacken oder das Ausnutzen von Sicherheitslücken in Web-Schnittstellen von Steuerungssoftware mittels Cross-Site-Scripting auch bei industriellen Steuerungen funktionieren [2].

Mittlerweile ist allgemein anerkannt, dass industrielle Steuerungen in starkem Maße IT-Risiken ausgesetzt sind und für erfolgreiche Angriffe nicht unbedingt ein großer Aufwand betrieben werden muss. Daher bewertete das Bundesamt für Sicherheit in der Informationstechnik (BSI) die Gefährdungslage in diesem Bereich insgesamt als hoch (siehe [3], S. 20). Das Schadenspotenzial in Produktionsumgebungen ist zudem erheblich und es sind leicht Szenarien vorstellbar, bei denen es nicht nur finanzielle Verluste gibt, sondern auch Leib und Leben von Menschen gefährdet sind.

7.1.3 Besonderheiten der IT im Produktionsbereich

Grundsätzlich gelten auch im Produktionsumfeld die gleichen Informationssicherheitsziele wie in Büro-Umgebungen: Anwendungen und die für ihren Betrieb erforderlichen IT-Systeme müssen verfügbar sein und wie gewünscht funktionieren, die Vertraulichkeit und Integrität von Daten müssen gewahrt bleiben und die Authentizität von Akteuren muss überprüft und gewährleistet werden können. Bei der Umsetzung dieser Anforderungen

---

[2] Eine detaillierte Beschreibung zu Stuxnet findet sich unter anderem in [1].

weist der Produktionsbereich allerdings eine Reihe an Besonderheiten auf, die im Rahmen einer Auditierung zu berücksichtigen sind.

Unterschiedliche Gewichtung der Sicherheitsziele beeinflusst mögliche Maßnahmen.

So gibt es bereits in der Rangfolge der Sicherheitsziele Unterschiede zwischen der IT im Produktionsbereich und in Büroumgebungen. Begrenzte zeitliche Ausfälle im Bereich der Office-IT können in der Regel leicht verkraftet werden, hingegen haben die Vertraulichkeit und Integrität der Daten einen hohen Stellenwert. Sicherheitsmaßnahmen, die mit Prozessverzögerungen verbunden sind, sind daher – solange gewisse Grenzwerte einge halten werden – in diesem Umfeld meist problemlos umsetzbar. Im Bereich der Produktions-IT haben hingegen die Verfügbarkeit der Systeme und die Integrität der für das Funktionieren erforderlichen Daten und Anwendungen höchste Priorität. Sicherheitsmaßnahmen, die – auch nur geringfügige – temporäre Ausfälle der Systeme erfordern oder zu solchen führen könnten, verbieten sich in vielen Fällen. Dies gilt zum Beispiel für ein automatisiertes Patchmanagement oder den Einsatz von Virenscannern im Echtzeitbetrieb. Im Rahmen eines IT-Sicherheitsaudits ist daher zu prüfen, ob in solchen Fällen durch geeignete technische und organisatorische Ersatzmaßnahmen für eine ausreichende IT-Sicherheit gesorgt wird. Ebenso verbieten sich Prüfverfahren, die in die Produktionsabläufe eingreifen und die Verfügbarkeit und Integrität der Anlagen-IT gefährden. Penetrationstests oder der Gebrauch von Schwachstellenscannern sind daher nur in einem sehr begrenzten Umfang zweckmäßig.

Lange Laufzeiten der Produktionsanlagen und Haftungsregelungen verstärken IT-Sicherheitsrisiken.

Während übliche Büro-IT eine Nutzungsdauer von wenigen Jahren hat, sind bei Produktionsanlagen Laufzeiten von zum Teil weit über zehn Jahren keine Seltenheit. Über einen entsprechend langen Zeitraum muss folglich auch die Funktionsfähigkeit der Anlagensoftware gewährleistet sein. Jede Änderung an diesen Programmen oder dem zugrundeliegenden Betriebssystem kann aber deren korrektes Funktionieren gefährden. Dies hat den negativen Seiteneffekt, dass unter dem Blickwinkel der IT-Sicherheit an sich wünschenswerte Updates oder Patches nicht oder nur in einem eingeschränkten Umfang eingespielt werden können. Auch dann, wenn dies technisch problemlos möglich wäre, unterbleiben Aktualisierungen, weil die Haftungsregelungen der Anlagenhersteller Änderungen an der IT-Ausstattung oft untersagen.

Schwachstellen aufgrund veralteter, nicht mehr wartbarer Software sind keine Seltenheit.

In Verbindung mit der zunehmenden Verwendung von Standard-IT-Komponenten hat die lange Laufzeit der Produktions-IT eine besondere Brisanz. Anlagensoftware, die unter Windows-Versionen betrieben wird, für die es keine **Sicherheitsupdates** mehr bereitgestellt werden, ist keine Seltenheit. Auch neuere Anlagen werden zum Beispiel vereinzelt noch mit Windows XP ausgeliefert, obwohl der Support für dieses Betriebssystem durch den Hersteller bereits im Jahr 2014 eingestellt wurde. Es kann daher davon ausgegangen werden, dass ein Großteil der Rechner im Produktionsumfeld mit sicherheitstechnisch völlig unzureichenden Betriebssystemen betrieben wird. Da im Laufe der Zeit immer wieder neue Softwareschwachstellen in handelsüblicher Software bekannt werden, kann ebenfalls davon ausgegangen werden, dass sich die daraus resultierenden Sicherheitsrisiken im Zeitablauf verstärken. Werden IT-Systeme vernetzt, für die aus welchen Gründen auch immer keine Sicherheitsupdates eingespielt werden können, birgt dies Risiken für alle von diesem schwachen System aus erreichbaren IT-Systeme. Bei einem IT-Sicherheitsaudit ist daher auf eine hinreichende Separierung solcher leicht angreifbarer Geräte zu achten.

Sehr heterogene IT-Landschaft, ungeklärte Zuständigkeiten und fehlendes Know-how erschweren IT-Sicherheitsmanagement.
Die **IT-Landschaft** ist unter anderem aus den vorgenannten Gründen im Produktionsumfeld ausgesprochen heterogen. Dies erschwert sowohl die Administration der IT-Systeme und Kommunikationsnetze als auch das Management der IT-Sicherheit in diesem Bereich. Organisatorische Gegebenheiten bauen zusätzliche Hindernisse für eine effektive IT-Sicherheit auf. So fehlt es vielfach an geeignet qualifiziertem Personal, das sowohl über Know-how zur Prozesssteuerung als auch über IT-Sicherheit verfügt. In vielen Unternehmen besteht zudem ein Nachholbedarf bei der Definition und Abgrenzung der Verantwortlichkeiten für die Anlagen, die IT und die IT-Sicherheit, was unter anderem dazu beiträgt, dass Anlagen ohne Berücksichtigung von IT-Sicherheitsaspekten konzipiert, beschafft und installiert werden und damit wichtige Weichenstellungen für den sicheren Betrieb von Anlagen-IT frühzeitig verpasst werden. Im Rahmen von IT-Sicherheitsaudits sollte daher auch darauf geachtet werden, welche Prozesse in einem Unternehmen für die sicherheitsgerechte Konzeption, Beschaffung und Einführung IT-gestützter Anlagen umgesetzt sind.

Fehlende Dokumentation der relevanten IT-Systeme erschwert Prüfung.
Elementare Voraussetzung für die Durchführung eines Audits ist eine sorgfältige Bestandsaufnahme des Anwendungsbereichs, sprich der zugehörigen Komponenten und ihrer Beziehungen untereinander. Hier stößt man im Produktionsbereich of auf eine erste Schwierigkeit. Im Bereich der Office-IT gibt es etablierte Verfahren, um die eingesetzten IT-Systeme, deren Softwareausstattung und die mit ihrer Hilfe betriebenen Anwendungen zu dokumentieren – Netzpläne oder CMDB-Systeme (*Configuration Management Database*) seien hier nur als Beispiele genannt. Vergleichbare Werkzeuge gibt es zwar auch im Produktionsumfeld für die eingesetzten Anlagen und technischen Systeme, jedoch lässt sich aus der in diesen Übersichten gepflegten Datenbasis oft nur in geringem Umfang auf die zu den Anlagen und Geräten gehörenden IT-Systeme schließen. Zumindest dann, wenn noch kein Rückgriff auf die Erhebungen früherer Audits möglich ist, ist als Vorlauf des eigentlichen IT-Sicherheitsaudits oftmals eine aufwendige Erhebung der eingesetzten IT, ihrer Schnittstellen und Charakteristika erforderlich. Hierfür sind sowohl IT-Verantwortliche wie auch fachlich Zuständige zu befragen.

7.2   Standards und Normen zur IT-Sicherheit im Produktionsbereich

Im Bereich der Office-IT gibt es weithin etablierte Standards, die einen ganzheitlichen Ansatz für Informationssicherheit verfolgen: Die weltweit anerkannte Norm ISO 27001/02 und der im nationalen Rahmen eine hohe Relevanz aufweisende IT-Grundschutz des BSI sind hierzulande die prominentesten Vertreter. Eine Vielzahl an Maßnahmen, die in diesen Standards und Best Practices empfohlen werden, um IT-Sicherheitsrisiken zu begegnen, sind in der Praxis weithin etabliert – Verschlüsselung, Zertifikate, starke Authentisierung, ein systematisches Patchmanagement, Firewalls oder Malware-Schutzsoftware seien hier nur exemplarisch genannt.

Die in Abschn. 7.1.3 beschriebenen Besonderheiten führen allerdings dazu, dass solche allgemein anerkannten Best-Practice-Lösungen nicht ohne weiteres auf IT im Produktionsumfeld übertragen werden können. Aufgrund der skizzierten Probleme und des großen Handlungsbedarfs angesichts des hohen Grads an IT-Durchdringung hat es daher in den letzten Jahren sowohl auf nationaler als auch auf internationaler Ebene vermehrt Bestrebungen gegeben, Normen und Empfehlungen zur IT-Sicherheit auch für den Produktionsbereich und die Anlagen-IT zu entwickeln. In den als Ergebnis dieser Bemühungen publizierten Dokumenten sind zum einen Vorgehensweisen zur Identifikation von IT-Sicherheitsanforderungen, zum anderen Best-Practices für Sicherheitsmaßnahmen beschrieben, die diesen Anforderungen gerecht werden können. Gleichzeitig enthalten sie damit auch Kriterien, die bei IT-Sicherheitsaudits zugrunde gelegt werden können. Nachfolgend werden einige wichtige dieser **Standards** und Best-Practices kurz beschrieben.[3]

7.2.1   IEC 62443

Ab dem Jahr 2008 veröffentlichte die International Electrotechnical Commission (IEC) die mehrteilige technische Spezifikation IEC 62443 zur IT-Sicherheit für industrielle Leitsysteme mit Empfehlungen für ein ganzheitliches IT-Sicherheitsmanagement sowie konkrete organisatorische und technische Sicherheitsmaßnahmen in diesem Anwendungsfeld [6].

In Teil 1-1 (*Terminology, concepts and models*) dieser Norm werden zunächst grundlegende Begriffe und Modelle definiert und eingeführt. Es werden darüber hinaus typische Bedrohungen für industrielle Steuerungen beschrieben, ferner wird ein Vorgehensmodell zur Risikobewertung in diesem Kontext dargestellt. Ein wesentlicher

---

[3] Eine kompakte Übersicht zu Standards und Normen für IT-Sicherheit im Produktionsbereich enthält das ICS Kompendium des BSI, siehe [4], S. 37 ff.; eine ausführliche Darstellung hierzu bietet eine Veröffentlichung des DIN-Normenausschusses Maschinenbau [5].

Kern von IEC 62443 ist Teil 2-1 (*Establishing an industrial automation and control system security program*), in dem gemäß dem PDCA-Zyklus gegliedert und mit deutlichem Bezug zu ISO 27001 ein – hier Cyber Security Management System (CSMS) genanntes – IT-Sicherheitsmanagementsystem für industrielle Leitsysteme beschrieben wird. In den nicht-normativen Anhängen des Dokuments werden neben einer Gegenüberstellung der Einzelanforderungen von ISO 27001 und IEC 62443 Umsetzungshinweise zum Gesamtprozess und zu Einzelmaßnahmen gegeben. Teil 3-1 (*Security technologies for industrial automation and control systems*) ist technischen Schutzmaßnahmen gewidmet. Im Einzelnen werden zu den folgenden Handlungsfeldern Sicherheitsempfehlungen gegeben:

- Authentisierung und Autorisierung,
- Zugriffskontrolle im Netz (Firewalls etc.),
- Verschlüsselung und Datenvalidierung,
- Werkzeuge zur Steuerung, Überwachung und Messung der Sicherheit sowie zur Erkennung von Schwachstellen und kritischen Ereignissen,
- Betriebssystem- und Anwendungssicherheit,
- physische Sicherheit.

Teil 3-3 (*System security requirements and security levels*) beschreibt Sicherheitsanforderungen und Sicherheitsstufen, bei der Umsetzung dieser Anforderungen. Die beiden weiteren Publikationen dieser Reihe beschreiben

- das Patchmanagement (*Part 2-3: Patch management in the industrial automation and control systems environment*) sowie
- Anforderungen an Dienstleister (*Part 2-4: Security program requirements for industrial automation and control systems service providers*)

für industrielle Steuerungen und Netze. Ergänzungen zu dieser Normenreihe befinden sich in der Entwicklung beziehungsweise sind angedacht, beispielsweise zu den Themen „Metriken für die Systemsicherheitskonformität" (Part 1-3), „Risikobewertung und Systemdesign", „Produktentwicklung" (Part 4-1) sowie „Technische Sicherheitsanforderungen an Einzelkomponenten" (Part 4-2).[4]

Aufgrund der Breite und Tiefe anwendungsspezifisch formulierter IT-Sicherheitsmaßnahmen bietet die Norm IEC 62443 insgesamt eine gute Grundlage für die Auswahl und Definition von Prüfkriterien für IT-Sicherheitsaudits im Produktionsbereich.

---

[4] Seit dem Jahr 2009 wird die Weiterentwicklung der IEC von einem Komitee der International Society for Automation (ISA) unterstützt. Einzelheiten zur Entwicklung der Normenreihe können auf der Website dieses Gremiums eingesehen werden, siehe http://isa99.isa.org.

7.2.2   VDI/VDE-Richtlinie 2182

Die ebenfalls aus mehreren Teilen („Blättern") bestehende, seit dem Jahr 2011 veröffentlichte VDI/VDE-Richtlinie 2182 zur IT-Sicherheit in der industriellen Automatisierung
beschreibt in ihrem ersten Blatt [7] ein Vorgehensmodell zur Bewertung von **IT-Risiken**
und gibt in ihren weiteren Bestandteilen Umsetzungshinweise für Hersteller, Integratoren
und Betreiber zu konkreten Einsatzszenarien, etwa Speicherprogrammierbaren Steuerungen (SPS), Umformpressen, Presswerken und sogenannten Low-Density-Polyethylen-
Reaktoren (Anlagen zur Kunststofferzeugung).

Das generisch gehaltene Vorgehensmodell ist risikoorientiert und besteht aus den
Schritten:

1. Assets identifizieren,
2. Bedrohungen analysieren,
3. Relevante Schutzziele analysieren,
4. Risiken analysieren und Bewerten,
5. Schutzmaßnahmen aufzeigen und Wirksamkeit bewerten,
6. Schutzmaßnahmen auswählen,
7. Schutzmaßnahmen auswählen,
8. Prozessaudit durchführen.

IT-Sicherheitsaudits sind also ein expliziter Bestandteil der Anforderungen dieser Norm.
Sie zielen darauf ab, die Vollständigkeit und Korrektheit der Durchführung der vorangegangenen Schritte durch unabhängige Dritte zu überprüfen. Dabei soll insbesondere auch
darauf geachtet werden, ob und wie gut die Ergebnisse jedes Prozessschritts begründet
und dokumentiert sind. Das Vorgehensmodell in Blatt 1 ist sehr generisch formuliert,
inhaltliche Überprüfungskriterien können zum Teil den Anwendungsbeispielen in den
weiteren Blättern der Reihe entnommen werden.

7.2.3   ISO/IEC TR 27019

Seit dem Jahr 2013 gibt es die zunächst als DIN-Spezifikation entwickelten *Leitlinien für das
Management der Informationssicherheit für Prozessleitsysteme und die Automatisierungs-
technik in der Energieversorgung* als ISO/IEC TR 27019 [8]. In dieser technischen Richtlinie
werden die Anforderungen der Norm ISO 27002:2005 an die besonderen Gegebenheiten im
Bereich der Energieversorgung angepasst. Im Fokus stehen Prozessleitsysteme, die von Energieversorgungsunternehmen zur Steuerung und Überwachung der Erzeugung, Übertragung,
Speicherung und Verteilung von elektrischer Energie, Gas und Wärme unmittelbar oder
unterstützend eingesetzt werden. Wie andere sektorenspezifische Normen der ISO-27000-
Familie folgt sie der Gliederung der ISO 27002:2005 als Hauptnorm und beschränkt sich in
ihren Erläuterungen und Maßnahmenempfehlungen auf diejenigen Sachverhalte, zu denen es
Besonderheiten für den betrachteten Sektor gibt. Diese ergeben sich insbesondere auch aus

dessen Zugehörigkeit zu den sogenannten kritischen Infrastrukturen einer Gesellschaft. Das Ziel der Versorgungssicherheit hat damit einen hohen Stellenwert und daraus abgeleitet ist die Sicherung der Verfügbarkeit und Integrität der hierzu beitragenden IT-Systeme von größerer Relevanz als bei konventioneller IT. Daher ist ein großer Teil der Umsetzungshinweise diesen IT-Sicherheitszielen verpflichtet. Bei Regelungen, bei denen es keine Besonderheiten gibt, wird kurz und knapp auf die unveränderte Geltung der jeweiligen Bestimmung der ISO 27002:2005 hingewiesen.

Die enge Verwandtschaft mit ISO 27002 und damit auch ISO 27001 erleichtert es, ein einheitliches IT-Sicherheitsmanagement in einem Energieversorgungsunternehmen aufzubauen. Andererseits ist derzeit noch zu beachten, dass Neuerungen aufgrund der Revision von ISO 27001 und ISO 27002 im Jahr 2013 in der im selben Jahr verabschiedeten ISO 27019 noch nicht nachvollzogen sind. Der vollständige Nutzen einer Anwendung dieser technischen Richtlinie kann sich damit erst nach einer entsprechenden Überarbeitung und Anpassung ergeben.

7.2.4   NIST Empfehlungen

Weniger als Norm, denn als Zusammenstellung von Best-Practice-Empfehlungen versteht sich der Leitfaden *Guide to Industrial Control Systems (ICS) Security (NIST Special Publication 800-82)* der amerikanischen Standardisierungsbehörde NIST. Er liegt seit 2015 in einer zweiten Revision vor [9].

Er enthält auf rund 200 Seiten eine Beschreibung typischer industrieller Leitsysteme sowie der möglichen Schwachstellen und Bedrohungen, die mit ihnen verknüpft sind. Sehr ausführlich wird darauf eingegangen, wie diese Systeme sicher vernetzt werden können, beispielsweise mit Empfehlungen zur Netzsegmentierung, zum Perimeterschutz durch Firewalls, zur Authentisierung und Autorisierung sowie zur Überwachung und Behandlung von Sicherheitsvorfällen. Für die Auswahl von Sicherheitsmaßnahmen werden in insgesamt 19 Unterkapiteln detaillierte Empfehlungen sowie Verweise auf vertiefende NIST-Darstellungen gegeben. Diese Empfehlungen umfassen sowohl übergreifende organisatorische Maßnahmen etwa zu Awareness- oder zum Incident-Management als auch infrastrukturelle Maßnahmen zur physischen und technischen Absicherung von Systemen, Anwendungen und Informationen. Diese zum Teil sehr granularen Vorschläge können als Maßstab bei der Bewertung einer konkreten Implementierung von IT-Sicherheitsmaßnahmen verwendet werden.

7.2.5   ICS Kompendium des BSI

Im Jahr 2013 gab das BSI mit dem ICS[5] Security Kompendium [4] eine umfassende Zusammenstellung zu Gefährdungen und Schutzmaßnahmen für industrielle Steuerungen

---

[5] ICS=Industrial Control System.

und Überwachungssysteme heraus.[6] Der Fokus und das Anliegen dieses Dokuments können mit dem zuvor dargestellten NIST-Dokument verglichen werden: Ausgehend von einer allgemeinen Beschreibung des Gegenstandsbereichs und der spezifischen Gefährdungen für die IT-Sicherheit sowie einer Aufzählung relevanter Normen und Standards werden Empfehlungen und Best Practices gegeben, die Anlagenbetreiber bei der Gewährleistung der IT-Sicherheit unterstützen sollen.

Die Empfehlungen des Kompendiums umfassen die folgenden Aspekte:

- grundlegende Prozesse für die IT-Sicherheit (Security Management, Dokumentation, Notfallmanagement etc.),
- IT-Sicherheitskriterien für die Konzeption, Beschaffung und Inbetriebnahme von Anlagen (z. B. Regelungen zu Fernwartung oder zum Hard- und Software-Support),
- bauliche und physische Absicherung,
- technische Maßnahmen (Netzsicherheit, Absicherung von Diensten und Protokollen, Härtung, Patchmanagement, Authentisierung, Zugriffskontrolle, Malware-Schutz, mobile Datenträger, Datensicherung sowie Protokollierung und Auswertung).

Die insgesamt 73 empfohlenen generischen Maßnahmen des ICS Security Kompendiums werden in tabellarische Form den Empfehlungen anderer IT-Sicherheitsstandards gegenübergestellt. Hierzu zählen neben ISO 27001 und dem IT-Grundschutz auch – unter anderem – die vorstehend erwähnte Norm IEC 62443 sowie die VDI/VDE-Richtlinie 2182.

Sehr ausführlich wird auf das Vorgehen zur Auditierung vorhandener Umsetzungen eingegangen. Hierzu gibt es Empfehlungen sowohl zum grundsätzlichen Ablauf einer Prüfung als auch nach Sachebenen gegliederte spezifische Empfehlungen zur eigentlichen Testphase. Der vorgeschlagene Auditprozess ist an das Vorgehensmodell des BSI zur Informationssicherheitsrevision auf Basis des IT-Grundschutzes (siehe [10]) und die VDI/VDE-Richtlinie 2182 angelehnt. Die angedachten Phasen und ihre wesentlichen Inhalte sind nachfolgend in Tab. 7.1 zusammengestellt.

Die eigentlichen Prüfkriterien sind in die Sachebenen

- physische Sicherheit
- Richtlinien und Prozesse
- Netzebene
- Geräteebene
- Anwendungsebene
- Prozessführung Feld
- ICS-Security-Test

---

[6] Ein ergänzendes Werk für Anlagenhersteller und Integratoren erschien im Jahr 2014.

Tab. 7.1 Phasen und Inhalte eines Audits von ICS-Installationen gemäß ICS-Kompendium des BSI

Phase	Inhalte
Kick-off	Festlegung von Verantwortlichkeiten und Rahmenbedingungen für die Durchführung des Audits
Einarbeitung	Gewinnung eines Überblicks über die zu prüfenden Komponenten unter Berücksichtigung ihrer Relevanz im Unternehmen; Prüfung auf Vollständigkeit der für ein Audit erforderlichen Dokumentation (Leitlinien, Organigramme, Sicherheitskonzepte, Netzpläne etc.)
Abstimmungsworkshop	Abstimmung des Auditplans mit den Systemverantwortlichen: Festlegung der Einsatzregeln (inklusive des gezielten Ausschlusses bestimmter Systeme von invasiven Tests)
Erstellung des Prüfplans	Konzeption des Auditplans (Auflistung und Priorisierung der zu prüfenden Komponenten, Festlegung der Prüfverfahren und zugehörigen Details)
Dokumentenprüfung	Sichtung und Bewertung der Dokumentation unter anderem auf Vollständigkeit und Angemessenheit der beschriebenen Sicherheitsmaßnahmen
Testphase	Mögliche Prüfverfahren: • Vor-Ort-Prüfung (Inaugenscheinnahme von Systemen und Räumlichkeiten, Beobachtungen, technische Funktionsprüfungen, Einsichtnahme in Protokolldaten, Abarbeiten von Checklisten) • Interviews mit relevantem Personal (z. B. zur Ermittlung der Awareness) • (optional) Penetrationstests, allerdings nur in einem sehr eingeschränkten Umfang
Bewertung	Vergleich der Befunde aus der Testphase mit den Vorgaben des Sicherheitskonzepts und der vorgelegten Dokumentation; Bestimmung des Umsetzungsgrades von Maßnahmen; Bewertung von Abweichungen und Schwachstellen; Formulierung von notwendigen und zu empfehlenden Maßnahmen
Erstellung des Auditberichts, Abschlusspräsentation	Anfertigen eines schriftlichen Berichts mit • Angaben zur Durchführung der Audits (beteiligte Personen, zugrunde liegende Dokumente, Auditplan etc.), • Prüfergebnissen und Protokollen, • identifizierten und bewerteten Schwachstellen, • ggf. weiteren interessanten Ereignissen während des Audits, • Maßnahmen und Empfehlungen; Präsentation der wichtigsten Befunde vor Verantwortlichen

Vgl. ([4], S. 102 ff.). Die Darstellung in der Tabelle folgt weitgehend der Beschreibung im Text des betreffenden Kapitels und nicht der Abbildung auf S. 103 dieses Dokuments unterschieden. Zu jeder Sachebene werden exemplarische Prüfragen formuliert. Zur Ebene „Richtlinien und Prozesse" sind dies beispielsweise die folgenden mit den zuvor beschriebenen Maßnahmenempfehlungen korrespondierenden Fragen:[7]

- Ist eine Sicherheitsleitlinie formuliert und ein Sicherheitsmanagement etabliert?
- Wurde eine Security-Organisation aufgebaut? Existieren Verantwortlichkeiten und Rollen für alle ICS-Komponenten? Sind den Rollen geeignete Spezialisten zugeordnet?
- Ist das Sicherheitskonzept für den Produktionsbereich dokumentiert und den Verantwortlichen bekannt?
- Werden die Sicherheit der ICS-Komponenten betreffende Informationen (z. B. Pläne, Organigramme) gepflegt und vor unbefugtem Zugriff geschützt?
- Wurden die betrieblichen Aufgaben von Betreiber, Integrator und Hersteller festgelegt und eingehalten?
- Existieren Vertraulichkeitsvereinbarungen mit Integratoren und Herstellern? Sind diese noch gültig?
- Gibt es eine Richtlinie zur sicheren Fernwartung von Komponenten? Ist eine Fernwartungs-Zugangsmöglichkeit für Hersteller oder Integratoren zum Auditzeitpunkt gegeben und aktiviert? Wer ist für die (De-)Aktivierung verantwortlich?
- Unterliegen Administration und Wartung der ICS-Komponenten einem Rollenkonzept? Ist dieses auch unter Produktionsbedingungen umsetzbar? (Abweichungen sind zu dokumentieren.)
- Existiert eine Softwareentwicklungsrichtlinie oder Konfigurationsrichtlinie? Wie werden diese durchgesetzt?
- Ist die Entsorgung von Hardware geregelt? Wurde eine diesbezügliche Richtlinie angewandt?
- Wie ist das Patch- und Changemanagement geregelt? Sind die dem Audit vorangegangenen Änderungen am ICS in vorgesehener Form erfolgt?
- Gibt es einen Prozess, der neue bekanntwerdende Schwachstellen in Bezug auf die ICS-Komponenten bewertet? Wurde in der Vergangenheit angemessen auf bekanntgewordene Schwachstellen reagiert?
- Existiert ein Wiederherstellungsplan für eine definierte Liste von Assets? Werden die flankierenden Maßnahmen (z. B. Datensicherung) tatsächlich umgesetzt?
- Gibt es eine Anstellungsrichtlinie? Entspricht das im ICS-Umfeld operative Personal dieser Richtlinie?
- Gibt es Prozesse für Stellenwechsel und das Ausscheiden von Personal? Wurde dies bei den dem Audit vorangegangenen Vorgängen angewandt?
- Existiert ein Qualifizierungsprogramm für das Personal in Bezug auf sicherheitsrelevante Kenntnisse? Wie ist der Qualifizierungsstand?

---

[7] Siehe [4], S. 111 f.

Diese Fragen können wie auch die Fragen zu den anderen Sachthemen bei Bedarf ergänzt und angepasst werden.

7.2.6   Neue IT-Grundschutz-Bausteine

Der zunehmende Stellenwert der IT-Sicherheit im Bereich industrieller Steuerungen wird auch dadurch deutlich, dass das BSI im Rahmen der Neustrukturierung des IT-Grundschutzes einen eigenen Baustein und Umsetzungshinweise für diesen Anwendungsbereich plant. Entwürfe hierzu liegen seit dem Frühjahr des Jahres 2016 vor [11]. Dieser Baustein enthält neben einer Beschreibung des Anwendungsbereichs und der Zielsetzung eine Zusammenstellung charakteristischer Gefährdungen und grundlegender Sicherheitsanforderungen sowie eine Zusammenstellung weitergehender Informationsquellen. Hinweise für die Umsetzung der im Baustein formulierten Anforderungen sind in einem eigenen Dokument enthalten. Die Maßnahmen weisen eine große Verwandtschaft zu den Empfehlungen des ICS Security Kompendiums auf. Auf die Integration der Maßnahmen im Bereich der industriellen Steuerungen in das allgemeine IT-Sicherheitsmanagement einer Organisation wird Wert gelegt. Zusammen mit den weiteren zum Themenfeld angedachten Bausteinen erweitert sich durch diesen Baustein das Prüfspektrum zum IT-Grundschutz, sodass IT-Grundschutzaudits im Produktionsbereich besser unterstützt werden.

7.3   Einstiegshilfen für einen systematischen Auditprozess

Insbesondere kleine und mittlere produzierende Unternehmen – aber nicht nur diese – sind noch weit von einer systematischen Steuerung der IT-Sicherheit im Produktionsbereich entfernt. Einige Gründe hierfür wurden in Abschn. 7.1 genannt. Abschließend sei noch auf zwei Hilfsmittel verwiesen, die mit der Absicht entwickelt wurden, solchen Unternehmen eine erste Selbsteinschätzung und einen Einstieg in ein IT-Sicherheitsmanagement im Produktionsbereich zu ermöglichen.

7.3.1   Das Werkzeug LARS ICS des BSI

Als Instrument für die Bewertung der IT-Sicherheitsvorkehrungen der IT-Systeme und Netze im Produktionsbereich bietet das BSI kostenfrei das Werkzeug LARS ICS (= *Light and Right Security Industrial Control Systems*) an, das insbesondere kleinen und mittleren Industrieunternehmen einen leichtgewichtigen Einstieg in dieses Aufgabengebiet bieten soll.[8] Mithilfe dieses Tools können Anwender oder Auditoren die relevanten IT-Komponenten („Assets") eines gegebenen Produktionsumfelds beschreiben und Angaben

---

[8] Siehe www.bsi.bund.de/DE/Themen/Industrie_KRITIS/Tools/LarsICS/LarsICS.html.

zum Umsetzungsstand zugehöriger typischer IT-Sicherheitsmaßnahmen dokumentieren. Aus den vorgenommenen Einschätzungen können ferner unterschiedlich detaillierte Berichte generiert werden. Assets im Sinne von LARS sind beispielsweise neben industriellen Steuerungssystemen als Ganzen die diesen zugehörigen technischen Komponenten und zugeordneten IT-Systeme (z. B. SPS, Mensch-Maschine-Schnittstellen, externe und mobile IT-Systeme) sowie die Kommunikationsverbindungen und Netzkoppelemente (Router, Switche, Firewall, Gateways) zwischen diesen Geräten. Inhaltlich stützt sich der zugrundeliegende Maßnahmen- und Kriterienkatalog auf die Anforderungen aus dem IT-Grundschutz, den Normen ISO 27001 und IEC 62443 sowie dem ICS Security-Kompendium und enthält sowohl übergreifende organisatorische als auch spezifische technische Maßnahmen für die vorgesehenen Asset-Typen. Die Anwendung von LARS ICS erfordert keine expliziten Schutzbedarfsfeststellungen und Risikoabschätzungen, benötigt aber gleichwohl eine gründliche Kenntnis der eigenen IT im Produktionsbereich und stellt – trotz des „leichtgewichtigen" Anspruchs – vergleichsweise hohe Anforderungen an das beim Benutzer vorhandene Know-how zur IT-Sicherheit. Insofern richtet es sich eher an Personen, die bereits Erfahrungen in der Überprüfung der IT-Sicherheitseigenschaften in Produktionsumgebungen gemacht haben.

7.3.2 Checkliste des VDMA

Einen noch einfacheren Einstieg in das Thema bieten Checklisten, beispielsweise der vom Verband Deutscher Maschinen- und Anlagenbau VDMA entwickelte Fragenkatalog zur Industrial Security (siehe [12]). Die 33 Fragen dieser Liste umfassen sowohl organisatorische als auch technische und infrastrukturelle Aspekte der Informationssicherheit. Die Antworten können zumindest erste Eindrücke zur Qualität der in einem Unternehmen umgesetzten IT-Sicherheitsmaßnahmen, mögliche Mängel und Hinweise auf den Handlungsbedarf liefern.

Das Fragenspektrum kann wie folgt zusammengefasst werden:

- Zuständigkeit für IT-Sicherheit: Gibt es einen allgemein bekannten Ansprechpartner für IT-Sicherheit im Produktionsbereich mit klar geregelten Kompetenzen?
- Dokumentation: Sind alle an den Produktionsanlagen beteiligten IT-Komponenten bekannt und dokumentiert? Gibt es hierfür geregelte Prozesse?
- Rechte-Management und Zugangsschutz: Wird das Prinzip der minimalen Rechte umgesetzt? Ist der Zugang zu relevanten Systemen hinreichend physisch abgesichert? Ist der Umgang mit Passwörtern anmessen geregelt?
- Softwarekonfiguration: Ist die Softwarefunktionalität auf den relevanten Systemen auf den erforderlichen Umfang begrenzt?
- Hardware-Schnittstellen und Laufwerke: Werden diese abgesichert und deaktiviert, sofern sie nicht benötigt werden?

- Netzsicherheit: Werden Netzzugriffe (leitungsgebundene, drahtlose) gesichert, zum Beispiel durch eine angemessene Segmentierung?
- Externe Schnittstellen (Internet, Fernwartung): Sind alle Zugänge technisch und organisatorisch gegen Missbrauch und mögliche Gefährdungen abgesichert?
- Update- und Patchmanagement: Gibt es etablierte Prozesse zur Aktualisierung der Betriebssysteme, von Firmware, der Automatisierungssoftware und anderer relevanter Anwendungsprogramme?
- Schutzsoftware: Gibt es etablierte Prozesse zum Beispiel zur Aktualisierung von Virensignaturen?
- Absicherung unsicherer Systeme: Sind Geräte und Systeme, die nicht (mehr) aktualisiert werden können, ausreichend gesichert?
- Sicherheitskonzepte für Maschinen und Anlagen: Sind diese für den Betreiber verständlich, umsetzbar und im Gleichgewicht mit der Handhabbarkeit der Systeme? Werden ihm Risiken und Restrisiken deutlich gemacht?
- Schulung und Awareness: Sind die betroffenen Mitarbeiter für die möglichen Risiken sensibilisiert und darin geschult, möglichen Gefährdungen angemessen zu begegnen? Wird dafür gesorgt, dieses Wissen aktuell zu halten?
- Prüfung der IT-Sicherheit: Gibt es etablierte Prozesse für die vollständige Überprüfung der IT-Sicherheitseigenschaften von betroffenen Systemen vor Auslieferung und Inbetriebnahme sowie während ihres Betriebs?
- Umgang mit IT-Sicherheitsvorfällen: Gibt es Vorkehrungen, um diese erkennen, nachvollziehen und angemessen behandeln zu können?

7.4   Fazit

Angriffe auf die Unternehmens-IT sind heute nicht mehr nur auf klassische Office-IT oder internetbasierte Geschäftsprozesse begrenzt, sondern zielen auch zunehmend auf die Anwendungen und IT-Systeme im Bereich der Fertigung. Daher ist auch der Bedarf nach einem ganzheitlichen IT-Sicherheitsmanagement und damit auch IT-Sicherheitsaudits in diesem Umfeld stark gestiegen. In den letzten Jahren wurde daher eine Reihe an Standards und Best Practices entwickelt, die Vorgehensmodelle zur Risikobewertung und Maßnahmenempfehlungen zur Risikobehandlung im Produktionsbereich geben und dadurch auch Prüfkriterien für IT-Sicherheitsaudits bereitstellen. Vorstehend wurde eine Auswahl dieser Regelwerke beschrieben, die Grundlage für umfassende IT-Sicherheitsaudits sein können. Speziell für kleinere und mittlere Unternehmen, aber auch grundsätzlich für solche Unternehmen, die noch kein systematisches IT-Sicherheitsmanagement im Produktionsbereich aufgebaut haben, können aus diesen Standards abgeleitete Quickchecks ein nützliches Hilfsmittel sein, um einen ersten Eindruck über den aktuellen Reifegrad der eigenen Sicherheitsorganisation im Produktionsumfeld zu erhalten und den notwendigen Handlungsbedarf bestimmen zu können.

Literatur

1. Langner R (2013) To kill a centrifuge. A technical analysis of what Stuxnet's creators tried to achieve. The Langner Group. www.langner.com/en/wp-content/uploads/2013/11/To-kill-a-centrifuge.pdf. Zugegriffen am 03.01.2017
2. Golem: Schwachstellen aufgedeckt, der leichtfertige Umgang mit kritischen Infrastrukturen. www.golem.de/news/schwachstellen-aufgedeckt-der-leichtfertige-umgang-mit-kritischen-infrastrukturen-1607-122063.html. Zugegriffen am 03.01.2017
3. Bundesamt für Sicherheit in der Informationstechnik (Hrsg) Die Lage der IT-Sicherheit in Deutschland 2015. Bonn 2015. www.bsi.bund.de/Lageberichte. Zugegriffen am 03.01.2017
4. Bundesamt für Sicherheit in der Informationstechnik (Hrsg) ICS-Security-Kompendium, Bonn 2013. www.bsi.bund.de/SharedDocs/Downloads/DE/BSI/ICS/ICS-Security_kompendium_pdf.pdf. Zugegriffen am 03.01.2017
5. DIN Normenausschuss Maschinenbau (2014) Security in Automation – Vergleich und Bewertung von nationalen und internationalen Normen und Standards für Automations- und Produktionssicherheit. Berlin. http://pks.vdma.org/documents/105969/2735318/INS_NAM_2014_Security-in-Automation.pdf. Zugegriffen am 03.01.2017
6. IEC/TS 62443:2008 (2008 ff.) Industrial communication networks – Network and system security. Genf
7. VDI/VDE 2182 (2011) Informationssicherheit in der industriellen Automatisierung. Allgemeines Vorgehensmodell. Düsseldorf
8. ISO/IEC 27019:2013 (2013) Information technology – security techniques – information security management guidelines based on ISO/IEC 27002 for process control systems specific to the energy utility industry. Genf
9. National Institute of Standards and Technology (Hrsg) (2015) Guide to Industrial Control Systems (ICS) security. NIST Special Publication 800-82. Revision 2. http://dx.doi.org/10.6028/NIST.SP.800-82r2. Zugegriffen am 03.01.2017
10. Bundesamt für Sicherheit in der Informationstechnik (Hrsg) (2010) Informationssicherheitsrevision – Ein Leitfaden für die IS-Revision auf Basis von IT-Grundschutz. Version 2.0. Bonn. www.bsi.bund.de/SharedDocs/Downloads/DE/BSI/ISRevision/Leitfaden_IS-Revision-v2_pdf.pdf. Zugegriffen am 03.01.2017
11. Bundesamt für Sicherheit in der Informationstechnik (Hrsg) (2016) Entwurf eines Bausteins und von Umsetzungshinweisen zum ICS-Betrieb. Bonn. www.bsi.bund.de/DE/Themen/ITGrundschutz/IT-Grundschutz-Modernisierung/GS_Drafts/gs_drafts_node.html. Zugegriffen am 03.01.2017
12. VDMA – Verband Deutscher Maschinen- und Anlagenbau (Hrsg) (2014) Industrial Security – einfach anfangen. Frankfurt. http://pks.vdma.org/documents/105969/142443/VDMA%20Fragenkatalog%20Security_2014_final.pdf. Zugegriffen am 03.01.2017

Mensch und Maschine, oder: der Super-Revisor

8

Von Threat Intelligence zur künstlichen Intelligenz

Aleksandra Sowa

> *In grauer Vorzeit war jedem Menschen sowohl die Funktion als auch die Struktur seiner Werkzeuge, also von Hammer, Pfeil und Bogen bekannt. Mit fortschreitender Arbeitsteilung gingen diese individuellen Kenntnisse so weit zurück, dass in der modernen Industriegesellschaft diejenigen, welche die Apparate (als Techniker oder Arbeiter) bedienen bzw. (im Aufzug, am Fernseher, im Auto) sich ihrer bedienen, durch eine deutliche Grenze von denen getrennt sind, die deren Konstruktion kennen. Von den heute Lebenden kennt keiner den Aufbau sämtlicher Apparate, über welche die Zivilisation verfügt. Gleichwohl gibt es jemanden, der diese Kenntnis besitzt: die Gesellschaft. Das in Bezug auf die Individuen partikulare Wissen ist vollständig, wenn man sämtliche Mitglieder einer gegebenen Gesellschaft berücksichtigt.*
>
> (Stanislaw Lem, *Summa technologiae*)

Das „Phänomen der ersten Ziffern" – nach einem der Entdecker auch benfordsches Gesetz genannt – beschreibt eine Gesetzmäßigkeit, der die Anfangsziffern bestimmter Zahlenreihen unterliegen. Im Jahr 1881 bemerkte der Astronom Simon Newcomb, dass die vorderen Seiten von Logarithmentabellen, die vor der Verbreitung von Taschenrechnern und Computern für die Multiplikation großer Zahlen verwendet wurden, schmutziger und abgenutzter waren als die hinteren. Er schloss daraus, dass bestimmte Anfangsziffern öfter in der Natur vorkommen als die anderen – und nicht etwa, was naheliegend war, dass alle Ziffern gleichmäßig verteilt sind. Er veröffentlichte seine Beobachtungen im

A. Sowa (✉)
Deutsche Telekom AG, Bonn, Deutschland
E-Mail: a_sowa@web.de

© Springer Fachmedien Wiesbaden 2017
A. Sowa (Hrsg.), *IT-Prüfung, Sicherheitsaudit und Datenschutzmodell*,
DOI 10.1007/978-3-658-17469-9_8

Journal of American Mathematics – und erregte damit kaum Aufsehen, bis im Jahr 1938 Frank Benford die gleiche Entdeckung machte. Benford untersuchte mehrere Tausend Anfangsziffern und stellte fest: Die Häufigkeit der ersten signifikanten Ziffern nahm von der Eins mit 30,1 %, der Ziffer Zwei mit nur 17,6 %, bis hin zur Ziffer Neun mit 4,5 % ab. Benford nannte diese Gesetzmäßigkeit „law of anomalous numbers". Heute wird das Gesetz den beiden ersten Entdeckern zu Ehren Newcomb-Benford's Law (NBL) – oder eben kurz benfordsches Gesetz – genannt (vgl. [1])

Es dauerte weitere Jahrzehnte, bis NBL praktische Verwendung fand. Erst in den 1990er-Jahren befasste sich der US-amerikanische Mathematiker Theodore Hill erneut mit dem benfordschen Gesetz und zeigte, wie man es zur Aufdeckung von Wirtschaftskriminalität, Betrug, Unterschlagung und anderer doloser Handlungen in Unternehmen sowie bei der Steuerhinterziehung nutzen kann. In mühsamer Arbeit wurden immer neue Zahlenfolgen entdeckt, die sich dem Diktat des NBL unterwerfen, sofern sie in ihrer ursprünglichen Form belassen werden. Von logarithmischer Verteilung der Anfangsziffern sind nämlich nicht nur Bevölkerungszahlen betroffen, sondern ebenfalls Datensätze mit Kreditkartentransaktionen, Verbindlichkeiten, Bestellungen, Gehalts- und Lohnlisten, Reisekostenabrechnungen oder etwa Aktienpreise. Sind diese buchungstechnischen Prozesse frei von Manipulationen, verhalten sich die Datensätze gemäß dem benfordschen Gesetz. Wird allerdings im Verlauf dieses Prozesses Einfluss auf die Zahlen genommen, werden welche hinzugefügt, entfernt oder verändert, wird diese natürliche Verteilung zerstört. Einfach ausgedrückt: Verhalten sich die Anfangsziffern in Belegen zu den Kreditkartentransaktionen nicht dem NBL entsprechend, liegt die Vermutung nahe, dass sie manipuliert wurden.

Die Welle der Korruptionsskandale in den 2000er-Jahren hat dem benfordschen Gesetz, das zuvor kaum einem Statistiker bekannt war, zu einem rasanten Aufstieg verholfen. Heute sind automatisierte Auswertungen nach dem NBL (es gilt nur für große Datenmengen) ein fester Bestandteil der Software, die interne Ermittler, Revisoren, Auditoren oder Wirtschaftsprüfer bei Aufdeckung, Prognose und Prävention (a priori) oder Ermittlung und Prüfung (a posteriori) von Betrugsfällen unterstützt. Mathematisch-statistische Methoden finden dabei zunehmend Verwendung zur Datenanalyse und -auswertung im Kontext der Security und Threat Intelligence. Heuristik-Algorithmen oder signaturbasierte Systeme, welche der Wissenschaft wie den Unternehmen helfen sollen, zukünftige Trends und Angriffsarten (Threats) zu prognostizieren oder Anomalien im IT-Betrieb zu identifizieren, können im Kontext von Cyber- oder Computerkriminalität ähnlich wie jetzt schon im traditionellen Predictive Policing eingesetzt werden. Doch anders als bei Systemen, welche bspw. als Prognoseinstrumente für Predictive Policing eingesetzt werden, können im Bereich Cybercrime Prediction und Security Intelligence effektiv Daten verwendet werden, bei denen kein Personenbezug besteht und deren Speicherung oder Verarbeitung keine Persönlichkeitsrechte und nicht das Recht auf informationelle Selbstbestimmung verletzen würden. Computersysteme wie SPSS von IBM oder Predictive Crime Analytics von Hitachi Data Systems sollen bei „überschaubarer Kriminalität" (etwa bei Einbruchs- und Bandenkriminalität, Drogenhandel oder Gruppenschlägereien) erfolgreich eingesetzt worden sein und verlässliche Prognosen geliefert haben [2]. Das Bundesministerium des

Innern (BMI) bestätigt in *Cyber-Sicherheitsstrategie für Deutschland 2016*, dass „bei den Sicherheitsbehörden des Bundes und der Länder […] leistungsstarke Analyse- und Auswertesysteme aufgebaut werden" [3], um die Strafverfolgung im Cyberraum zu intensivieren.

Konkrete Einsatzmöglichkeiten werden u. a. im Forschungsprojekt DINGFEST (steht für „Detektion, Visualisierung, forensische Aufbereitung von Sicherheitsvorfällen") erprobt, an dem insgesamt drei Universitäten –Regensburg, Passau und Erlangen-Nürnberg – sowie vier regionale Unternehmen beteiligt sind und das vom Bundesministerium für Bildung und Forschung (BMBF) in drei Jahren mit über 2,4 Mio. € finanziert wird [4]. Im Fokus steht die praxisnahe Erforschung, wie Unternehmen Cyberangriffe und Cyberspionage rechtzeitig erkennen und so möglicherweise verhindern können. Im Rahmen des Projekts wollen die Wissenschaftler Testdaten – etwa Statusinformationen von Betriebssystemen, Laufzeitparameter von Anwendungen oder Daten aus dem Betrieb virtueller Maschinen, die über Konnektoren in einen kontinuierlichen Datenstrom eingespeist werden – sammeln (oder akquirieren) und nach Übereinstimmung mit bestimmten Mustern aus einer Threat-Datenbank, in der bereits bekannte Bedrohungsmuster gespeichert sind, abgleichen. Im Rahmen einer Zeitreihenanalyse kann man beispielsweise vergleichen, wie die Daten von heute im Vergleich zu denen von vor einer Woche aussehen und ob es Abweichungen gibt. Erkannte Verdachtsfälle werden in einen kleineren Datenstrom umgeleitet und in Datenbanken zur dauerhaften Ablage und Sicherung solcher verdächtigen Datenströme abgelegt.

Die Datenanalyse stößt an ihre Grenzen dort, wo keine strukturierten Daten mehr verfügbar sind bzw. sich aus den Daten keine Muster oder Trends ableiten lassen. Der rasante Aufstieg der Cyberkriminalität in den letzten Jahren und die stetig steigende Anzahl der Sicherheits- und Datenschutzvorfälle erfordern immer schnellere und bessere Reaktionsmöglichkeiten. Es sei wie ein Wettrennen zwischen Codebreaker und Codemaker, sagte der deutsche Kryptologe und Mathematiker Hans Dobbertin [5]. Für eine effektive Aufklärung eines Cyberangriffs sind die ersten zwei Tage entscheidend. Doch es dauert im Schnitt mehr als 200 Tage, bis ein Angriff überhaupt entdeckt wird.

Um die Zeit zwischen Angriff und Gegenmaßnahme zu verkürzen, sind heute neben den klassischen signaturbasierten Suchalgorithmen bereits Heuristik-Algorithmen im Einsatz, die Angriffe anhand von Anomalien in Abläufen, Prozessen und Verhalten automatisch erkennen können. Die Fähigkeit, Korrelationen zwischen den vordefinierten Mustern und dem Status quo feststellen zu können – und bei signifikanten oder auffälligen Abweichungen Alarm zu schlagen – soll schon heute den sogenannten Security-Information- und Event-Management-Systemen (SIEM) eigen sein. Prof. Sabine Wieland und Prof. Andreas Hartmann von der Hochschule für Telekommunikation Leipzig zeigen im Kap. 9 am Beispiel eines Energieverteilernetzes, welchen Anforderungen SIEM für eine dezentrale, auf Schwarmintelligenz beruhende Steuerung einer kritischen Kommunikationsinfrastruktur, die aus einer wachsenden Anzahl von Energielieferanten besteht, genügen muss. Im Normalfall registriert SIEM „Anomalien und meldet diese an einen Systemadministrator. Der Systemadministrator entscheidet dann über weitere Maßnahmen zum Schutz der IT Infrastruktur", schreiben die Autoren. „Für die Kommunikationsinfrastruktur des

Energieverteilnetzes ist ein zentrales SIEM nicht realisierbar. Jeder einzelne Akteur muss in der Lage sein, mittels SIEM-Mechanismen Unregelmäßigkeiten im Verhalten zu erkennen und mögliche Angriffe schon beim Entstehen zu erkennen und zu verhindern. Das dezentrale SIEM muss selbst höchsten Sicherheitsstandards gerecht werden als auch mit wenigen Rechenressourcen zur Sicherheit der Kommunikationsinfrastruktur beitragen. Es muss Sicherheitslücken erkennen sowie Abweichungen erkennen und an den Betreiber der Anlage melden. Neben den bereits bekannten Sicherheitslücken müssen auch neue oder noch nicht veröffentlichte Sicherheitslücken erkannt werden und zu geeigneten Maßnahmen führen" (Abschn. 9.2.4). Bereits bei dieser Art von SIEM handelt es sich um eine sehr begrenzte Art künstlicher Intelligenz (KI), die das Gesamtverhalten der Netzwerksysteme und Applikationen permanent auf komplexe Anomalien hin untersucht und Alarm schlägt, sobald es Hinweise für verdächtige Aktivitäten erkennt.

Ein weiteres Hindernis für die traditionelle Datenanalyse liegt darin, dass zwar Datenmaterial aus früheren Angriffen in Hülle und Fülle vorhanden ist, es sich jedoch dabei meist um unstrukturierte Daten handelt, solche also, die sich einer automatisierten Auswertung standhaft verwehren und für die Analyse durch einen Menschen ungeeignet sind. Solche Daten werden unter anderem auf der IBM-Plattform X-Force Exchange gesammelt. Sie umfasst eine Menge an Informationen über Schwachstellen, Spamnachrichten oder Malware. Eine weitere Quelle stellen die mehr als 75.000 Schwachstellenmeldungen an die National Vulnerability Database in den USA dar, die 10.000 wissenschaftlichen Arbeiten zum Thema Security und um die 60.000 Blogs, die monatlich zu diesen Themen veröffentlicht werden, fand IBM heraus. Beinahe jede Organisation verfügt heute über ein Sicherheitssystem wie SOC (Security Operating Center) oder SIEM, die Daten aus dem internen Kontrollsystem erfassen, ob als Logfiles, Abuse-Meldungen, Viruswarnungen, Spam- und Phishing-Mails etc. Nach Einschätzung des Unternehmens IBM handelt es sich aber nur bei ca. 20 % aller relevanten Informationen über Sicherheit im Internet um strukturierte Daten – nur ca. 8 % davon werden im Schnitt von den Unternehmen im Rahmen von Threat- oder Incident-Management ausgewertet [6].

Deswegen soll sich jetzt IBMs „Wunder-KI", wie *Fortune* das Computersystem Watson taufte [7], des Themas annehmen. Watson, das sich bereits als unterstützende Software bei medizinischen Diagnosen und als cleverer Koch bewährt hat, der aus einem willkürlichen Satz an Zutaten ein Kochrezept hervorzaubern kann [8], wird nun „angelernt", um künftig eine tragende Rolle auf dem neuen Feld der kognitiven Sicherheit (*cognitive security*) zu spielen. „Kognitive Sicherheit basiert auf Security-Intelligence-Funktionen, die sich auf Big-Data-Analysen stützen", erklärt im Kap. 10 Johannes Wiele von IBM. „Sie ist außerdem durch eine Technologie gekennzeichnet, die noch weitreichender als die existierenden Security-Intelligence-Werkzeuge in der Lage ist, maschinell zu ‚lernen'. Dies bedeutet vor allem, Häufungen und Muster in Datensammlungen zu erkennen und in anderen Kontexten wiederzuerkennen. Mithilfe kognitiver Systeme lassen sich relevante Sicherheitsdaten deshalb in weit höherer Intensität und Geschwindigkeit auswerten als bisher."

Doch wie bringt man einer Maschine das bei, was für Menschen offensichtlich ist? Also dass bspw., wenn bestimmte Seiten in einem Buch schmutziger und abgenutzter sind als die anderen, dies bedeutet, dass (erstens) diese Seiten öfters benutzt wurden und daraus folgt – falls es sich bei diesem Buch um Logarithmentabellen handelt – dass (zweitens) das, was auf diesen Seiten steht, in der Natur häufiger vorkommt als das, was auf den weniger benutzten Seiten steht oder – falls es sich bei dem Buch um einen Kriminalroman handelt – es (drittens) vermutlich ein schlechter Roman ist, bei dem die Leser nicht über die ersten Seiten hinweggekommen sind.

Watson lernt durch Beispiele. Er lernt deshalb zuerst die Begriffe, erklärt Charles Palmer von IBM Research [9]. Dass ein Virus beispielsweise etwas Schlechtes ist. Und was ist Malware? Ähnlich wie ein Virus, also auch schlecht. Und was ist ein Wurm? Das ist ein Virus, der sich bewegt etc. Wenn ein menschlicher Analyst einen Virus oder Malware identifiziert, sucht er zuerst nach Lösungen und Wegen, ihn zu deaktivieren, zu entfernen, den Schaden zu beheben und die Auswirkungen zu minimieren. Wenn ein Mensch etwas wissen möchte, liest er und lernt. Genau das soll auch Watson können. Um zu lernen, sollen Studierende aus acht nordamerikanischen Universitäten Watson helfen. Darunter das prominente Massachusetts Institute of Technology (MIT), aber auch California State Polytechnic University, Pomona; Pennsylvania State University; New York University; University of Maryland, Baltimore County (UMBC); University of New Brunswick; University of Ottawa und University of Waterloo.

„Wenn man so will, bügelt bereits Security Intelligence eine kritische Schwäche menschlicher kognitiver Fähigkeiten im Security-Bereich aus: Menschliche Gehirne haben es aus evolutionären Gründen schwer, Anomalien in großen Datenmengen zu entdecken", erklärt Johannes Wiele im Kap. 10, „Menschen fällt das Wiedererkennen von Mustern deshalb außergewöhnlich leicht, während die Mechanismen zur Erkennung kleiner Abweichungen evolutionär weniger intensiv trainiert wurden." Genau an dieser Stelle zeigen sich Vorteile einer Mensch-Maschine-Kooperation: Kognitive Systeme ermöglichen es, zusammen mit Systemen der Security Intelligence komplexe Verhaltensmuster zu erkennen und darüber hinaus unstrukturierte Daten zu deren Bewertung heranzuziehen – auf der Basis sehr großer Datenmengen. Kognitive Systeme in der IT-Sicherheit können so die Zeit bis zur Erkennung einer konkreten Gefahr signifikant verringern – und bringen die Codemaker (jedenfalls zeitweise) wieder in eine Poleposition. „Das konkrete Resultat sind zielgerichtete Abwehrempfehlungen, die den Security-Teams fast unmittelbar nach einem angelaufenen Angriff zur Verfügung stehen. Die Informationssicherheit profitiert derzeit am intensivsten von künstlicher Intelligenz, wenn diese mit menschlicher Intelligenz zusammenarbeitet und menschliche Spezialisten bei ihrer Arbeit entlastet."

Doch die Zukunftsvision der kognitiven Sicherheit birgt gewisse Risiken. Es würde weniger Jobs bedeuten, mutmaßte *Forbes* kurz nach der Bekanntgabe des IBM-Vorstoßes in die kognitive Sicherheit [10]. Auch wenn die Wirtschaft in der Lage wäre, die geschätzten 1,5 Mio. vakanten Stellen in der Cybersecurity bis zum Jahr 2020 zu besetzen, das würde nicht automatisch auch die Verfügbarkeit hinreichender Qualifikationen und Skills bedeuten, sagte Marc van Zadelhoff, der Leiter der IBM Security [11]. Das grundlegende Problem stellt die enorme Datenmenge dar. Watson soll helfen, diese Lücke zu schließen. IBM-Chefin, Virginia Rometty, sprach in diesem Zusammenhang von „Augmented Intelligence": Anomalien in einem Netz würden mit Zusatzinformationen angereichert, die dann dem Security-Spezialisten bei der Erledigung seiner Aufgaben helfen (vgl. Abschn. 10.3.1.6).

Man wünscht sich, dass sich die KI bzw. das, was wir heute unter dem Begriff verstehen, zu einem Partner des Menschen entwickelt, der Entscheidungen erleichtert, Reaktionszeiten auf die Vorfälle verbessert und ihn produktiver und effektiver macht. Beim Einsatz von Watson und kognitiver Sicherheit ginge es daher nicht darum, Menschen zu ersetzen, betonte Caleb Barlow, Vizepräsident Strategic Initiatives bei IBM Security, *Fortune* gegenüber [12], sondern darum, aus ihm einen Supermenschen zu machen. Man kann sich Watson sehr gut als Assistenten eines menschlichen Analysten vorstellen – zusammen können sie besser, schneller und effektiver arbeiten. So wie sich heute der Prüfer oder der Forensiker auf die Auswertungen seiner Software über Manipulationen verlassen kann. Die Ergebnisse validieren, Täter überführen und Verantwortung tragen müssen sie jedoch selbst. Der Fortschritt macht mehr möglich, aber er fordert auch mehr Verantwortung. Dabei sei die Technologie an sich weder schlecht noch gut – sie sei universell, so der Futurologe Stanislaw Lem [13]. Ihre gute oder schlechte Verwendung läge alleine bei den Menschen.

Literatur

1. Sowa A (2015) IT-Revision bei Betrugsaufdeckung und Investigation. In: Sowa A, Duscha P, Schreiber S (Hrsg) IT-Revision, IT-Audit und IT-Compliance. Neue Ansätze für die IT-Prüfung. Springer Vieweg, Wiesbaden, S 131–150
2. Rahmann T (2016) Digitaler Kampf gegen den Terror. WirtschaftsWoche 14, 01.04.2016, S 59–60
3. BMI (2016) Cyber-Sicherheitsstrategie für Deutschland 2016. BMI, Berlin, S 30
4. Knobloch L (2016) Gemeinsam stark gegen Cyberangriffe. Mittelbayerische 08.08.2016. http://www.mittelbayerische.de/panorama-nachrichten/gemeinsam-stark-gegen-cyberangriffe-21934-art1413231.html. Zugegriffen am 03.03.2017
5. Dobbertin H, Paar C (2002) „Code knacken" aus Profession, Rubin 2/02, Bochum, S 6–14
6. IBM (2016) IBM Watson to tackle cybercrime, 10.6.2016. http://www-03.ibm.com/press/us/en/pressrelease/49683.wss. Zugegriffen am 03.03.2017
7. Hackett R (2016) IBM Watson brings AI wonders to cybersecurity. Fortune 10.05.2016. http://fortune.com/2016/05/10/ibm-watson-cybersecurity/. Zugegriffen am 03.03.2017
8. https://www.ibmchefwatson.com/community
9. IBM Security (2016) Teaching Watson the language of security, 27.06.2016. https://youtu.be/kao05ArIiok. Zugegriffen am 03.03.2017
10. Hackett R (2016) IBM Watson brings AI wonders to cybersecurity. Fortune 10.05.2016. http://fortune.com/2016/05/10/ibm-watson-cybersecurity/. Zugegriffen am 03.03.2017
11. IBM (2016) IBM Watson to tackle cybercrime, 10.06.2016. http://www-03.ibm.com/press/us/en/pressrelease/49683.wss. Zugegriffen am 03.03.2017
12. Hackett R (2016) IBM Watson brings AI wonders to cybersecurity. Fortune, 10.05.2016. http://fortune.com/2016/05/10/ibm-watson-cybersecurity/. Zugegriffen am 03.03.2017
13. Lem S (1981) Summa Technologiae. Suhrkamp, Frankfurt am Main

Schwarmintelligenz gegen Blackout

9

Sabine Wieland und Andreas Hartmann

9.1 Ausgangslage in regionalen Energieverteilnetzen

Die Energienutzung in einer Region unterliegt genauso starken Schwankungen wie die Energiebereitstellung, insbesondere durch erneuerbare Energien wie Wind- und Solaranlagen-Anlagen. Leider trifft eine hohe Energienutzung selten bis kaum auf eine hohe Energieerzeugung. Differenzen zwischen der Energiebereitstellung und -nutzung führen zur Instabilität der Energienetze bis zum Zusammenbruch – dem **Blackout**. Sobald Energienutzung und Energiebereitstellung wesentlich voneinander abweichen (zu viel oder zu wenig Energie wird ins Verteilnetz eingespeist) muss daher ein Ausgleich geschaffen werden.

Um die Energiebalance in einer Region gewährleisten zu können, ist ein Mess- und Reaktionsintervall von ca. einer Sekunde einzuhalten. In einer Region mit 100.000 Einwohnern und ca. 40.000 Haushalten (Anzahl der Personen pro Haushalt liegt zwischen 2,7 im Jahr 1970 und 2,02 im Jahr 2011), mit einer entsprechenden Anzahl von Energieverbrauchern und Erzeugern kann von ca. 100.000 Teilnehmern und demzufolge 100.000 Messstellen ausgegangen werden. Es müssen also innerhalb einer Sekunde (Echtzeitintervall) 100.000 Datensätze übertragen und verarbeitet werden. Innerhalb eines Jahres summiert sich das zu $31*10^{12}$ Datensätzen.

S. Wieland (✉) • A. Hartmann
HfTL, Leipzig, Deutschland
E-Mail: waldquerfloete@t-online.de; andreas.hartmann@2mind.de

© Springer Fachmedien Wiesbaden 2017
A. Sowa (Hrsg.), *IT-Prüfung, Sicherheitsaudit und Datenschutzmodell*,
DOI 10.1007/978-3-658-17469-9_9

9.1.1 Neue Teilnehmerstruktur

In den Energieverteilnetzen verändert sich die Teilnehmerstruktur zunehmend. Die traditionell großen Energieanlagen wie den KKW und AKW werden durch kleine Solar und Windkraftanlagen ergänzt bzw. ersetzt, siehe Abb. 9.1. Bis zu 70 GW können bei guter Wetterlage durch erneuerbare Energien erzeugt werden. Die Tagesnetzlast schwankt durchschnittlich um 30 GW.

Das bedeutet, dass an einem windigen, sonnigen Tag durch erneuerbare Energien eine Überproduktion erfolgt, die ins Übertragungsnetz eingespeist und nicht verbraucht werden kann. Diese Tage sind in Abb. 9.2 und 9.3 durch rote Linien erkennbar. Eine Rückspeisung ins Übertragungsnetz und Einspeisung ins europäische Energieverbundnetz bei einer Überlastsituation ist mit zusätzlichen Kosten verbunden.

Durch den hohen Anteil an Windkraftanlagen kann im Gegenzug dazu an windstillen Tagen der Energieverbrauch nicht gedeckt werden. Durch Windkraftanlagen können bis zu 30 GW erzeugt werden, die aufgrund Grund von längeren Flaute-Perioden im Sommer und im Winter durch alternative Energieanlagen ersetzt werden müssen.

In einem regionalen Energieverteilnetz agiert heute eine große Anzahl von Akteuren, die Energie einspeisen und/oder entnehmen. Damit das Energieverteilnetz stabil bleibt, muss eine Balance zwischen der eingespeisten und entnommenen Energie existieren. Diese Balance wird heute durch den Verteilnetzbetreiber realisiert, indem entsprechend

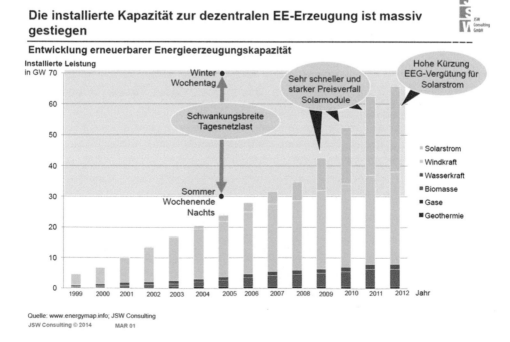

Abb. 9.1 Dezentrale Energieerzeugung [1] in Kap. 2. (Quelle: Witt [7])

Windstrom muss zu 100% durch konventionelle Backupkapazitäten untersetzt werden

Windeinspeisung 2009

- Mittagsflaute im Sommer
- Kein Ausgleich über unterschiedliche Standorte in Deutschland
- Flauteperioden sind über mehrere Tage stabil
- Auch im Winter lange Flauteperioden
- Perioden mit starken Nachtwinden im Sommer

niedrig
hoch

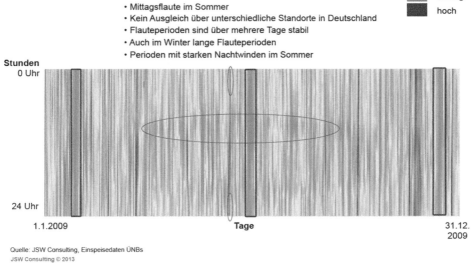

Stunden
0 Uhr

24 Uhr

1.1.2009   Tage   31.12.
2009

Quelle: JSW Consulting, Einspeisedaten ÜNBs
JSW Consulting © 2013

Abb. 9.2 Wetterabhängige Energieerzeugung mit Wind im Jahr [1] in Kap. 2. (Quelle: Witt [7])

Die Solareinspeisung unterliegt neben dem Tageswechsel zusätzlich starken saison- und wetterbedingten Schwankungen

Solareinspeisung 2012

Maximale Einspeisung: 21,7 GW
Minimale Einspeisung: 0,0 GW

hoch
gering
null

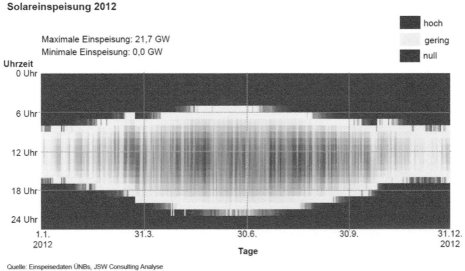

Uhrzeit
0 Uhr

6 Uhr

12 Uhr

18 Uhr

24 Uhr

1.1.   31.3.   30.6.   30.9.   31.12.
2012   2012
Tage

Quelle: Einspeisedaten ÜNBs, JSW Consulting Analyse
JSW Consulting © 2014   MAR 01

Abb. 9.3 Wetterabhängige Energieerzeugung durch Solarenergie im Jahr [1] in Kap. 2. (Quelle: Witt [7])

dem prognostizierten Verbrauch ausreichend Energie zur Verfügung gestellt wird. Das ist mit den max. 400 traditionellen Kraftwerken (Atomkraft und Kohlekraftwerken) durch eine zentrale Steuerung realisierbar.

Im Juni 2014 wurden 24.500 Windenergieanlagen (WEA) in Deutschland gezählt, dazu kommen ca. 125 offshore WEA mit einer Leistung von 108 MW in 5 Windparks. 480 weitere WEA mit ca. 2000 MW wurden 2014 in 6 weiteren Offshore Parks installiert.

Mit den neuen Energieanlagen steht zunehmend mehr Energie zur Verfügung als verbraucht wird. Deshalb muss die Energiezufuhr zu bestimmten Tageszeiten gedrosselt werden. Eine zentrale Steuerung im Energieverteilnetz durch den Netzbetreiber wird gleichzeitig durch die hohe Anzahl der Energieanlagen sowie der verschiedenen Verträge zunehmend komplex.

Seit 2002 wird an der Strombörse in Leipzig von über 200 Börsenteilnehmern Strom angekauft und verkauft. An der Strombörse Leipzig werden ca. 13 % des in Deutschland erzeugten Stroms gehandelt. Davon werden 80 % als Termingeschäft (Verträge bis zu 6 Jahre Laufzeit) und 20 % als Spotmarkt (bis 75 min vor Lieferbeginn) gehandelt. Die Strompreise an der Strombörse sind abhängig von Angebot und Nachfrage und werden europaweit als Referenzgröße für Strompreise genutzt. Je gleichmäßiger der Energieverbrauch ist (Verhältnis zwischen Tag- und Nachtstrom sowie geringe Stromverbrauchsspitzen) desto günstiger ist der Gewerbestrom an der Strombörse. Kleine Firmen (unter 100.000 kWh Verbrauch) und Privathaushalte erhalten Pauschalpreisverträge und haben keine Chance, durch Preisschwankungen zu profitieren.

Der Strommarkt wird heute von 4 großen Stromkonzernen (83 % der Stromerzeugung) beherrscht. Die ca. 25.000 Windenergieanlagen und über 1,2 Mio. Photovoltaik-Anlagen [3] in Kap. 2 werden von ca. 10 Ökostromanbietern verwaltet. Genauso wie beim Stromverbrauch erhalten kleinere und private Stromanbieter bzw. Anleger nur Pauschalpreisverträge. Insgesamt agieren zurzeit über 1000 verschiedene Stromanbieter im deutschen Energieverteilnetz.

Diese Situation widerspricht zunehmend den Interessen der kleinen, privaten Stromanbieter, den Privathaushalten und KMU. Private Haushalte wollen selbst über die Nutzung und Einspeisung der gewonnenen Energie entscheiden.

Im Energieverteilnetz agieren 41 Mio. Haushalte, 3,6 Mio. Firmen und 1,5 Mio. Energieanlagen sowie Speichersysteme. Eine zentrale Netzsteuerung mit einfachen Schaltregeln kommt bereits durch die wetterabhängige Stromerzeugung der erneuerbaren Energien an ihre Grenzen, siehe Abb. 9.4. Bei einer situationsabhängigen Regelung müssen pro Sekunde mindestens 56 Mio. Datensätze (ein Datensatz pro Akteur, siehe Abb. 9.5) verarbeitet werden. Das kann von einer zentralen Netzsteuerung nicht geleistet werden. Außerdem kann eine **zentrale Netzsteuerung** die individuellen Interessen der verschiedenen Akteure in einem liberalen Energieverbundnetz nicht berücksichtigen. Zunehmend werden die vier Verteilnetzbetreiber erkennen, dass eine zentrale Steuerung aufgrund der veränderten Situation nicht mehr möglich ist. Daraus ergibt sich die Notwendigkeit, **neue Steuerungskonzepte** für das Energieverteilnetz zu entwickeln, dass möglichst den Interessen der verschiedenen Akteure gerecht wird.

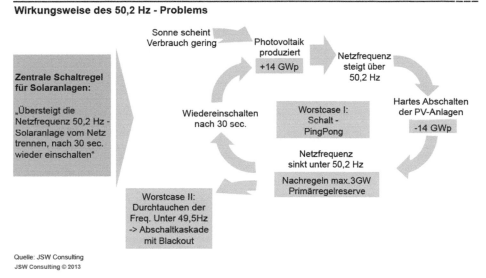

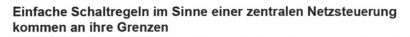

Abb. 9.4 Zentrale Netzsteuerung von Windkraftanlagen [1] in Kap. 2. (Quelle: Witt [7])

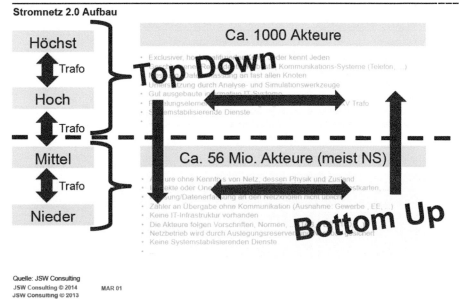

Abb. 9.5 Entwicklung der Energieflüsse [1] in Kap. 2. (Quelle: Witt [7])

Für die Steuerung dezentraler Energieversorgungsanlagen wurden standardisierte Protokolle (VPHready und IEC 61850) entwickelt, die auch zur Steuerung von virtuellen Kraftwerken verwendet werden. In diesen Protokollen werden teils hohe Anforderungen an die Energieversorgungsanlagen (z. B. Volllast nach 5 min) gestellt. Diese Anforderungen können von den wetterabhängigen Energieanlagen nicht erfüllt werden.

In einem **dezentralen Energieverteilnetz** sollen die verschiedenen Akteure in Abhängigkeit ihrer verfügbaren Ressourcen und Vorhaben agieren können. Deshalb werden regionale Energiecluster gebildet, die autonom agieren können, mit Nachbarclustern in Verbindung stehen und sowohl Energie als auch Informationen austauschen. Den Akteuren stehen aktuelle Informationen über den Energiebedarf im Energiecluster zur Verfügung. Diese Informationen werden im Wesentlichen von den Akteuren selbst erfasst und im Energiecluster bereitgestellt. An jedem Punkt im Netz ist mit der Frequenz ein Kennwert für den globalen Zustand des Netzes verfügbar. Mit einer zusätzlichen Messung der Spannung kann auch der aktuelle lokale Zustand im Verteilnetz ermittelt werden.

Ein regionales Energiecluster soll seinen Energiebedarf hauptsächlich selbst decken können oder von der übergeordneten Hierarchieebene bzw. benachbarten Energieclustern eine möglichst konstante Energiemenge beziehen oder einspeisen. Dadurch wird die Kommunikation zwischen den Clustern und Hierarchieebenen gering gehalten. Innerhalb des Energieclusters werden Schwankungen in der Energieerzeugung bzw. Energieverbrauch mittels Speicher bzw. der Regelung von Energieerzeugung und/oder dem Energieverbrauch ausgeglichen.

9.1.2 Anforderungen an eine Kommunikationsinfrastruktur für ein Energieverteilnetz

Die bisherigen Strategien zur **hierarchischen Regelung** des Stromnetzes sind mit den für solche Systeme typischen Problemen verbunden:

- eingeschränkte Skalierbarkeit,
- begrenzte Strukturdynamik,
- eingeschränkte Robustheit gegenüber Ausfällen eines Masters (Single Point of Failure),
- hoher Aufwand für Kommunikation (Energie, Investition, Instandhaltung),
- steigende Teilnehmerzahlen erfordern höhere Bandbreiten für Informationsflüsse,
- je größer die Teilnehmerzahl ist, desto höher ist der Kommunikationsaufwand für Entscheidungen,
- mit steigender Komplexität der Entscheidungen nimmt auch deren Laufzeit zu,
- bei Kommunikationsstörungen oder -ausfällen kann nicht mehr adäquat auf Anforderungen reagiert werden,
- Entscheidungen bei Störungen/Krisen bergen das Risiko der Selbstblockade des Masters,
- Jeder Netzbetreiber hat seine eigenen Regelungsmechanismen (geringe Offenheit).

Die Kommunikationsinfrastruktur eines Energieverteilnetzes muss folgende Kriterien erfüllen, um die aktuelle Komplexität im System zu beherrschen:

- Gute Skalierbarkeit,
- Klare Segmentierung des Energieverteilnetzes in Teilbereiche,
- Unabhängige Steuerung der Segmente, bzw. der lokalen Energiecluster,
- Unabhängige Kommunikationsstruktur,
- Aufbau einer Hierarchie aus mehreren Energienetzsegmenten,
- Höchste Sicherheit (für eine kritische Infrastruktur – KRITIS),
- Reaktion in Echtzeit,
- Hohe Verfügbarkeit,
- Schwarzstartfähigkeit,
- Schnelle Konvergenz der Routen

Die **Sicherheitsanforderungen** betreffen sowohl die Authentifizierung der Kommunikationspartner, die Verschlüsselung der Informationen als auch die Sicherheit und Robustheit der eingesetzten Routing Protokolle und der Softwaresysteme.

9.2 Nutzung aktueller Technologien für die Sicherheit im Energieverteilnetz

9.2.1 Routing auf höchstem Niveau

Mobile Ad-hoc-Netze (MANET) entsprechen am besten der Topologie in einem lokalen Energieverteilnetz der unteren Spannungsebene der Zukunft mit vielen unabhängig agierenden, je nach Anforderung im Netz aktiven Akteuren. Allgemeine Routing-Verfahren basieren im Wesentlichen auf zwei grundlegenden Verfahrensweisen: dem Link-State-Routing (teile der Welt mit, wer Deine Nachbarn sind) und dem Distanzvektor Routing (teile Deinen Nachbarn mit, wie Deine Welt aussieht). Im Laufe der Zeit wurden daraus mehr als 70 Entwürfe für das Routing in Mesh Netzwerken abgeleitet (vgl. Abb. 9.6).

Aktuelle Netzwerklösungen wie R&S®SITLine IP bieten trotz Verschlüsselung ein intelligentes Routing, da nur die Nutzdaten verschlüsselt werden. R&S®SITLine ETH und R&S®SITLine IP nutzen eine Architektur mit zentralem Trust Center. Eine Kombination von Software-defined networking (SDN) und Mesh Netzwerk bietet eine hohe Flexibilität, benötigt aber ebenfalls einen zentralen Controller. Eine besondere Verschlüsselung wird durch eine homomorphe Routing Technologie erreicht, bei der in der Domäne die öffentlichen Schlüssel für die Bildung der privaten Schlüssel ausgetauscht werden. Das voll vermaschte Netzwerk wird in mehrere Domänen unterteilt, die jede einen eigenen Server benötigt.

Für die Kombination der Anforderungen, die im Energieverteilnetz zu berücksichtigen sind, gibt es derzeit kein geeignetes Routingprotokoll. Die aktuellen Routing Protokolle

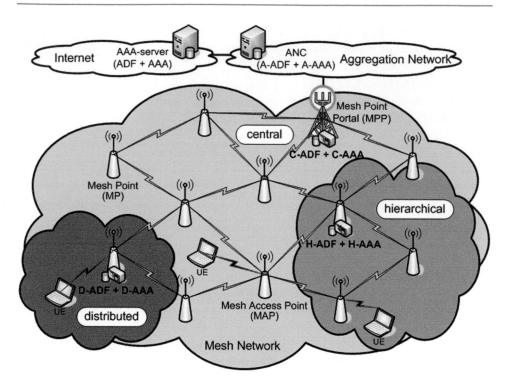

Abb. 9.6 Routing und Authentifizierungskonzepte in Mesh Netzwerken [8]

realisieren jeweils nur wenige der Anforderungen, sodass ein geeignetes Routing Proto-koll an die besonderen Anforderungen angepasst werden muss. **B.A.T.M.A.N.** (Better Approach To Mobile Adhoc Networking) bietet geeignete Eigenschaften und ist als Open Source leicht zu verändern.

Das B.A.T.M.A.N. Protokoll wird von der Freifunk-Szene entwickelt und existiert gegenwärtig als RFC-Entwurf. das Protokoll verwendet eine „Herangehensweise ähnlich zu der Wegfindung von Ameisen mittels Pheromonen" [8] in Kap. 3. Das bedeutet, es „prüft lediglich über welchen Nachbarn ein bestimmter Netzwerkknoten am besten erreichbar ist" [8] in Kap. 3. Bei B.A.T.M.A.N. sind alle Knoten gleich berechtigt und alle Knoten verhalten sich nach wenigen einfachen Regeln, welche beschreiben wie eine Route gefunden werden kann. Periodisch verschickt jeder Knoten im Netzwerk via Broad-cast eine Originator Messages (OGM), die dann das Netz flutet um zu informieren, dass der sendende Knoten existiert. Diese OGM enthält neben seiner Adresse (Originator) ein Time-to-live-Wert (TTL-Wert) und eine Sequenznummer. Jeder beteiligte Knoten spei-chert, welchen Knoten er am besten über welche Route erreichen kann. Der TTL-Wert und die Sequenznummer liefern die Information, wie viele Hops und welche Verlustrate die Verbindung charakterisieren. Zusätzliche Metriken wie die Symmetrieprüfung der Verbin-dung liefern weitere Informationen über die Pfadqualität. Um die geforderte Echtzeitfä-higkeit in BATMAN zu realisieren werden Quality of Service (QoS) Mechanismen in

B.A.T.M.A.N. integriert. Als QoS Framework zur Ergänzung von B.A.T.M.A.N. existiert beispielsweise das IP-Based Quality of Service Framework for Mobile ad Hoc Networks (INSIGNIA) und das auf INSIGNIA-basierende und weiterentwickelte Adaptive QoS Protocol for MANET (ASAP). Eine Verschlüsselung ist in B.A.T.M.A.N. aufgrund des Freifunk Gedankens ebenfalls nicht enthalten und muss zusätzlich integriert werden. Außerdem reagiert B.A.T.M.A.N. träge auf Veränderungen der Netztopologie, die entstehen, wenn Knoten ausfallen, oder wieder ins Netz eintreten. Durch die genannten Veränderungen können Performance Probleme entstehen. Die genannten Veränderungen und die Verbesserung der Performance für die Datenübertragung als auch für die Verbesserung der Konvergenz der Routen nach Topologieveränderung sind Thema einer aktuellen Forschungsarbeit.

9.2.2 Balance mit Schwarmintelligenz

Der Begriff „**Schwarmintelligenz**" wurde von Gerardo Beni und Jing Wang 1988/89 mit „Swarm Intelligence in Cellular Robotic Systems" in der Robotik geprägt. Die Erkenntnisse zum Vorhandensein der Schwarmintelligenz sind sehr alt. Schon Aristoteles vertrat mit seiner Summierungstheorie die Meinung, dass eine Vielzahl von Individuen als Gruppe eine größere Urteilskraft besitze als ein einzelner. Umgangssprachlich wird die Schwarmintelligenz auch als kollektive Intelligenz, die Intelligenz der Vielen bzw. der Masse bezeichnet. In dieser Maße von Individuen ist jeder Akteur gleichberechtigt dem anderen gegenüber. Dadurch ist der Zusammenschluss von Akteuren nicht generell durch ein Individuum, sondern dezentral durch die Masse bestimmt (vgl. [1], S. 182, S. 393, [2], S. 6, [3], S. 130). „Eine Definition von Intelligenz wurde von 52 prominenten Intelligenzforschen" ([4], S. 12) veröffentlicht, demnach ist es „die Fähigkeit […] eine „Art der Problemlösung" zu finden" (ebenda) um ein „zweckvolles Handeln abzuleiten" ([5], S. 889, vgl. [4], S. 12). Die hier anzuwendende Schwarmintelligenz greift auf verschiedene Methoden und Erkenntnisse aus der Künstlichen Intelligenz, der Naturanalogen Optimierung sowie der Metaheuristik zurück.

Schwarmintelligenz beruht auf Anwendung weniger einfacher Regeln, wie z. B. nutze die deutlichste Spur, bleibe im Schwarm, halte Abstand zum Nachbarn etc. Diese einfachen Regeln lassen sich auf die Kommunikationsinfrastruktur übertragen:

- Vertraue keinem Fremden
- Nutze die (preiswerte) Energie, die im Netz zur Verfügung steht
- Vermeide hohe Lastwechsel
- Reagiere auf Wetteränderungen

Bei Einhaltung dieser wenigen Regeln kann das Energieverteilnetz aufrechterhalten werden. Das gemeinsame Ziel ist ein stabiles Energieverteilnetz und die gemeinsame Informationsinfrastruktur ist die Voraussetzung dafür. Die Motivation, diese Regeln einzuhalten entsteht aus der Erkenntnis, dass der *Einzelne nicht gewinnen kann, wenn die Gemeinschaft verliert*. Sobald die Balance zwischen Energieerzeugung und Energienutzung zerstört wird, wird das Energieverteilnetz instabil bzw. ein Blackout entsteht. Der Blackout führt dazu, das weder Energie ins Netz eingespeist, noch genutzt werden kann. Das bedeutet, sobald das gemeinsame Ziel der Gemeinschaft – die Energiebalance – nicht erreicht wird, kann auch der Einzelne seine Ziele nicht mehr verwirklichen. Diese einfache Erkenntnis muss sich nicht nur für die Akteure in einem Energieverteilnetz durchsetzen, sondern in der gesamten Gesellschaft.

In der Kommunikationsinfrastruktur wertet jeder Teilnehmer die Informationen, die ihm und seinen Nachbarn zur Verfügung stehen mit einem Algorithmus aus und kann sein Verhalten entsprechend verändern. Jeder Teilnehmer ermittelt aus den für ihn zugänglichen Stromparametern und weiteren Informationen, wie Wetterlage etc. ein eigenes Bild von der Verteilnetzsituation. Durch dieses Konzept werden nur wenige, global verfügbare Informationen übertragen und eine hohe Informationssicherheit erreicht. Jeder Teilnehmer kann autonom agieren und ist unabhängig von zentralen Steuerbefehlen, die in jedem Kommunikationsnetz anfällig für Manipulationen sind.

9.2.3 Vertrauen durch Blockchain

In dem vermaschten Netz können mithilfe von **Onion-Routing** Verfahren unterschiedliche gleichwertige Routen gebildet werden. Bei jedem Knoten wird die zu sendende Information verschlüsselt, sodass je nach Hop-Zahl entsprechend häufig verschlüsselt wird.

Durch den Einsatz der leistungsfähigen Verifikationsmethoden der **Blockchain** Technologie wird eine Revolution des gesamten Finanzmarktes erwartet. Die in diesem Zusammenhang gewonnenen Erkenntnisse und Konzepte werden für die geplante Kommunikationsinfrastruktur genutzt. In der Blockchain Technologie wird eine Startinformation an alle Teilnehmer im Netz verteilt, die bei jeder Transaktion erweitert wird. Auf diese Weise entsteht ein gemeinsames Geheimnis, dass nur den Netzteilnehmern bekannt ist. Mit diesem Geheimnis, der Blockchain, wird ein Vertrauensverhältnis im Netz aufgebaut. Die Blockchain sind nicht manipulierbar, weil eine zentrale Autorität und ein „Single Point of Failure" fehlen. Die Blockchain besitzt die folgenden attraktiven Eigenschaften:

- Transaktionen sind irreversibel und können quasi sofort bestätigt werden.
- Die Systeme arbeiten auf einer Peer-to-Peer-Basis und führen Transaktionen entsprechend dem ACID-Prinzip durch (Atomarität, Konsistenz, Isolation und Dauerhaftigkeit).
- Transaktionen in der Datenbank werden von einer Gemeinschaft von Netzwerknutzern anstatt von einer zentralen Autorität verifiziert. Dies macht die Datenbank manipulationssicher und es ist nicht möglich, die Transaktionsgeschichte zu verändern.

- So gut wie jedes immaterielle Dokument oder Vermögen kann durch Code ausgedrückt und in einer distributiven Datenbank gespeichert werden.
- Distributive Datenbanken schaffen eine öffentliche Geschichte von Transaktionen, das das Monitoring und Auditieren durch alle Teilnehmer leicht ermöglicht

Es existieren aber auch Nachteile, wie der hohe Speicherbedarf durch die notwendige Speicherung der Transaktionskette (Blockchain) und eine dadurch notwendige Verarbeitungskapazität. Des Weiteren sind durch den hochsensiblen Charakter jeglicher Energiesysteme Datensicherheit und Datenschutz von besonderer Bedeutung. Die übliche Vorgehensweise bei der Entwicklung von Software liefert keine ausreichende Softwarequalität für KRITIS Systeme (BSI-KritisV), zu denen das Energieverteilnetz gehört. Zusätzliche Testverfahren und Qualitätssicherungsverfahren müssen bei der Softwareerstellung angewendet werden.

9.2.4   Angriffe erkennen mit dezentralem SIEM

Beim Betrieb einer KRITIS Infrastruktur muss ständig mit Angriffen der professionellen Cyber-Kriminalität gerechnet werden. Deshalb muss die Kommunikationsinfrastruktur kontinuierlich überwacht und beobachtet werden. Unregelmäßigkeiten in der Kommunikation können darauf hinweisen, dass ein Angriff Erfolg hatte oder soeben durchgeführt wird. Eine derartige Beobachtung der Kommunikation erfolgt üblicherweise mit einem **Security Information and Event Management (SIEM)**.

Ein SIEM wird für verschiedene Szenarien eingesetzt:

1. Bedrohungsmanagement: das SIEM wird zur Gefahrenerkennung und Reaktion auf Vorfälle eingesetzt. Ein erhöhter Bedarf an Echtzeit-Eventmanagement, Bedrohungsanalyse, Anomalie-Erkennung und Unterstützung für die Analyse historischer Daten begründen den Einsatz des SIEM.
2. Compliance: Hauptaugenmerk liegt hier im Log Management des SIEM Systems, zur Kontrolle der Einhaltung von Compliance-Regularien. Nutzerzugriffe und Datentransfers liegen im Zentrum der Prüfungen, die das System durchführen soll.
3. Kombination aus Bedrohungsmanagement und Compliance: Hierbei wird zum einen vom System verlangt, dass es einen Vorfall schnellstmöglich erkennt und reagiert und zum anderen auch Compliance-Anforderungen überwacht. Erst durch die Kombination beider Verfahren wird die notwendige Sicherheit für eine kritische Infrastruktur erreicht.

Die Kombination aus Bedrohungsmanagement und Compliance ist für eine KRITIS Infrastruktur, zu der das geplante Kommunikationsnetz zählt, anzuwenden. Ein zentral betriebenes SIEM registriert Anomalien und meldet diese an einen Systemadministrator. Der Systemadministrator entscheidet dann über weitere Maßnahmen zum Schutz der IT

Infrastruktur. Für die Kommunikationsinfrastruktur des Energieverteilnetzes ist ein zentrales SIEM nicht realisierbar. Jeder einzelne Akteur muss in der Lage sein, mittels SIEM Mechanismen Unregelmäßigkeiten im Verhalten zu erkennen und mögliche Angriffe schon beim Entstehen zu erkennen und zu verhindern. Das dezentrale SIEM muss selbst höchsten Sicherheitsstandards gerecht werden als auch mit wenigen Rechenressourcen zur Sicherheit der Kommunikationsinfrastruktur beitragen. Es muss Sicherheitslücken erkennen sowie Abweichungen erkennen und an den Betreiber der Anlage melden. Neben den bereits bekannten Sicherheitslücken müssen auch neue oder noch nicht veröffentlichte Sicherheitslücken erkannt werden und zu geeigneten Maßnahmen führen. Hierfür werden die bereits genannten Technologien eingesetzt und kombiniert.

Jede in der Kommunikationsinfrastruktur eingesetzte Softwarekomponente muss höchsten Sicherheitsstandards genügen. Gartner gibt eine Einordnung der bekannten SIEM Systeme und erleichtert damit auch die Auswahl eines geeigneten Systems. Alle in [6] genannten SIEM beruhen auf einer zentralen Datenbank. Da in der geplanten Kommunikationsinfrastruktur jede zentrale Komponente ein Single Point of Failure darstellt muss sie vermieden werden. Die in den Systemen genutzten Methoden und Mechanismen können für ein dezentrales SIEM genutzt werden.

9.3   Ethische Grundsatzfragen

Bei aller Euphorie für die Automatisierung von Infrastrukturen sollten ethische Grundsatzfragen nicht außen vor gelassen werden. Im Fall der Energieversorgung sprechen wir dabei von einer essentiell notwendigen Infrastruktur. Der Deutsche Ethikrat (vgl. http://www.ethikrat.org) setzt zwar das Stichwort Big Data auf seine Themenliste. Dem gegenüber bleibt die Automatisierung von Infrastrukturen noch weitgehend unberücksichtigt.

Fakt ist, dass sich komplexe Infrastrukturen heute nicht mehr ohne die Unterstützung von Automatisierung beherrschen lassen. Damit einher geht eine computergesteuerte Verwaltung der Infrastruktur bzw. einzelner Komponenten. Ob wie im beschriebenen Fall eine Schwarmintelligenz adaptiert oder eine zentrale Steuerung wie z. B. im Konfigurationsmanagement implementiert wird, ändert nichts an den Grundsatzfragen. Dazu gehören:

- Welche Entscheidungen bzgl. der Infrastruktur dürfen automatisch getroffen werden?
- Welche automatisierbaren Entscheidungen werden protokolliert? Wie wird protokolliert?
- Welche Entscheidungen dürfen ausschließlich von Menschen getroffen werden?
- Wie wird die Transparenz hergestellt – d. h. wie können Nutzer darauf vertrauen, dass die Software ihnen die entsprechenden Entscheidungen auch tatsächlich überlässt?
- Wie kann eine Selbststeuerung des oder der Softwaresysteme verhindert werden?
- Müssen automatisierbare Entscheidungen mit einem menschlichen „Vetorecht" versehen werden, damit es nicht zu Katastrophen kommt?

Gerade bei einer beschriebenen Weiterentwicklung von IT-Infrastrukturen und dem Ausbau der Automatisierung sind die genannten Fragen kritisch zu diskutieren und zu beantworten. Ansonsten drohen düstere Zukunftsszenarien wie z. B. Skynet aus den Kinofilmen „Terminator" realistisch zu werden. Aktuelle Gütesiegel und Standards würden dem genannten Beispiel Skynet wohl beste Funktionalität bezeugen. Eine Prüfung der IT-Sicherheit nach BSI Grundschutz könnte ebenfalls positiv ausfallen – mit dem Unterschied, dass alle wichtigen Rollen durch Computer besetzt sind.

Literatur

1. Andreas M (2013) Unbestimmte Figuren und die Irritation von Identität. transcript Verlag, Bielefeld
2. Nettostromerzeugung – Anteil der Energieträger in Deutschland (2013), http://de.statista.com/statistik/daten/studie/75405/umfrage/stromerzeugung-in-deutschland-seit-2008/. Zugegriffen am 17.10.2014
3. Statistische Zahlen der deutschen Solarstrombranche (2012), https://www.solarwirtschaft.de/fileadmin/media/pdf/bsw_solar_fakten_pv.pdf. Zugegriffen am 28.10.2014
4. Bogon T (2013) Agentenbasierte Schwarmintelligenz. Springer Fachmedien Wiesbaden, Wiesbaden
5. Duden (2007) Deutsches Universalwörterbuch. Dudenverlag, Mannheim
6. https://solutionsreview.com/security-information-event-management/gartner-2016-siem-magic-quadrant/. Zugegriffen am 17.10.2014
7. Witt S (2014) Whitepaper Agentenkoordinierte Energieversorgung – eine Vision für die Umsetzung der Energiewende, 2014 (noch unveröffentlicht)
8. Roos A, Wieland S, Schwarzbacher AT (2008) Investigation of security mechanism and mobility influence on voice over IP quality. Proceedings of science days. November 2008, Leipzig, Germany, S 17–18

Cognitive Security

10

Torsten Andrecht, André Kres, Jorge Machado, Raoul Mayr,
Martin W. Murhammer, Andreas Schmengler, Rolf Stadler,
Johannes Wiele und Holger Wieprecht

10.1 Eine neue Ära der Sicherheit

In der Informationssicherheit hat man sich über Jahrzehnte hinweg auf präventive
Maßnahmen konzentriert. Eine der zentralen Methoden war es, mittels spezieller Software
anhand von Signaturen Malware und Exploits zu erkennen und diese aus den internen

Das Autorenteam dankt außerdem Eberhard Hechler, Romeo Kienzler, Fred Harald Klein, Axel
Koester, David Lebutsch, Stefan Mueck, Martin A. Oberhofer, Daniel Pittner, Gerd Rademann,
Gregor Schinke, Marcus Schmid, Witold Szczeponik, Oliver Vogelsang, Sebastian Wedeniwski
und Holger Wieprecht für tatkräftige Unterstützung und Informationen.

T. Andrecht (✉) • R. Mayr • H. Wieprecht
IBM, Hannover, Deutschland
E-Mail: andrecht@de.ibm.com; raoul.mayr@de.ibm.com; holger.wieprecht@de.ibm.com

A. Kres • J. Machado
IBM, Ehningen, Deutschland
E-Mail: KRES@de.ibm.com; Jorge_Machado@de.ibm.com

M.W. Murhammer
IBM, Wien, Österreich
E-Mail: murhammer@at.ibm.com

A. Schmengler
IBM, Bonn, Deutschland
E-Mail: schmengler@de.ibm.com

R. Stadler
IBM, Zürich, Schweiz
E-Mail: rolf.stadler@ch.ibm.com

J. Wiele
IBM, München, Deutschland
E-Mail: johannes.wiele@de.ibm.com

© Springer Fachmedien Wiesbaden 2017
A. Sowa (Hrsg.), *IT-Prüfung, Sicherheitsaudit und Datenschutzmodell*,
DOI 10.1007/978-3-658-17469-9_10

Netzen herauszuhalten. Unerwünschte Verbindungen zwischen internen und externen Systemen wurden mittels Firewall-Technik blockiert.

Diese signaturgestützten und anderen präventiven Techniken, die von einem definierten „Drinnen" und einem ebenso definierten „Draußen" ausgehen und überdies annehmen, man können die interne Umgebung wie mit einer Burgmauer vor externen Bedrohungen schützen, reichen heute nicht mehr aus. Cyberkriminelle verändern immer wieder die Angriffsvektoren und finden kreative Wege, um die auch ihnen gut bekannten traditionellen Abwehrmechanismen zu umgehen. Unternehmen müssen deshalb davon ausgehen, dass sie das Eindringen von Cyberkriminellen in ihre Netze niemals vollständig verhindern können. Um bereits angelaufene Attacken noch rechtzeitig stoppen zu können, müssen sie die Fähigkeit entwickeln, in ihren Anwendungsumgebungen und Infrastrukturen auch kleinste Verhaltensveränderungen zu erkennen und diese auf der Basis möglichst umfangreicher Hintergrundinformationen im jeweiligen Kontext zu untersuchen. Nur so haben sie die Chance, Aktivitäten von Angreifern zu erkennen und zu eliminieren, bevor echter Schaden entsteht.

Voraussetzungen dafür sind einerseits ein kontinuierliches Monitoring sicherheitsbezogener Daten in der eigenen Umgebung und andererseits die bestmögliche Auswertung im Internet verfügbarer Informationen über aktuelle Bedrohungen. Manuell lässt sich beides nicht mehr bewältigen – allein die sicherheitsrelevanten Log-Daten größerer Unternehmensnetze können, vor allem wenn eine gewisse Aufbewahrungszeit aus Compliance-Gründen gefordert ist, schnell Big-Data-Ausmaße erreichen, und die wertvollen Security-Informationen im Internet verstecken sich in einer Masse von rund 2,5 Trillionen Bytes, die täglich neu erzeugt werden. 90 % davon liegen überdies unstrukturiert vor.[1] Auch mit den besten der gängigen Suchmaschinen können Menschen diese Informationsberge kaum noch erfolgversprechend durchsuchen.

Diese Phänomene begrenzen die Wirksamkeit traditioneller Sicherheitssysteme. Diese mögen zwar mit einer gewissen Zuverlässigkeit Anomalien erkennen und die Security-Teams der Anwender darauf hinweisen können – aber die Auswertung der Meldungen hält mit der Frequenz der Alarmierungen nicht Schritt. In den vergangenen Jahren hat dieses Problem entscheidende Auswirkungen auf die Entwicklungsziele für moderne Technik in der Informationssicherheit gewonnen.

Ein Rückblick auf die bisherigen „Zeitalter" der Security-Technik macht deutlich, wie sehr die Frage nach bestmöglicher maschineller Assistenz für die Security-Spezialisten in den Organisationen nach und nach an Bedeutung gewonnen hat und dass dabei das Problem der aktiven Abwehr – „Response" – zusammen mit der Anforderung schnellster und treffsicherer Analyse laufender Cyber-Angriffe immer mehr in den Mittelpunkt gerückt ist.

---

[1] Vgl. etwa http://www.vcloudnews.com/every-day-big-data-statistics-2-5-quintillion-bytes-of-data-created-daily/. Zugegriffen am 18.12.2016.

10.2 Von Mauern und Schleusen zu kognitiven Funktionen

Noch bis vor kurzem unterschied man im Zusammenhang mit der Cybersicherheit zwei historische Perioden: Die der **Perimeterkontrollen** und die der **Security Intelligence**. Nun kommt ein drittes Zeitalter hinzu: Das der **kognitiven Sicherheit**.

10.2.1 Perimeterkontrolle (vor 2005)

Die IT-Sicherheit setzte in ihren Anfängen vor allem auf statische, **präventive Sicherheitsmaßnahmen**, um den Datenfluss in einer Organisation zu schützen oder zu begrenzen. Dies geschah durch die erwähnten Firewalls, Antivirus-Software und Web-Gateways. Der Unterschied zwischen „Drinnen" und „Draußen" war der relevante Faktor, da man die alten Mainframe-Umgebungen und die Local Area Networks (LANs) mit ihren klassischen PCs und Servern noch relativ gut gegen externe Kommunikationsverbindungen abschotten konnte. Eine Vernetzung mit entfernten Systemen war zunächst die Ausnahme und wurde später lange Zeit über definierte, einzelne Schnittstellen hergestellt, die sich noch relativ gut kontrollieren und im Notfall auch einmal ohne unmittelbare Konsequenzen abschalten ließen.

Die Zeit danach brachte die ersten staatlichen und brancheninternen Regulierungen für IT-Sicherheit, um deren Einhaltung sich die Anwender und Anbieter verstärkt kümmern mussten. Gleichzeitig wandelte sich **„IT-Sicherheit"**, der Schutz der informationsverarbeitenden Systeme, zur **„Informationssicherheit"**, also zum Schutz der Informationen selbst. Kernziel der Bemühungen war es nun, den Zugriff auf vertrauliche Informationen mithilfe von Kennwörtern und einer Reihe von Strategien zur Zugriffssteuerung zu verhindern und einzuschränken. Etwa ab 2005 allerdings stellte man fest, dass die Perimeter-Maßnahmen und die ersten Schritte zur Zugriffssteuerung nicht mehr ausreichten: Das Internet, die Cloud-Dienste und die mobilen Clients ließen das Abschottungsmodell ebenso veraltet aussehen wie die meisten der einfachen Identitätsmanagement-Lösungen.

10.2.2 Security Intelligence (ab 2005)

Folgerichtig wurden fortschrittliche Überwachungssysteme entwickelt, die riesige Datenmengen sammeln und durchsuchen können, um Sicherheitslücken und potenzielle Angriffe zu entdecken. „Security Intelligence" bedeutet heute die Auswertung, Normalisierung und Analyse von strukturierten Daten in Echtzeit, die von Benutzern, Anwendungen und Infrastrukturen permanent während ihres Einsatzes generiert werden. Typische Werkzeuge dieser Art sind die **Security-Information- und -Event-Management-Systeme (SIEM)**, die als übergeordnete Überwachungs-Engines die Log-Daten von klassischen Sicherheits-Systemen, Netzwerkgeräten, Anwendungen und Computern nahezu in

Echtzeit gegeneinander abgleichen und dabei versuchen, aus der Zusammenschau (Korrelation) von Einzel-Daten auf Anzeichen dahinterliegender übergreifender Angriffsstrategien und ihrer **„Kill Chains"** zu schließen. Die Lösungen erkennen Abweichungen von regelmäßigen Mustern und Veränderungen bei Netzwerkübertragungen sowie Aktivitäten, die definierte Grenzwerte überschreiten (Anomalie-Erkennung).

Security-Intelligence-Infrastrukturen lernen gewöhnlich nach der Implementierung zuerst, wie der „normale" Informationsfluss im Kontext einer Organisation aussieht, um anschließend Abweichungen von diesem Standard-Spektrum ausfindig machen zu können. So können sie nicht nur dazu beitragen, Beeinträchtigungen schneller zu erkennen, sondern auch die Zahl falsch-positiver Security-Alarme verringern, um Zeit und Ressourcen im Arbeitsfeld „Sicherheit" einzusparen.

10.2.3 Kognitive Sicherheit (ab 2016)

10.2.3.1 Die Technik

Kognitive Sicherheit basiert auf Security-Intelligence-Funktionen, die sich auf Big-Data-Analysen stützen. Sie ist außerdem durch eine Technologie gekennzeichnet, die noch weitreichender als die existierenden Security-Intelligence-Werkzeuge in der Lage ist, maschinell zu „lernen". Dies bedeutet vor allem, Häufungen und Muster in Datenansammlungen zu erkennen und in anderen Kontexten wiederzuerkennen. Mithilfe kognitiver Systeme lassen sich relevante Sicherheitsdaten deshalb in weit höherer Intensität und Geschwindigkeit auswerten als bisher. Die Systeme können etwa 80 % der heute verfügbaren unstrukturierten Daten (etwa geschriebene und gesprochene Sprache) verarbeiten und bereits gespeicherten, also „gelernten" Kategorien zuordnen.

Nach der Verarbeitung von grundlegendem Wissen, das von Experten für ein bestimmtes Thema vorstrukturiert wird, werden kognitive Sicherheitssysteme mithilfe einer Reihe von Frage-Antwort-Paaren „geschult". Das „Wissen" des Systems wird anschließend durch Interaktionen von Sicherheitsexperten mit dem System ausgeweitet und präzisiert. Diese „Übungen" liefern Feedback zur Genauigkeit der Antworten des Systems. Eine spezielle Herausforderung liegt zusätzlich darin, dem System Fähigkeiten zur Qualitätseinschätzung von Quellen anzutrainieren, die beispielsweise pure Werbeaussagen von der Rubrizierung als echte Problemlösungsvorschläge ausschließen.

Mit einem entsprechenden kognitiven System lassen sich unzählige Forschungsberichte, Konferenzmaterialien, wissenschaftliche Arbeiten, Presseartikel, Blogbeiträge und Branchenmitteilungen analysieren. Da kognitive Systeme Ereignisse und Verhaltensweisen dauerhaft beobachten, verbessert sich ihre Fähigkeit, **integrierte Sicherheitsmaßnahmen** zur Abwehr neuer Sicherheitsbedrohungen mit Analyseergebnissen zu unterstützen, immer weiter: Die Treffsicherheit steigt kontinuierlich. Kognitive Sicherheit als **Assistenz** für menschliche Spezialisten trägt somit praktisch dazu bei, dass Sicherheitsanalysten effektiver arbeiten und neue Sicherheitsbedrohungen schneller bekämpfen können.

10.2.3.2 Der Bedarf an „Assistenten"

Der bereits erwähnte Zeitbedarf für das Heranziehen von Referenzinformationen für die Bewertung laufender Angriffe hat sich in der Praxis längst zu einem der meistdiskutierten Flaschenhälse bei der Arbeit von Security-Teams entwickelt. Tag für Tag werden beispielsweise Tausende an Nachrichten über neu erkannte Angriffstaktiken auf Blogs mit Security-Intelligence-Bezug gepostet, aber kein Security-Analyst hat eine echte Chance, aus dieser Flut schnell genug genau jene Daten herauszuziehen, die er für die Bewältigung eines neuen Vorfalls in seiner Umgebung benötigt.

Genau dies aber könnte entscheidend dafür sein, rechtzeitig auf die richtige Abwehrstrategie zu kommen. Da auch Angreifer ökonomisch denken, verwenden sie erfolgreiche Strategien leicht variiert immer wieder, sodass nur wenige Organisationen jemals einen Angriff erleiden werden, der tatsächlich weltweit der erste seiner Art ist. Irgendwo in einem Blog-Posting oder White-Paper könnte also fast in jedem Fall bereits ein wertvoller Hinweis auf erfolgreiche, schon erprobte Maßnahmen zur Bekämpfung verborgen sein, aber genau diesen Text zu finden, ist mit klassischen Web-Suchmaschinen ein schier aussichtsloses Unterfangen. Die traditionellen Sicherheitssysteme selbst haben keinen direkten Zugang zu entsprechenden Informationsquellen, sie können sie weder interpretieren noch Schlüsse daraus ziehen oder gar Maßnahmen ableiten.

Der weitaus größte Teil der heute verfügbaren sicherheitsrelevanten Informationen bleibt somit für die Bedrohungsabwehr ungenutzt, Mitarbeiter in einem Security Operations Center (SOC) müssen ihre weitreichenden Entscheidungen – etwa, welchem Ereignis nachzugehen ist und welches irrelevant sein könnte – auf der Basis nur eines Bruchteils der Informationen treffen, die ihnen theoretisch helfen könnten.

Wenn Sicherheitsfachleute heute ihr Wissen erweitern, geschieht dies fast immer noch größtenteils durch reale Erfahrung, im Gespräch mit Kollegen, durch den Besuch von Konferenzen und durch das manuelle Verfolgen aktueller Ergebnisse der Sicherheitsforschung. Die so gewonnenen Kenntnisse sind wertvoll und wahrscheinlich unersetzlich für das Abwägen unterschiedlicher Response-Optionen in einer konkreten Umgebung, können bei einer Attacke, die für ein Team tatsächlich neu ist, aber nur wenig zur Bewältigung der initialen Analyseaufgabe und Fallbewertung beitragen.

In genau diesen Bereich soll **„Watson for Cybersecurity"** als kognitiv arbeitendes Sicherheitsprodukt von IBM die Zahl der Informationen, die für Entscheidungen in der Bedrohungsabwehr genutzt werden können, signifikant erhöhen.

Ziel ist es, ein Assistenz-System bereitzustellen, das in der Lage ist, sich Wissen über kontinuierlich weiterentwickelnde Sicherheitsbedrohungen anzueignen, dieses zu interpretieren, daraus geeignete Maßnahmen gegen konkrete Gefahren abzuleiten und sie dem Response-Team einer Organisation im Falle eines Angriffs so schnell wie möglich zur Verfügung zu stellen. Watson für Cybersecurity soll Fachberichte, Webinhalte, Bedrohungsdaten und andere sicherheitsrelevanten Daten analysieren, gleich ob sie in strukturierter oder unstrukturierter Form vorliege – und zwar in einer bislang unerreichten quantitativen Dimension.

10.3   Kognitive Sicherheit in der Praxis

Kognitive Systeme sind selbstlernende Systeme, die Techniken wie Data Mining und maschinelles Lernen nutzen, um natürliche Sprache zu verarbeiten. Sie können damit auch Informationen aus menschlicher Interaktion in ihre Wissensdatenbank integrieren. Die generelle Funktionsweise nimmt sich einzelne kognitive Fähigkeiten des menschlichen Gehirns zum Vorbild – wobei die Entwickler vor allem bei Aufgaben ansetzen, die Menschen nur mit Mühe oder unter großem Zeitverlust bewältigen können, etwa weil gleichbleibend hohe Aufmerksamkeit und große Verarbeitungsgeschwindigkeit bei einer vergleichsweise stupiden Beobachtungs- oder Analysetätigkeit gefragt sind.

10.3.1 Watson für Cybersecurity als Assistent im SOC

10.3.1.1   Wider den Angreifervorteil
Die Einleitung zu diesem Beitrag hat es bereits angedeutet: Während die moderne Informationssicherheit mit dem immer vorhandenen Grundrauschen an Alltags-Bedrohungen wie **ziellosen Virenangriffen** und klassischen **Hacking-Aktivitäten** recht gut zurecht kommt, kämpft sie im Bereich der gezielten und komplexen Angriffe mit dem klassischen Problem, dass das Opfer einer intelligent durchgeplanten und geschickt orchestrierten **Attacke** gegenüber dem Angreifer prinzipiell im Nachteil ist.

Letzterer kann sich nämlich in Ruhe überlegen, wo er seine Hebel zuerst ansetzt und wie er – unterhalb des Radars der Einzelsensoren – im Netzwerk langsam und vorsichtig Schritt für Schritt vorgeht, ohne allzu schnell Alarm auszulösen. Der Angegriffene dagegen muss mit begrenzten Ressourcen sämtliche Eintrittspforten für Cyberkriminelle beobachten und kann das Angriffsgeschehen darüber hinaus nur erkennen, wenn er Daten von allen erdenklichen Sensoren im Netz permanent auf mögliche Zusammenhänge und Angriffsmuster hin überwacht.

Um die Zeit zwischen Angriff und Gegenmaßnahme zu verkürzen und damit den potenziellen Schaden zu verringern, sind heute neben den klassischen signaturbasierten **Suchalgorithmen** bereits **Heuristik-Algorithmen** im Einsatz, die Angriffsverhalten an einem nicht zum jeweiligen Geschäftsprozess passenden Verhalten erkennen. Genau hier hilft aber insbesondere die Fähigkeit zur „Korrelation", mit der die Hersteller von Security-Information- und -Event-Management-Systemen (SIEM), Network-Behavior-Analysis-Produkten und anderen Security-Mechanismen heute werben: Bereits hier handelt es sich um eine sehr begrenzte Art **künstlicher Intelligenz (KI)**, die das Gesamtverhalten der Netzwerksysteme und Applikationen permanent auf komplexe Anomalien hin untersucht und Alarm schlägt, sobald es Anzeichen für konzertierte, schädliche Aktivitäten erkennt. Bei IBM übernimmt diese noch recht beschränkte Intelligenz der Bedrohungsanalyse das SIEM-System „QRadar".

10.3.1.2 Unermüdliche Anomalie-Erkennung

Wenn man so will, bügelt bereits Security Intelligence eine kritische Schwäche menschlicher kognitiver Fähigkeiten im Security-Bereich aus: Menschliche Gehirne haben es aus evolutionären Gründen schwer, Anomalien in großen Datenmengen zu entdecken. Die menschliche Entscheidungsfindung und Problemlösung ist über die gesamte menschliche Entwicklungsgeschichte hinweg daraufhin optimiert worden, im Chaos der Umgebungsdaten bekannte Muster wiederzuerkennen und beim aktuellen Handeln darauf zurückzugreifen. Nur so kann ein Mensch mit seinen begrenzten Fähigkeiten im Alltag überleben, denn ohne quasi unbewusste Abarbeitung wiederkehrender Aufgaben auf der Grundlage der Muster-Wiedererkennung müsste er für jeden Lebensschritt – und sei es das Überqueren einer ganz normalen Kreuzung im Straßenverkehr – auf neuerliche, umfangreiche Analysen bauen.[2]

Menschen fällt das Wiedererkennen von Mustern deshalb außergewöhnlich leicht, während die Mechanismen zur Erkennung kleiner Abweichungen evolutionär weniger intensiv trainiert wurden. Code-Analysten, Redakteure und Fluglotsen beweisen zwar, dass man Menschen auch für die Anomalie-Erkennung trainieren kann – aber selbst Spezialisten auf diesem Gebiet können hohe Erkennungsleistungen dann nur über kurze Zeiträume hinweg erbringen.

Threat-Intelligence-Produkte sind demgegenüber im Wortsinne „unermüdlich" und prinzipiell in der Lage, auch Angriffsszenarien aufzudecken, die mit einer Vielzahl von Einzelaktivitäten ein aus Sicht des Angreifers zusammenhängendes Ziel attackieren. Dabei kann es sich beispielsweise um eine Applikation handeln, deren Ausfall ein Unternehmen in Bedrängnis bringt, oder um ein Netzwerksegment, das wertvolle vertrauliche Informationen eines gemeinsamen Typs enthält. Um diese **Detektivarbeit** zu leisten, werden die Sicherheitssysteme von ihren Herstellern mit Muster-Daten und Anweisungen versorgt, die etwa Inhalte folgender Art transportieren:

Beispiel

„Das Auftauchen von Malware X im Netz, gefolgt von wiederholten Zugriffsversuchen auf eine Applikation des Typs Y mit anschließenden Manipulationen des Musters C beim Access- Management sowie an Datenbanken vom Hersteller Z sind in einer PCI-Umgebung ein Hinweis auf einen Angriffsversuch eines uns bekannten Typs. Es geht darum, Kreditkartendaten zu stehlen. Melde Dich mit einem Event-Hinweis, wenn Du das Muster erkennst. Schlage unverzüglich Alarm, wenn Du feststellst, dass dieses Muster im Zusammenhang mit Assets auftritt, deren Vertraulichkeitsstufe einen Wert ab ‚medium' aufweist."

---

[2] Vgl. etwa [1].

Diesen Alarm zu erhalten, hilft dem Analysten-Team in einem SOC bereits ungemein. Sie müssen darauf allerdings auch reagieren können, und dazu gehört es zunächst, erstens herauszufinden, ob der Alarm tatsächlich relevant oder nur falsch-positiv ist, und zweitens, ob der entdeckte Angriff der konkreten eigenen Umgebung tatsächlich gefährlich werden kann. Müssen dann tatsächlich Gegenmaßnahmen ergriffen werden, sollten sie schnell erfolgen, zielsicher sein und selbst möglichst wenige Nebenwirkungen auf den produktiven Betrieb haben.

10.3.1.3 Kognitive Unterstützung bei der Recherche

Um die richtigen Entscheidungen treffen zu können, müssen die SOC-Teams in Windeseile interne Kontext-Informationen auswerten und dann wiederum intern, vor allem aber im Internet Dokumente suchen, die bereits erprobte Gegenmaßnahmen schildern. Diese wiederum müssen sie mit der Situation in der eigenen Umgebung abgleichen. Allein mit klassischen Suchwerkzeugen kosten genau diese Schritte eventuell so viel Zeit, dass die Gegenwehr am Ende zu spät kommt.

Ein Faktor dabei ist, dass die bekannten **Suchhilfen** wie Google, Siri oder Cortana nur höchst rudimentär kontextbezogen arbeiten können. Würde man eines dieser Systeme mit der Anweisung konfrontieren: „Zeige mir keine großen rosafarbenen Elefanten", wäre das Ergebnis dennoch eine Sammlung von Bildern von Elefanten, teilweise auch in rosa. Keine der genannten Suchmaschinen käme wirklich mit der Verneinung in der Anfrage zurecht, und erst recht hätte keine eine Handhabe, eine Strategie gegen die fehlende Eingrenzung der Ergebnisse zu entwickeln.

Ein kognitives System dagegen könnte mit einer Gegenfrage reagieren: „Welche Säugetiere soll ich denn zeigen?" Möglich ist dies, weil ein kognitives System die Verneinung auszuwerten vermag, und weil es angesichts der Aufgabe auf den Oberbegriff zu „Elefant" schließen kann. **Watson** bezieht die lokalen Security-Erkenntnisse somit nicht auf statische Formulierungen, die das System in irgendwelchen Dokumenten findet, sondern auf komplexe Beschreibungsstrukturen, bei denen die Subjekte, Objekte und Verben verschiedene Gestalt annehmen können. Tun sich dabei Assoziationen auf, über die sich weitere Informationen heranziehen lassen, wird auch dieser Weg beschritten (vgl. Abb. 10.1). Watson agiert somit wie ein menschlicher Forscher, der durch eine Recherche nicht nur einen einzigen passenden „Treffer" zum Verständnis eines Phänomens auftun will, sondern auch weitere Rahmenbedingungen und mögliche zusätzliche Erkenntnisse zu gewinnen versucht, die zu einem tieferen Verständnis des Untersuchungsgegenstandes führen könnten. Daraus ergibt sich, dass das System beispielsweise bei einer Recherche zum Verhalten einer Malware nicht nur auf exakt diese Malware-Variante stößt, sondern auch auf solche mit ähnlichen Parametern – unabhängig davon, ob und wie diese bereits klassifiziert und mit einem Namen versehen wurden.

Für Malware-Produzenten im Dark Web, die aus ökonomischen Gründen vorhandene Viren und Trojaner derzeit automatisch immer wieder nur genau so weit modifizieren lassen, dass sie der klassischen Viren-Erkennung entgehen, bedeutet dies einen Rückschlag, denn mithilfe von Watson stehen Security-Analysten sofort nach der Erkennung einer „neuen"

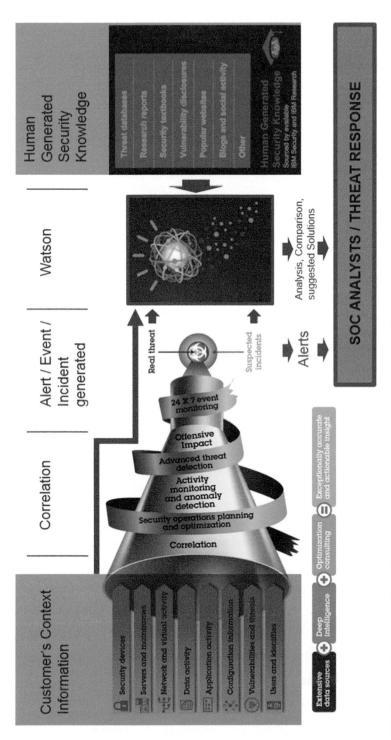

Abb. 10.1 Werkzeuge am SOC-Arbeitsplatz: Klassische Security Intelligence und Watson für Cybersecurity

Malware Informationen darüber zur Verfügung, welche bekannten Schadprogramme sich genau so verhalten, sodass vermutlich auch die bereits bewährten Abwehrmechanismen wieder greifen.

IBM's Watson wird vom Hersteller ungern als „Künstliche Intelligenz" bezeichnet, sondern eher als **„Research Engine"** im Gegensatz zu „Search Engine", als „assoziative Suchmaschine" oder als „Kontext-Suchmaschine". Diese terminologische Eingrenzung macht sich allerdings eine eingeschränkte Intelligenz-Definition zu eigen, denn die Leistung von Watson erstreckt sich sehr wohl auf einen Aspekt der menschlichen Intelligenz: die sprachliche Intelligenz.

Tatsächlich arbeitet Watson in Kern als so genannte **„Semantische Suchmaschine"**. Die Antworten des Systems auf eine Suchanfrage kommen zustande, indem Datenbanken, die Texte in natürlicher enthalten, auf zur Suchanfrage passende Aussagen durchsucht werden. In Normalfall werden die Anfragen als natürlich formulierte Sätze oder Fragesätze gestellt. Watson nutzt dann seine Information-Retrieval- und Pattern-Matching-Funktionen, um zu Hypothesen über passende Passagen in zuvor verarbeiteten Texten zu gelangen.

10.3.1.4   Ein „Advisor" im SIEM-System

Die erste konkrete Anwendung von Watson für Cybersecurity wird SOC-Analysten exakt bei der beschriebenen Analyse- und Bewertungstätigkeit unterstützen. Watson arbeitet in diesem Fall als „Advisor", integriert ins QRadar-SIEM-System. Sobald dieses einen Alarm auslöst, greift Watson auf jene Daten zu, die das SIEM-System aus den ursprünglichen Log-Daten zu einer formalen Beschreibung eines möglichen Angriffsverlaufs zusammengestellt (korreliert) hat. Diese Daten ergeben die Beschreibung von Vorgängen, bei denen anhand von Indikatoren sichtbar wird, wie ein Akteur ein Ziel aufs Korn nimmt und dabei in einer bestimmten zeitlichen Abfolge bestimmte Schritte geht. Ähnliche Vorgänge sucht der Watson-Advisor dann in der ihm zur Verfügung stehenden Security-Literatur. Dort findet er – stark vereinfacht dargestellt – den Akteur als Subjekt eines Satzes, das Ziel als Objekt und den Vorgang samt Indikatoren anhand von Verben und Attributen (vgl. Abb. 10.2).

Auch hier arbeitet „Watson for Cybersecurity" also als semantische Suchmaschine, als Trigger der Suche dient anstelle einer eingetippten Frage oder eines Such-Satzes aber die Vorgangsbeschreibung eines Angriffs, wie sie von der Sensorik und Korrelationslogik des Security-Intelligence-Systems geliefert wird.

Wenn irgend möglich, präsentiert das System dem SOC-Analysten dann binnen Sekunden Analysen auf der Basis von Dokumenten, die weiterführende Informationen zur beobachteten Anomalie oder ähnlichen Fällen enthalten – gestaffelt nach wahrscheinlicher Treffsicherheit.

10.3.1.5   Die Bedeutung von Kontext-Informationen

Mechanismen dieser Art greifen allerdings nur, wenn die Security-Werkzeuge die Umgebung beim Anwender „verstehen" und – um auf das PCI-Beispiel zurückzukommen – wissen, dass hinter bestimmten IP-Adressen Applikationen des Typs Y und Datenbanken des

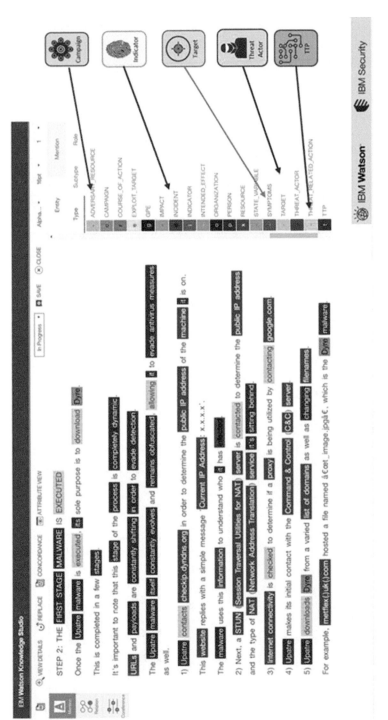

Abb. 10.2 Watson für Cybersecurity gleicht Vorgänge im Netz mit sprachlich beschriebenen Vorgängen ab

Typs Z stecken. Fehlen diese Angaben, sind die Möglichkeiten zur schlagkräftigen Anwendung des Threat-Musters sowohl auf der Ebene des SIEM-Systems als auch auf der kognitiven Ebene limitiert. Gibt es außerdem keine Risiko-Level-Werte, können die Security-Tools ihre Reaktionen und Empfehlungen auch nicht priorisieren. Für Organisationen wird es in der Zukunft also wichtiger denn je, Asset-Datenbanken und CMDBs mit Kontext-Informationen anzureichern, um den immer intelligenter agierenden Sicherheitssystemen eine effektive Assistenz überhaupt zu ermöglichen (vgl. [2]).

10.3.1.6 „Augmented Intelligence": Mensch und Maschine im Team

Da kognitive Systeme mit Wahrscheinlichkeiten arbeiten – für den Gewinn von Ratespielen wie „Jeopardy" durchaus ausreichend, wie man bei Watson gesehen hat – müssen ihre Ergebnisse in jedem Fall von Menschen bewertet werden, bevor sie in konkrete Maßnahmen umgesetzt werden. Das konkrete Einsatzszenario ist somit ein „Teaming" zwischen Mensch und Maschine. IBM-CEO Virginia Rometty hat in diesem Zusammenhang von **„Augmented Intelligence"** gesprochen: Phänomene wie erkannte Anomalien in einem Netz werden mit Zusatzinformationen angereichert, die dann dem Security-Spezialisten bei der Erledigung seiner anspruchsvollen Aufgaben helfen.

Kognitive Systeme unterstützen Menschen perfekt, weil sie im Gegensatz zu diesen auch bei der permanenten Analyse von Daten nicht ermüden, sehr schnell auf eine fast grenzenlose Wissensbasis zurückgreifen können, eine hohe Verarbeitungsgeschwindigkeit bieten und die Fähigkeit haben, komplexe Muster mithilfe anderer komplexer Muster zu suchen, was sie von den Heuristik-Algorithmen unterscheidet. Der Beiträge des Menschen ist dann sein „gesunder Menschenverstand" für die richtige Einschätzung der Gefahrenlage und die Kreativität bei der Lösungsfindung dazu mehr im Abschn. 10.5.3.

10.3.1.7 Paradigmenwechsel bei der Informationsaufbereitung

Der Effekt des Einsatzes von künstlicher Intelligenz mit Fähigkeiten zur Analyse natürlicher Sprache in der Informationssicherheit hat einen Paradigmenwechsel im Bereich der **Mensch-Maschine-Interaktion** zur Folge: Während Programmierer heute damit beschäftigt sind, menschenlesbare Informationen aus der realen Welt den aktuellen automatisierten Systemen in Form von auswertbaren Zahlenwerten oder eindeutigen Variablen zugänglich zu machen (aus „hohes Risiko" wird dabei beispielsweise der abstrakte Wert „9", und aus „PCI-Umgebung" ein Kürzel wie „P5"), wird ihre Aufgabe zukünftig eher darin bestehen, abstrakte Zahlenwerte „dummer" Sensoren für Maschinen mit eingebautem Sprachverständnis auf die gleiche Weise aufzubereiten, wie es heute für Menschen notwendig ist. Ein System wie Watson für Cybersecurity wird nämlich **„out of the Box"** oder „out of the Cloud" in der Lage sein, einen Tabelleneintrag wie „PCI-Umgebung" oder „kritische Infrastruktur" zu verstehen und sinnvoll zu nutzen, nicht aber eine interne, programmiertechnische Bezeichnung wie „P5".

Gleichzeitig werden Aufgaben entfallen, welche die IT heute noch täglich lösen muss: So wird es KI mit Sprachkompetenz in Zukunft keine Probleme bereiten, ob unter „Risk Level: Availability" nun im einen Dokument „Moderate" und im anderen „Medium" steht – eine einfache Diskrepanz, die auch einem Menschen häufig nicht einmal auffällt.

Für ein Security-System heutiger Bauart ist es jedoch durchaus noch nicht selbstverständlich, dass es das eine Wort versteht, wenn auf das andere programmiert ist. Bei der Entwicklung von Schnittstellen zwischen unterschiedlichen Sicherheits- Werkzeugen steht deshalb immer wieder die Programmierung einfacher Parser oder Übersetzungs-Skripte an, was in der Zukunft immer seltener der Fall sein wird.[3]

10.3.2 Weiterführende Ideen

Der „Advisor" fürs SOC-Personal wir die erste kommerziell eingesetzte Manifestation von kognitiver Sicherheit bei IBM sein – an weiterführenden Ideen, auch von potenziellen Anwendern, mangelt allerdings nicht. Die folgenden Abschnitte mögen hierzu einen kleinen Einblick geben: Sie geben „Visionen" wieder, in welche Richtung sich der Security-Einsatz von Watson noch weiterentwickeln könnte.

10.3.2.1 Analyse von Nachrichten auf Social-Engineering-Sprache

Eine Vorstellung ist, das Sprachverständnis von Watson für die Erkennung von **Social-Engineering**-Mails zu nutzen. Praktisch müssten Anwender, die eine aus ihrer Sicht fragwürdige Nachricht erhalten haben, diese an die kognitive Intelligenz weitergeben können. Diese wiederum würde auf der Basis einer Sammlung anderer einschlägiger Nachrichten in der Lage sein, festzustellen, ob es sich mit einer gewissen Wahrscheinlichkeit um eine **Phishing-Mail** handelt oder ob die Nachricht zwar seltsam, aber eben doch typisch für Business-Nachrichten in der fraglichen Organisation ist.

Generell wäre eine solche Lösung aus zwei Gründen höchst erfolgversprechend: Erstens wenden sich viele Anwender in Unternehmen mit Security-Fragen ungern direkt an IT-Spezialisten, weil sie fürchten, ausgelacht zu werden oder andere Personen ungerechtfertigt in Verdacht zu bringen. Einer vermeintlich neutralen Maschine könnten Sie Nachrichten deshalb vielleicht bereitwilliger zur Prüfung übergeben. Dies spricht übrigens auch generell für zukünftige Anwendungen von kognitiven Systemen im Security-Helpdesk-Umfeld. Zweitens könnte eine kognitive Intelligenz dann auch Daten wie beispielsweise das gehäufte Auftreten von Phishing-Mails innerhalb eines kurzen Zeitraums in die Korrelations-Engines von SIEM-Systemen einspeisen, um so auf menschlicher Beobachtung beruhende Informationen für die Security-Intelligence nutzbar zu machen, die dieser Technik normalerweise entgehen.[4]

Problematisch ist allerdings, dass E-Mails mit hoher Wahrscheinlichkeit personenbezogene Daten enthalten. Aus dieser Tatsache ergeben sich Datenschutzprobleme, die zum Beispiel durch geeignete Anonymisierungstechniken gelöst werden müssten.

---

[3] Vgl. „Zukunftssicherheit für künstliche Intelligenz", Infokasten in [2].

[4] Zur Problematik der Korrelation von Ergebnissen technischer Security-Sensoren und menschlicher Beobachtungen siehe [3]. Zum Wert menschlichen Inputs für die Erkennung komplexer, gezielter Angriffe siehe [4].

10.3.2.2 Klassifizierung von Informationen

Einmal mit einer Mindestanzahl typischer vertraulicher Dokumente in einem Unternehmensnetz gefüttert, müsste eine kognitive „Research-Engine" auch in der Lage sein, weitere gleichartige Dokumente in einer IT-Umgebung zu finden und diese entweder direkt entsprechende einzustufen oder einen Spezialisten zur Bewertung vorzulegen. Auch hier allerdings schlägt die Datenschutzproblematik zu: Denkbar wäre für diese Aufgabe wohl nur die Verwendung einer lokalen Instanz kognitiver Intelligenz.

10.3.2.3 Suche nach Inkonsistenzen in Security-Dokumenten

Kognitive Assoziationssuche könnte dabei helfen, Inkonsistenzen in der Security-Dokumentation einer Organisation aufzudecken – zum Beispiel nach einer Akquisition. Dazu müsste das System etwa vergleichen, ob überall die gleichen Aktionen für die gleichen Regelungsbereiche gefordert werden.

10.3.3 Kein Erfolg ohne Lernphase

Eines der Alleinstellungsmerkmale kognitiver Systeme ist die Fähigkeit, zu lernen. Unglücklicherweise gilt auch, dass sie ohne Lernphase nichts leisten. Watson für Cybersecurity hat in einem langen, sorgfältig überwachten und im Detail gesteuerten Prozess die „Sprache der Informationssicherheit" antrainiert bekommen. Ein Team von bis zu 150 Wissenschaftlern überprüft permanent mit Testfragen, ob Watson den Textcorpus sinnvoll nutzt – richtige Auswertungen werden „belohnt", falsche negativ eingeschätzt. Zugleich arbeitet man daran, in die Dokumentenauswertungen Qualitätsmaßstäbe einzubauen – um beispielsweise zu vermeiden, dass Watson kommerzielle Aussagen wie „Produkt X ist die beste Lösung zum Problem Y" unkritisch in sein Antwortspektrum übernimmt. Je besser Watson dabei in die Materie eingearbeitet ist, in desto größerem Maße kann das System auch selbsttätig weiterlernen.

Damit das System die Datenmuster, die zum Training verwendet wurden, auch im realen Einsatz wiedererkennen kann, ist je nach Aufgabe auch noch ein „Training on the Job" notwendig. Wo beispielsweise Anomalien aufgedeckt werden sollen, muss die dafür verwendete Maschine auch lernen was in der beobachteten Umgebung „in Ordnung", also „normal" ist. Dies gilt auch fürs bereits erwähnte SOC-Umfeld.

10.4   Die Anwenderperspektive: Konkrete Einsatzgebiete

10.4.1 Das Beispiel „Banken und Versicherungen"

Das veränderte Verhalten der Nutzer von Bank- und Versicherungsdienstleistungen ist ein maßgeblicher Treiber für die neuen Anforderungen an die Sicherheit auf diesem Sektor. Dienstleistungen, die früher ausschließlich in der Niederlassung am Arbeitsplatz eines

Beraters verfügbar waren, lassen sich heute sogar auf mobilen Geräten direkt durch den Endanwender nutzen. Nicht nur die Vertragserstellung läuft online ab, sondern ganze Schadenregulierungen werden komplett elektronisch abgewickelt. Diese Entwicklung liefert zwangsläufig interessante Angriffspunkte für Hacker.

Die Zahl möglicher Angriffspunkte wird sich mit der Verbreitung des **„Internets der Dinge"** (Internet of Things, IoT) noch weiter verschärfen. Versicherungen bieten ihren Kunden Rabatte, wenn diese beispielsweise Daten über ihr Fahrverhalten zur Verfügung stellen („pay as you drive"), oder wenn man mittels IoT-Endgeräten das Haus auf Wasserschäden, Glasbruch oder Temperaturen überwacht. Mit dieser Technik lassen sich erhebliche Schadens- und vor allem Folgekosten vermeiden. Wenn sich allerdings ein Unberechtigter Zugriff auf solche Daten verschafft und diese manipuliert, bevor sie übermittelt werden, oder wenn er sie zum Beispiel zu Einbruchszwecken nutzt, entsteht auf anderer Ebene wieder neuer Schaden (vgl. auch Kap. 6 zum IoT-Penetrationstest).

Vermehrt werden in diesen digitalisierten Prozessen auch Services aus der Cloud verwendet, um Daten zu speichern oder neue Produkte möglichst schnell und schlank im Markt zu platzieren.

Die meisten Firmen der Finanzindustrie haben vor diesem Hintergrund in den letzten Jahren in Betrugserkennung und -vermeidung investiert und setzen Data Mining oder Lösungen ein, die auf maschinellem Lernen basieren. Viele Anwender haben es deshalb bereits erlebt, dass ihre Kreditkarte plötzlich gesperrt wird, weil sie sie für etwas völlig Ungewohntes verwenden oder in einem erstmals bereisten Land einsetzen.

Der erwähnte Trend zu Online-Services hat ebenfalls direkte Konsequenzen. Mit jedem neuen Gerät und Vertriebskanal steigt auch die Anzahl möglicher Angriffspunkte für Cyberkriminelle, die sich der Kundendaten bemächtigen oder diese manipulieren wollen. Hinzu kommen immer neue Möglichkeiten, den geordneten Betrieb zu stören (**Denial of Service**, DoS). Lange Zeit nun hat man für jeden neuen Kanal eine neue spezialisierte Sicherheitslösung in Betrieb genommen – und so sehen sich die Unternehmen heute mit einer Vielzahl wenig integrierter Werkzeuge konfrontiert, die oftmals nur schwer mit den sich rasch ändernden Anwendungs- und Infrastrukturanforderungen umgehen können.

Um auf die Vielzahl von Sicherheitsrisiken reagieren zu können, wird es immer wichtiger, interne Vorfälle im Detail zu verstehen und zugleich frühzeitig zu erkennen, wie sich die Hacker-Strategien weiterentwickeln. Die Anwender und die Hersteller von Sicherheitslösungen haben erkannt, dass man sich gegen die höchst professionell vorgehenden kriminellen Organisationen zusammenschließen muss. So haben Volkswagen, Allianz, BASF und Bayer 2015 die Deutsche Cyber-Sicherheitsorganisation (DCSO) gegründet, die mit dem Bundesministerium des Innern (BMI) und dem Bundesamt für Sicherheit in der Informationstechnik (BSI) zusammenarbeiten wird.

Die DCSO will in Deutschland tätige Unternehmen dabei unterstützen, ihre Sicherheitsarchitektur zu verbessern, und bietet dazu hochwertige Dienstleistungen an, um Cybergefahren zu identifizieren und abzuwehren. Dazu gehören beispielsweise ein Frühwarnsystem sowie Security-Audits.

Um ein Frühwarnsystem aufbauen und betreiben zu können, bedarf es vieler und vor allem aktueller Indikatoren. Ob gerade weltweit neue Formen von Attacken entstehen und wie sie sich verbreiten, meldet beispielsweise der X-Force-Service von IBM. In ihren internen Umgebungen setzen die Unternehmen der Branche immer mehr auf korrelierende Systeme für die Angriffserkennung und in der Konsequenz auch auf die kognitiven Fähigkeiten neuer Lösungen. Assistenten für die Analysten im SOC sind dabei von besonderer Bedeutung, denn sie erlauben es, schneller als bisher Maßnahmen zum Schutz gegen einen Angriff zu ergreifen.

Versicherungen sind aber nicht nur Leidtragende der immer größer werdenden Bedrohung, sondern bieten bereits spezielle Cybersecurity-Versicherungen an. Auch hier unterstützen kognitive Systeme die Arbeit der Aktuare bei der Beurteilung der Risiken. Rückversicherer wie beispielsweise die SwissRe tätigen beachtliche Investitionen, um die Aktuare bei Ihrer Risikobeurteilung zu unterstützen.

10.4.2 Das Beispiel „vernetzte Fahrzeuge"

10.4.2.1 Herausforderungen

Ein modernes Fahrzeug kann heute durchaus als „Rechenzentrum auf Rädern" bezeichnet werden, bei dem 80 % der Innovationen durch Software getrieben sind. Jeder Durchbruch im Bereich digitaler, automobiler Technologien geht deshalb mit zusätzlichen Sicherheitsrisiken einher – vor allem, da immer mehr Komponenten im Fahrzeug mit dem Internet vernetzt sind. Die Software eines Oberklassefahrzeugs umfasst heute etwa 100.000 Zeilen an Code.[5] Statistisch gesehen muss bei diesem Umfang von etwa 10.000 enthaltenen Schwachstellen ausgegangen werden.

In den nächsten Jahren wird die Vernetzung rund ums Auto weiter stark zunehmen. Das Fahrzeug wird mit den Backend-Systemen der Fahrzeughersteller, mit anderen Fahrzeugen sowie mit der Umgebung (zum Beispiel Ampeln) Verbindung aufnehmen. Viele der dazu verwendeten Module werden nicht vom jeweiligen Fahrzeughersteller selbst stammen, sondern von Zulieferern und externen Technologieunternehmen.

Neben potenziellen Sicherheitsproblemen im Bereich **Fahrsicherheit** kommen auch Fragen des Datenschutzes ins Spiel. Persönliche Daten wie E-Mail-Adressen, Textmitteilungen, Kontaktinformationen sowie personenbezogene Inhalte von Smart Phones, die mit den Kommunikations- und Assistenzsystemen im Auto Kontakt aufnehmen, könnten zum Beispiel mitsamt dem Fahrzeug oder aus dem Fahrzeug gestohlen werden. Darüber gilt es Angriffsszenarien zu bedenken bei denen das Fahrzeug lediglich Informationsquelle ist: Die Positionsdaten etwa, die über das GPS-System geliefert werden, können Einbrechern dabei helfen, zu ermitteln, wie weit ein Fahrer noch von seinem Haus oder seiner Wohnung entfernt ist (vgl. [5]).

---

[5] „Total lines of code in Linux Kernel and the number of reported vulnerabilities". http://www. cvedetails.com/vulnerability-list/vendor_id-33/product_id-47/Linux-Linux-Kernel.htm. Zugegriffen 06.03.2017.

Informationssicherheit im Fahrzeug ist vor diesem Hintergrund längst eines der zentralen Entwicklungsthemen der Branche. Dabei spielt auch die Kombination von Security Intelligence und kognitiver Sicherheit zunehmend eine Rolle.

10.4.2.2 Cognitive Security im Fahrzeug

Automatische Schließmechanismen, Reifendruckmesser und vergleichbare Systeme nutzen Funkfrequenzen. Das Infotainment-System ist über WLAN mit dem Internet verbunden. All diese Kanäle stellen potenzielle Einfallstore für Angriffe dar – schon heute. Für autonome Autos braucht man zusätzliche Sensoren: Radar, Lidar und Kameras, die miteinander kommunizieren müssen. Auch diese Systeme werden zu Schwachstellen, wenn sie nicht richtig geschützt sind.[6]

Eine Cognitive-Security-Lösung für den Einsatzbereich **„Connected Cars"** basiert auf folgenden drei Hauptbestandteilen und Fähigkeiten:

- Intrusion Detection System (IDS) im Fahrzeug: Leichtgewichtige Anomalieerkennung, möglichst einfach zu integrieren
- IDS-Server: Verarbeitung von high-end kontextbasierten Anomalieerkennungs-Algorithmen
- Security Operation Center (SOC): Bereitstellung von Security Intelligence

10.4.2.3 Eine rollendes Security-Operations-Center

Um Sicherheitsvorfälle in einem Fahrzeug verfolgen und aufdecken zu können, ist die permanente Beobachtung von Kommunikationsströmen zwischen den IT-Systemen im Fahrzeug selbst, dem Fahrzeug und der Außenwelt inklusive anderer Fahrzeugen notwendig. Ein Prototyp einer entsprechenden Installation wurde hierzu im IBM Cyber Security Center of Excellence entwickelt. Das Ziel war es, zu erkennen, ob und an welcher Stelle Anomalien auftreten, die auf unerlaubten Zugriff oder Manipulation hindeuten. Das System arbeitet dabei im Fahrzeug und sendet bei Bedarf Daten über Anomalien an das Backend-System zur Auswertung und zur Einleitung von Reaktionen. Darüber hinaus ist das System in der Lage, selbstständig auf bestimmte Bedrohungen zu reagieren.

Ein nächster möglicher Schritt könnte nun auch in diesem Bereich darin bestehen, auf Basis kognitiver Methoden Rückschlüsse zu ziehen und Empfehlungen zur Abwehr geben. Wieder stehen dabei die Fähigkeiten zum maschinellen Lernen im Mittelpunkt – sowie die Möglichkeit, aktuelle Bedrohungen selbständig durch Analyse unstrukturierter Daten zu bewerten. Vor diesem Hintergrund müssen gemeinsam mit Fahrzeugherstellern Regeln für die Kommunikation festgelegt werden, auf deren Basis Abweichungen erkannt werden können. Die Anwendung erfolgt dann im Fahrzeug im bereits erwähnten **Intrusion Detection Systems (IDS)** [6].

---

[6]„IT-Sicherheit von Autos, ‚Man hat keine andere Wahl, als den Herstellern zu trauen'". Ein Interview von Christoph Stockburger. http://www.spiegel.de/auto/aktuell/hackerangriffe-man-hat-keine-andere-wahl-als-den-autoherstellern-zu-trauen-a-1092224.html. Zugegriffen am 06.03.2017.

10.4.2.4 Konsequenzen für die Fahrzeug-Entwicklung

Im Zuge einer Studie für das IBM Institute for Business Value haben IBM-Security- und Automotive-Experten gemeinsam bereits einen **Maßnahmenkatalog** erarbeitet, der bei der Entwicklung von vernetzter Fahrzeuge berücksichtigt werden kann:

- Überarbeitung des Design- und Entwicklungsprozesses: Überprüfung der End-to-End Architektur zur Identifikation von Angriffsvektoren und Definition geeigneter Maßnahmen, das Fahrzeug und die zugehörige Infrastruktur zu schützen.
- Überprüfung der Produktions- und Betriebs-IT-Infrastruktur: Fertigungsanlagen und Produktionssysteme, die benutzt werden, um mit dem Fahrzeug zu kommunizieren, basieren auf traditionellen Netzwerken und Systemen. Risiko-Abschätzung und Design-Analysen ermöglichen eine höhere Sicherheit.
- Überprüfung der Supply Chain: Die Integrität der gesamten Lieferkette muss inklusive aller Hardware und Softwarekomponenten analysiert und überwacht werden, unter anderem damit vorausschauend agierende Angreifer keine „Backdoors" einschleusen können. Existierende, anwendbare Standards und Best Practices sollten hierbei berücksichtigt werden.
- Einsatz von Security Analytics: Nutzung von Big-Data-Analytics-Technologien im Fahrzeug sowie im Backend, um Attacken auf Fahrzeugkontroll- und Telematiksysteme zu erkennen. Ziel ist es, den Schutz des Fahrers und der zugehörigen Daten zu gewährleisten.

10.4.2.5 Updates und „Security by Design"

Eine systemimmanente Sicherheitsarchitektur, eine **„Security by Design"**, muss zukünftig ein integraler Bestandteil des Fahrzeug-Entwicklungsprozesses sowie eine wichtige Maxime beim Aufbau des entsprechenden Ökosystems werden. Dies bedeutet, dass alle Partner im Bereich vernetzter Fahrzeuge in ein zentrales Sicherheitskonzept integriert werden müssen. Die Entwicklung und der Einbau von Cognitive-Security-Modulen sollte dabei von Anfang an ein Bestandteil der Security-Konzepte sein. Die Anwendbarkeit muss bis zum Ende der Fahrzeugnutzung reichen – ein echtes Problem, denn typische Nutzungszyklen hochwertiger Fahrzeuge überschreiten die Halbwertszeiten neuer IT-Techniken bei weitem. Der Fahrzeughersteller übernimmt bei all dem die Rolle des Integrators – und damit sicherlich eine der größten Herausforderungen.

Eine zentrale Rolle werden in diesem Zusammenhang „Over the Air (OTA)"-Aktualisierungen für Fahrzeuge spielen. Heute müssen Fahrzeuge zur Anpassung der Steuergeräte-Software in die Werkstätten gerufen werden. Zukünftig werden diese Vorgänge online stattfinden – analog zu Software-Updates bei Smartphones.

Auf Seiten deutscher Behörden bestehen gerade hier noch Bedenken, da die immer wieder neu angepasste Software nicht jedes Mal von einer unabhängigen Stelle geprüft werden kann – für solche Prozesse fehlt es an Personal und an Fachkenntnissen.

10.4.3 Kritische Infrastrukturen: Das Beispiel „Telekommunikation"

Im Telekommunikationsumfeld hat sich aus der rasanten Entwicklung bei den Cloud-basierten Diensten eine große Angriffsfläche für Attacken ergeben. Die Anbieter kämpfen vor allen gegen DOS-Attacken und Datendiebstähle. Der „Feind" kommt dabei oftmals nicht direkt von außen, sondern in vielen Fällen von „innen". „Innen" bedeutet dabei allerdings keineswegs, dass eigene Mitarbeiter tatsächlich böswillig agieren – viel häufiger sind Akteure im Spiel, die Anmeldedaten legitimer Nutzer an sich bringen konnten und diese für ihre Zwecke missbrauchen.

Zwar wird Verschlüsselung nach wie vor als eine der effektivsten Mechanismen angesehen, um Daten zu schützen, aber als zweiter wichtiger Bereich kommt auch hier immer häufiger Security Intelligence ins Spiel – und als Ergänzung Cognitive Security, denn das schnellstmögliche Stoppen eines Angriffs ist für die Telekom-Anbieter als Betreiber kritischer Infrastrukturen ein zentrales Sicherheitsziel.

Abb. 10.3 zeigt verschiedene Dimensionen von Cloud-Sicherheit. Besonderer Augenmerk sollte auf die Bereiche „Intrusion Detection" und „Access Control" gelegt werden, die als Basis für kognitive Ansätze gut geeignet sind. Im Zentrum steht dabei auch hier die Erkennung von Betrugsmustern und komplexen Vorfällen.

Kognitive Sicherheit ist ein bedeutender Schritt, um bessere Sicherheitsmechanismen zu etablieren, kann aber nur als komplementär zu klassischen Ansätzen gesehen werden. Dazu ein einfaches Beispiel: Ein Cloud-Rechenzentrum, das sich in einem politisch instabilen Land befindet, wird durch einen Militärputsch im Land unerreichbar. Der abonnierte Service funktioniert aber weiter, denn heutige Failover-Konzepte erlauben den unterbrechungsfreien Betrieb aus einem anderen Rechenzentrum heraus. Der Endbenutzer merkt von der Nichtverfügbarkeit des ersten Rechenzentrums nicht einmal etwas – aber die Daten liegen dort nach wie vor, ungeschützt gegen jegliche Attacken und außerhalb jeglicher Kontrolle durch den Dienstleister. In dieser Situation würde nur präventive Sicherheit etwas helfen – und zwar in Form einer vorab sorgfältig durchgeführten Risikoanalyse, die auch politische und gesellschaftliche Rahmenbedingungen einbezieht, und praktisch in Form des Einsatzes von starker Verschlüsselung oder der bewussten Auswahl eines Cloud-Rechenzentrums in einem stabilen Land.

10.4.4 Kritische Infrastrukturen: Das Beispiel „Medien"

Dass es Angreifer heute, unter anderem politisch motiviert, verstärkt auch auf kritische Infrastrukturen unter staatlicher Regie abgesehen haben, muss inzwischen nicht mehr eigens erwähnt werden. Ebenso klar dürfte inzwischen sein, dass Mechanismen zur Erkennung laufender Angriffe dabei eine besondere Rolle spielen, und dass damit die Kombination SIEM-SOC-Kognitive Sicherheit hier eins der Abwehrmittel der Wahl darstellt.

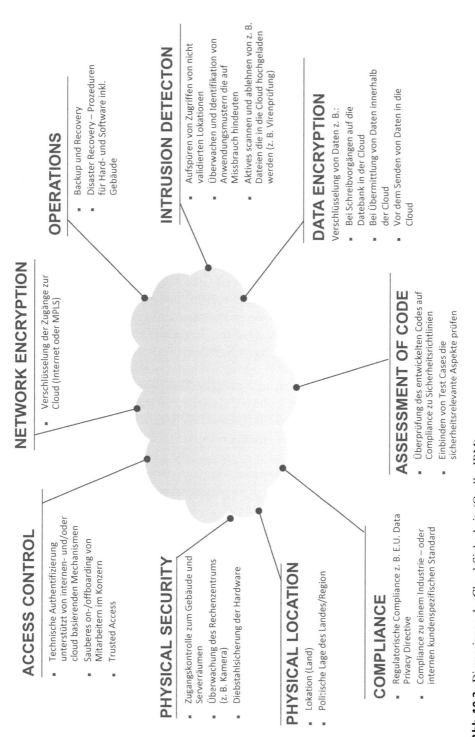

Abb. 10.3 Dimensionen der Cloud-Sicherheit. (Quelle: IBM)

Neu allerdings ist die Intensität, mit der die Medien nun dazu gezwungen sind, sich mit der Thematik auseinanderzusetzen. Sie gelten generell als Vertreter einer Branche, in der es wenige vertrauliche Daten zu schützen gilt – sollen doch fast alle Informationen, die solche eine Organisation anhäuft, baldmöglichst gedruckt oder gesendet werden. „Informantenschutz" und die Sicherung von Kundendaten galten in diesem Sektor geradezu als Ausnahmefälle, die gewissen IT-Security-Maßnahmen rechtfertigten.

Das **„postfaktische" Zeitalter** hat dieses Bild geändert. Medienunternehmen jeglicher Art versuchen sich derzeit dagegen zu sichern, dass man **Falschmeldungen** in ihre Produktionseinrichtungen schiebt – möglicherweise „just in time", bevor der Druck oder eine Sendung beginnt. SIEM-Tools in Verbindung mit kognitiven Systemen, die auch Änderungen an den Informationen selbst erkennen können, stehen hier plötzlich im Fokus künftiger Security-Strategien. Besonders gefordert sind dabei Medien, die einen staatlichen Auftrag zur medialen Grundversorgung nachkommen müssen. Der Beitrag von kognitiven Systemen könnte darin bestehen, **„Fake News"**, also gefälschte Nachrichten, durch Abgleich von Aussagen mit einem Textbestand von Nachrichten mit gesichertem Wahrheitsgehalt zu erkennen. Darüber hinaus könnt auch eine Stilanalyse helfen, die auf eine für Nachrichten untypische Sprache mit beispielsweise häufigen emotionalen Äußerungen oder Übertreibungen aufmerksam wird. Ziel ist hier wie beim „Watson-for-Cybersecurity"-Konzept, spezialisierten Analytikern, in diesem Fall den Teams in den Redaktionen, bei der Einschätzung von Informationen durch zielgerichtete Vorarbeit zu helfen – und nicht etwa die Entscheidung selbst zu übernehmen.

10.5   Herausforderungen

Der Einsatz kognitiver Systeme im der Informationssicherheit unterliegt einer Reihe teils leicht, teils nur mit Mühe unüberwindbarer Grenzen.

10.5.1 Datenschutz-Implikationen

Bei allen Anwendungen kognitiver Systeme kann die Frage aufkommen, in welcher Datenschutzsphäre ein entsprechendes System seine Informationen verarbeitet. Handelt es sich – wie bei Watson – um einen derzeit grundsätzlich Cloud-gestützten Service, spielt es durchaus eine Rolle, wo das System technisch agiert und wo man somit Einsicht in die Informationen erlangen könnte.

Beim SOC-Assistenten allerdings sind die **Datenschutz-Implikationen** gering: Hier sendet die lokale Instanz keine Rohdaten (Logdaten) nach außen, sondern nur bereits abstrahierte Muster von Vorgangsbeschreibungen. Außerdem lässt sich im Detail festlegen, welche Informationen das System im Klartext weiterreicht und welche nicht.

Wie bei anderen Sicherheitsmodellen wird eine der Zukunftsaufgaben für Entwickler kognitiver Sicherheitssysteme dennoch darin bestehen, lokal und in der Vernetzung begrenzbare Instanzen zu entwickeln, um den Einsatz auch in datenschutztechnisch extrem sensiblen Umfeldern möglich zu machen.

10.5.2 Verwundbarkeit durch Fehlinformation?

Eine spannende Frage ist, in wieweit sich ein auf Sprachanalyse und Wissensaufbau basierendes Sicherheitssystem durch Techniken kompromittieren lässt, die normalerweise gegen Menschen eingesetzt werden: **Social Engineering** und gezielte **Fehlinformationen**. Da „Watson für Cybersecurity" bewusst trainiert wird, sein Lernen also unter Überwachung steht, scheint das Risiko grundsätzlich zunächst nicht so hoch. Die wachsame Suche nach dennoch vorhandenen Einflussmöglichkeit muss aber dennoch Teil der Standard-Sicherheitsmaßnahmen für diese Technik selbst sein.

10.5.3 Natürliche Limitationen

Wo ein System für wie Watson für Cybersecurity an natürliche Grenzen stößt, lässt sich an einem gezielt konstruierten[7] Fallbeispiel verdeutlichen.

Das induktive Testszenario spielt in einem High-Tech-Unternehmen, das in seiner Branche den Status eines „Hidden Champions" genießt. Die Verantwortlichen für Informationssicherheit wissen, dass ihre Organisation jederzeit Opfer von Industriespionage werden könnte und haben deshalb Security Intelligence in Form eines SIEM-Systems implementiert. Alarme dieses Werkzeugs erreichen das Security-Team rund um die Uhr.

> **Beispiel**
>
> In einer Nacht gegen 1.30 Uhr reißt eine SIEM-Warnung den Chief Information Security Officer (CISO) aus dem Schlaf:
>
> *„Seit 1.15 werden Anmeldeversuche an kritischen internen Systemen registriert, die von einer IP-Adresse im Ausland ausgehen. Am zentralen Server der Entwicklungsabteilung gab es sieben Zugriffsversuche mit falschen Kennwort, dann erst gelang eine erfolgreiche Anmeldung. Der Akteur hat sich auf dem Server umgesehen und netzwerkweit nach kritischen Begriffen gesucht. Seit einer Minute versucht er, als vertraulich klassifizierte Daten in großer Menge nach außen zu kopieren. Der fragliche User hat auf diese Informationen bisher nicht zugegriffen. Empfehlung: Transfer sofort stoppen, Server isolieren."*
>
> Der CISO liest die Warnung, denkt einen Moment nach, lächelt, telefoniert kurz und stoppt – nicht den Transfer, sondern für ein gewisses Zeitfenster die Warnungen des SIEM-Systems.
>
> Ein unlogisches Vorgehen?

---

[7]Erdacht wurde das Szenario im Rahme des Seminars „Kommunikationsstrategien für Sicherheitsspezialisten" am Institut für Internetsicherheit der Westfälischen Hochschule, Gelsenkirchen, WS 2016–17 (Johannes Wiele). Ziel war es, die notwendige Sensorik einer künstlichen Intelligenz einzuschätzen, die ihr unabhängig von der Verarbeitungsleistung und Beurteilungskompetenz überhaupt erst einmal diejenigen Informationen zugänglich machen würde, auf der sie ein ähnlich fundiertes Urteil wie der menschliche Beobachter würde treffen können.

Im Beispielfall hat der CISO vor einigen Tagen aus der Presse erfahren, dass die wichtigste Messe für Unternehmen seiner Branche unmittelbar bevorsteht. Ein internes Memo hat ihm mitgeteilt, dass sein Unternehmen auf dieser Messe endlich ein neues Produkt zeigen wird, hinter dem über vier Jahre intensiver Entwicklung stecken. Der CISO weiß, dass für die Zukunft viel vom Erfolg dieses Produkts abhängt.

In der Kantine sind ihm mittags die müden, übernächtigten Gesichter das Marketing-Teams aufgefallen. Von einer Betriebsfeier vor ein paar Monaten her ist ihm in Erinnerung geblieben, dass der Marketing-Chef und seine Mitarbeiter immer dann, wenn sie ungestört sein wollen und unter Hochdruck arbeiten, in ein Ferienhaus in Österreich ausweichen. Genau das dürfte jetzt wieder der Fall sein, denn auf der Messe werden Prospekte, Handbücher, Plakate und vieles mehr benötigt.

Aus Erfahrung weiß der CISO außerdem noch, dass die Compliance-Abteilung seines Hauses mit der Herabstufung der Vertraulichkeit von Dokumenten zeitlich fast immer der Realität hinterherhinkt. Auch dies könnte jetzt zutreffen: Da der Messe-Auftritt bevorsteht, sind die Kenndaten des neuen Produkts plötzlich nicht mehr geheim, sondern binnen weniger Stunden zu Verkaufsargumenten mutiert.

All dies zusammen lässt den CISO erkennen, dass das SIEM-System mit hoher Wahrscheinlichkeit keinen Angriff registriert hat, sondern die Arbeit des Marketing-Teams, die tunlichst nicht behindert werden sollte. Sieben Fehlanmeldungen können schon einmal passieren, wenn man einen bestimmten Server selten besucht und überdies übermüdet ist. Der CISO greift also nicht ein, sichert seine Entscheidung aber vorsichtshalber per Anruf ab. Das entsprechende Verhalten von einer Anomalie in einen Normalfall umzustufen, kommt aber nicht in Frage, da dann zu viele reale Angriffe unerkannt blieben.

Die Testfrage nun lautet: Würde eine künstliche Intelligenz ebenfalls zu diesen Schlussfolgerungen gelangen?

Die Voraussetzungen dafür wären immens.

Der menschliche Akteur hat in diesem Fall große Zahl beiläufig aufgenommener Informationen ausgewertet, für die eine Maschine keinerlei Sensoren hat. Dazu gehören beispielsweise Inhalte von Privatgesprächen und Beobachtungen, die die sich auf die Schwächen und Kompensationsfähigkeiten der menschlichen Physis und Psyche beziehen. Ein kognitives System müsste „mit Menschen leben", um Zugang zu diesen Informationen zu erlangen – was bedeutet, mit seiner Sensorik zur rechten Zeit am rechten Ort zu sein, und noch dazu bestimmte allzu menschliche Handlungsweisen „nachfühlen" zu können. Ein beliebtes Sujet ernsthafterer Science-Fiction-Literatur!

Allein die umfassende Vorratsdatenspeicherung und der Aufbau einer allgegenwärtige Sensorik, mit dem man ein nicht-individuelles System ausstatten müsste, damit sie die Datenbasis für die Lösung von Problemen der beschriebenen Art gewinnen könnte, erscheint von den zu erfassenden Dimensionen her nahezu unmöglich – und angesichts der möglichen Nebenwirkung auf die Privatsphäre nicht wünschenswert.

So lange das Ziel des Schutzes menschlicher Kommunikation im Mittelpunkt im Mittelpunkt der Informationssicherheit steht, muss auch menschliche Urteilskraft über die Richtigkeit und Verhältnismäßigkeit von Sicherheitsmaßnehmen entscheiden. Das pragmatische Einsatzszenario von Watson für Cybersecurity als Recherche-Assistent mit SOC wird diesem Grundsatz gerecht.

10.6 Fazit

Die Faszination, die von „kognitiven" Computersystemen ausgeht, mag zur Vorstellung verleiten, dass künstliche Intelligenz zukünftig mehr oder weniger selbstständig über die Sicherheit von IT-Systemen und Informationen wachen könnte. Man stellt sich vielleicht vor, dass diese Intelligenz sämtliche IT-Richtlinien kennt und Hackerangriffe jeglicher Art abwehrt, bevor Schaden entsteht.

Auch ein kognitives System aber kann nicht über das Wissen eines konkreten Angreifers verfügen und diesen in seinem Tun nicht „überholen". Anders als signaturbasierte Systeme und Heuristik-Algorithmen besitzen kognitive Systeme allerdings die Fähigkeit, zusammen mit Systemen für Security Intelligence komplexe Verhaltensmuster zu erkennen und darüber hinaus in menschlicher Sprache formulierte Informationen zu deren Bewertung heranzuziehen – und all dies auf der Basis extrem großer Datenmengen. Das konkrete Resultat sind zielgerichtete Abwehrempfehlungen, die den Security-Teams fast unmittelbar nach einem angelaufenen Angriff zur Verfügung stehen. Die Informationssicherheit profitiert derzeit am intensivsten von künstlicher Intelligenz, wenn diese mit menschlicher Intelligenz zusammenarbeitet und menschliche Spezialisten bei ihrer Arbeit entlastet.

Einerseits verringern kognitive Systemen in der IT-Sicherheit die Zeit bis zur Erkennung einer konkreten Gefahr, andererseits zwingen sie die Hacker dazu, generell noch mehr Mühe und Kreativität als bisher aufzuwenden. Konkret müssen die Cyberkriminellen immer wieder neue Strategien entwickeln, was ihre finanzielle und zeitliche Belastung erhöht. Insgesamt bringt kognitive Sicherheit Anwender somit in eine deutlich bessere Position gegenüber den Angreifern, wobei sich diese Kräfteverschiebung nicht ganz so leicht wieder relativieren lässt wie bei der einfachen Weiterentwicklung der präventiven Systeme in der Vergangenheit, denen fast immer ein Technologie-Schritt der Angreifer auf dem Fuße folgte.

Kognitive Sicherheit stellt aber auch einen weiteren konsequenten Schritt in zu echter Informationssicherheit in Abgrenzung zu IT-Sicherheit dar. Security-Spezialisten fragen sich schon lange, wie man jenseits der Verschlüsselung den Informationen selbst Sicherheitsparamater oder -Funktionen mitgeben könnte, die unabhängig von den verarbeitenden Systemen wirksam sind und den Informationsaustausch dennoch nicht behindern. Sicherheitssysteme, die Informationen bis zu einem gewissen Grad „verstehen" oder einschätzen können, bieten vielleicht eine Alternative zur Einbettung entsprechender Funktionalität in Dokumente und Nutzlasten.

Literatur

1. Gigerenzer G (2008) Bauchentscheidungen. Die Intelligenz des Unbewussten und die Macht der Intuition. Goldmann, München
2. Weßelmann B, Wiele J (2016) Haie fischt man nicht im Trüben. Dauerbaustellen der Security (2). Kes 4:26–31
3. Weßelmann B, Wiele J (2014) ‚Human Factor'-Sensoren für SIEM. Kes 4:6–12
4. Weßelmann B (2011) Interne Spionageabwehr. Kes 1:66–69
5. Poulin C (2014) Driving security – cyber assurance for next-generation vehicles. IBM Institute for Business Value 2014. http://www-01.ibm.com/common/ssi/cgi-bin/ssialias?subtype=XB&infotype=PM&appname=GBSE_IBM Institute for Business Value GB_TI_USEN&htmlfid=GBE03610USEN&attachment=GBE03610USEN.PDF. Zugegriffen am 06.03.2017
6. Serio G, Wollschläger D (2015) Vernetztes Automobil – Verteidigungsstrategien im Kampf gegen Cyberattacken. ATZelektronik 6. https://www.springerprofessional.de/vernetztes-automobil-verteidigungsstrategien-im-kampf-gegen-cybe/7034840. Zugegriffen am 06.03.2017

Beauty is our business

Von Softwarezertifikaten und Gütesiegeln

11

Aleksandra Sowa

> *Ein Algorithmus ist sowohl jeder formalisierte Beweis einer mathematischen Behauptung wie auch das Programm eines Rechners, der aus einer in die andere Sprache übersetzt. Der Begriff des Algorithmus stammt aus der Mathematik, und es ist deshalb ein wenig unüblich, wenn ich ihn auf die Ingenieurkunst anwende. Der Algorithmus des reinen Mathematikers läßt ihn nie im Stich: wer einmal den Algorithmus eines mathematischen Beweises formuliert hat, kann sicher sein, dass dieser Beweis niemals „zusammenbricht". Der angewandte Algorithmus, den der Ingenieur benützt, ist in der Regel trügerisch, da er nur scheinbar „alles von Anfang an voraussieht". Die Tragfähigkeit von Brücken wird anhand bestimmter Algorithmen berechnet – aber das ist keine Garantie für ihre absolute Haltbarkeit.*
>
> (Stanislaw Lem, *Summa technologiae*)

Edsger W. Dijkstra – aus den Niederlanden stammender Pionier der Computerwissenschaft, der an der Entwicklung der ersten Computersprachen und Compiler, Betriebssysteme und Programmiermethoden mitwirkte – war derjenige, den man als „Intellektuellen" unter den Ingenieuren und technisch orientierten Vertretern der damals relativ neuen Disziplin, der Computer Science, bezeichnen würde. Die Informatik strebte in den 1960er- und 1970er-Jahren noch die Anerkennung als wissenschaftliche Disziplin an – und Dijkstra schuf viele der theoretischen Grundlagen hierfür.

A. Sowa (✉)
Deutsche Telekom AG, Bonn, Deutschland
E-Mail: a_sowa@web.de

Dijkstra war überzeugt davon, dass nicht nur Effektivität und Funktionalität, sondern vor allem Eleganz und Schönheit notwendig seien, um die Meisterschaft – die Überlegenheit – der Computerwissenschaft zu erreichen:

> … when we recognize the battle against chaos, mess, and unmastered complexity as one of the computing science's major callings, we must admit that ‚Beauty is our Business'. [1]

Effizienz und Funktionalität waren wichtig, Methoden und das Fachkenntnisse ebenfalls. Doch es waren nach Dijkstras Auffassung Schönheit und Eleganz, die helfen sollten, das Chaos und die Komplexität der Informatik und Mathematik zu beherrschen. Dijkstra widmete sich deswegen u. a. der Erforschung und Entwicklung formeller Sprachen bzw. dem Problem der sogenannten formalen Verifikation. Für sein Werk erhielt er im Jahr 1972 den Touring Award – die höchste Auszeichnung, die einem Computerwissenschaftler zuteilwerden kann (es sei an dieser Stelle daran erinnert, dass weder in der Disziplin der Mathematik noch der Informatik der Nobelpreis vergeben wird).

Mehr als vierzig Jahre danach, im Jahr 2015, wurde das „„Red Team'" – eine Gruppe von Hackern – von Darpa (Defence Advanced Research Projects Agency) beauftragt, die Sicherheit des sogenannten Little Bird – einer unbemannten Hubschrauber-Minidrohne – zu prüfen und zu testen [2]. Als die Hacker binnen kürzester Zeit in die Systeme der Drohne eingedrungen waren und ihre Steuerung übernommen hatten, musste sich Darpa etwas Neues einfallen lassen. Sie programmierte die Drohne neu. Die neue Software – nicht alle Details wurden enthüllt – setzte sich aus aufeinander aufbauenden Blöcken zusammen. Für die Ausführung eines Blocks war Verifikation notwendig, i. e. eine Bestätigung, dass der logisch vorgelagerte Block ausgeführt wurde. Mit u. a. diesem Ergebnis, dass jemand mit Zugriffsrechten auf einen Block nicht automatisch für die Ausführung eines anderen Softwareblocks autorisiert war. Konfrontiert mit der so programmierten „Little Bird" war „Red Team" nicht mehr erfolgreich. Es war den Hackern zwar gelungen, in die einzelnen Bereiche einzudringen (bspw. den Zugriff auf die Webkamera zu erlangen), sie konnten aber von dort aus nicht auf die anderen Systeme oder die Steuerung zugreifen.

Formale Verifikation – so die korrekte Fachbezeichnung dieser Methode – war eines der Felder der Computerwissenschaften, auf dem auch Edsger Dijkstra forschte. In den 1980er- und 1990er-Jahren geriet die Forschung auf diesem Gebiet allerdings ins Stocken. Das Konzept der formalen Verifikation wurde nicht weiterentwickelt, denn es handelte sich nach Auffassung von Experten um die Suche nach einer arbeitsintensiven Lösung für ein nicht existierendes Problem. Konkret: Wenn ein Computer ab und zu aufgrund von Programmierfehlern abstürzt, dann kostet es höchstens Zeit, um den Rechner neu zu starten, eventuell geht also ein wenig Arbeit dadurch verloren. Kein wirklich ernsthaftes Problem, für das sich weitere Forschungsgelder lohnen würden.

Dann kam das Internet. Und machte mit den Softwarefehlern das, was die Flugtouristik mit der Verbreitung infektiöser Krankheiten tat: Wenn Computer und Geräte miteinander verbunden wurden, konnte ein bisher tolerierbarer Programmierfehler zu einer Kaskade von Sicherheitsvorfällen/Sicherheitsproblemen führen. Mit Internet, Netzwerken, Internet of Things und Industrie 4.0 wurde (bzw. wird noch) jeder Fehler in der Software von heute zu einer potenziellen Schwachstelle von morgen, durch die Angreifer in die Systeme eindringen können.

Wie Kaspersky Lab in seiner aktuellen Studie herausfand, betrugen die durchschnittlichen Kosten, die ein Unternehmen mit mehr als 1500 Beschäftigten im Jahr 2015 pro Cyberattacke ausgegeben hatte, 551.000 US-Dollar [3]. Und dies sind nur die direkten Kosten (Kosten für Mitarbeiter und externe Firmen bzw. IT-Forensik, Anwälte und Berater, Kosten für Geschäftsausfälle und entgangene Geschäfte) eines Sicherheitsvorfalls. Die indirekten Kosten belaufen sich auf weitere 69.000 US-Dollar für zusätzliches Personal, Erneuerung der Infrastruktur und Implementierung von Sicherheitsmaßnahmen. Dabei nutzen die meisten Angreifer, so das Ergebnis der Studie, die naheliegenden Mittel wie Schadsoftware, Phishing-Mail oder Social Engineering, bei dem interne Mitarbeiter unbeabsichtigt Daten oder Informationen herausgeben, oder Schwachstellen und Fehler in der Software, um in die unternehmensinternen Systeme einzudringen. Dies waren laut Kaspersky Lab im Jahr 2015 die häufigsten Ursachen für Datensicherheitsvorfälle in Unternehmen [3]. Software Bugs avancierten so zur vierthäufigsten Ursache. Die Angreifer nutzen bspw. Schwachstellen in den Webapplikationen oder unsichere Webseiten als Eingangstor für verschiedene Arten von Attacken: beginnend mit dem einfachen Hacken der E-Mails bis hin zu anspruchsvollen APT-Attacken. Einmal in die Systeme gelangt, können sie weitaus größeren Schaden anrichten – und oft über längere Zeiträume unentdeckt bleiben.

Dabei sind die Sicherheitsvorfälle, die durch Software- und Programmierfehler verursacht werden, zwar sehr häufig, doch zugleich auch diejenigen mit dem niedrigsten monetären Impact. Was möglicherweise einer der Gründe für das geringe Interesse der Techunternehmen sein dürfte, sichere und qualitativ hochwertige Software zu produzieren. Der größte monetäre Schaden entstand Unternehmen im Jahr 2015 durch Sicherheitsvorfälle, die entweder durch Störungen bei den Lieferanten bzw. Outsourcing-Unternehmen ausgelöst wurden, Betrug durch interne Mitarbeiter zur Ursache hatten oder infolge von Cyberspionage zustande kamen.

Doch die jüngsten Internetausfälle in den USA und in Deutschland – wie auch bekannte Angriffe auf die kritischen Infrastrukturen (bspw. mithilfe des Wurms Stuxnet) – zeigen, dass Sicherheitsvorfälle nicht nur monetäre Folgen für die Wirtschaft, sondern zunehmend auch ernsthafte gesellschaftliche Folgen haben können [4]. So erheben sich aus der Politik, den Regierungskreisen – aber auch u. a. aus dem Chaos Computer Club – Stimmen, die eine (nachweislich) bessere Qualität und Sicherheit der Software – und der IT-Systeme insgesamt – fordern. „Die Anwender sollen künftig auf Basis eines einheitlichen Gütesiegels bei der Kaufentscheidung für neue IT-Produkte bei der Inanspruchnahme entsprechender Dienstleistungen leicht und schnell feststellen können, welches Angebot sicher ausgestaltet ist und hierdurch zum Schutz der Daten beiträgt", heißt es in der *Cyber-Sicherheitsstrategie 2016* [5] des Bundesministeriums des Innern (BMI). Die eingesetzte Software muss – trotz steigender Komplexität und Intransparenz – professionellen Angriffen standhalten. Die Herstellung ist ein zumeist komplexer Vorgang, an dem mehrere Akteure beteiligt sind, und das Ergebnis ist einmalig. Die Übertragung von bewährten Prüfkriterien auf die Softwareprüfung scheint keinen hinreichenden Schutz vor den innewohnenden Risiken zu gewährleisten.

Gefördert wird deswegen ein Softwaregütesiegel, das seine Prüfkriterien transparent und verständlich offenlegt. „Die Bundesregierung wirbt daher insbesondere bei Herstellern von Standardtechnologien für eine erhöhte Testierbereitschaft und wird ein Basis-Zertifizierungsverfahren für sichere IT-Verbraucherprodukte einführen, dessen Kriterien durch das BSI festgelegt werden" [5], so das BMI. Dabei müssen solche Kriterien nicht einmal neu erfunden werden, bestätigen Prof. Sabine Wieland und Prof. Andreas Hartmann von der Hochschule für Telekommunikation Leipzig (HfTL) im Kap. 12. Vielmehr gibt es zahlreiche Standards, Regelwerke und Normen darüber, wie qualitativ hochwertige und sichere Software zu entwickeln ist. Eine sinnvolle und adaptiv anpassbare Zusammensetzung der Prüfkriterien ist erstrebenswert.

Traditionell wird bei Bewertung der Softwarequalität der Standard ISO/IEC 9126 – *Software engineering – Product quality* – hinzugezogen. Funktionalität, Zuverlässigkeit, Benutzbarkeit, Effizienz, Wartbarkeit und Portabilität sind die Hauptmerkmale für die Softwarequalität, wobei die Sicherheit nur als einer der Indikatoren der Funktionalität gilt. Der neuere Standard bzw. ISO/IEC 25010 – *Systems and software engineering – Systems and software Quality Requirements and Evaluation (SQuaRE) – System and software quality models* – systematisiert ebenfalls die Bewertung von Softwarequalität, wobei er Gestaltungsfreiheiten bezüglich der festzulegenden Merkmale und Indikatoren für die Softwarequalität einräumt.

Prof. Sabine Wieland und Prof. Andreas Hartmann formulieren in Form von zehn Geboten die Kriterien und Anforderungen, mit deren Hilfe sichere und resiliente Systeme durch eine bessere Softwarequalität erreicht werden können (siehe Kap. 12). Die wesentlichen Merkmale für die Bewertung sind dabei: Nachhaltigkeit, (nicht nur von der Bundeskanzlerin von Facebook, Google und Co. gefordert [6]) Transparenz sowie Sicherheit. Sie bilden die Grundlage des Siegels „geprüfte Sicherheit", das die beiden Professoren entwickelt haben. Die Einführung eines solchen Gütesiegels für Informationssicherheit strebt laut *Cyber-Sicherheitsstrategie 2016* auch die Bundesregierung an: „Wirksame und bedarfsgerechte Zertifikate und Gütesiegel sind ein wichtiges Instrument für die Verbreitung von Cyber-Sicherheitsstandards" [5], heißt es dort.

Eine wichtige Forderung an ein Softwarezertifikat ist, dass die Softwarequalität nicht erst und nicht nur am fertigen Produkt bewertet wird. Es sollte zwischen dem Herstellungsprozess und dem Softwareprodukt differenziert – und beide Aspekte gleichermaßen bei der Prüfung und Bewertung berücksichtig werden. „Die Sache beginnt am Beginn", betonte auf der „Informatik 2016" der Gesellschaft für Informatik Prof. Dr Heinrich Mayr von der Universität Klagenfurt. Und meinte damit die ersten Phasen des Entwicklungsprozesses, insbesondere auch schon die Pflichtenhefte, die eine Spezifikation für noch zu erstellende Software und Systeme enthalten. Eine Umsetzung könnte sich an den Vorgaben der Normenfamilie ISO/IEC 9000 bzw. ISO/IEC 25000 richten. Die nachweisliche, dokumentierte – und a posteriori prüfbare – Einhaltung der (noch zu systematisierenden) Prozesse der Security- und Privacy-by-Design wäre in diesem Zusammenhang denkbar.

Der zweite Aspekt des Gütesiegels ist die Betrachtung (und Prüfung) der Software als eines fertigen Produkts. Die Offenlegung bzw. das Transparentmachen des Quellcodes durch die Hersteller von proprietärer Software, um es von unabhängigen Prüfern bewerten zu lassen, ist nur eine der denkbaren Optionen. Auch eine A-posteriori-Modul- oder -IT-Systemprüfung käme infrage, bspw. im Rahmen von Penetrationstests (wie für IoT-Geräte in Kap. 6 vorgestellt). Für die Aussagekraft eines Zertifikats oder Gütesiegels für IT-Sicherheit sind beide Aspekte von Relevanz. Penetrationstests sind eine wesentliche – und zunehmend verbreitete –, dennoch alleine nicht hinreichende Methode der Prüfung von Softwarequalität und -sicherheit. Sie sollte deswegen um Kriterien für Software-Engineering, insbesondere für die Softwarequalität und -sicherheit, sinnvoll ergänzt werden, um aussagekräftige Ergebnisse zu gewährleisten. Denn, um es abschließend mit den Worten von Edsger Dijkstra auszudrücken: „Testing shows the presence, not the absence of bugs." [7]

Literatur

1. Feijen WHJ, van Gasteren AJM, Gries D, Misra J (1990) Beauty is our business. A birthday salute to Edsger W Dijkstra. Springer Verlag, Newyork, S xiv
2. Vgl Hernett K (2016) Computer scientists close in on perfect, hacker-proof code. Wired 23.09.2016. https://www.wired.com/2016/09/computer-scientists-close-perfect-hack-proof-code/. Zugegriffen am 10.03.2017
3. Kaspersky Lab (2015) Damage control: the cost of security breaches. IT-security risks special report series. http://media.kaspersky.com/pdf/it-risks-survey-report-cost-of-security-breaches.pdf. Zugegriffen am 25.09.2016
4. Meinungsbarometer (2016) Experten erwarten massive Hackerattacken. Was gegen Angriffe aus dem Internet der Dinge getan werden müsste. Interview mit A. Sowa und B. Krsic vom 15.12.2016. https://meinungsbarometer.info/beitrag/Experten-erwarten-massive-Hackerattacken_1882.html. Zugegriffen am 10.03.2015
5. BMI (2016) Cyber-Sicherheitsstrategie für Deutschland 2016. BMI, Berlin, S 17
6. Reinbold F (2016) Warum Merkel an die Algorithmen will. Spiegel Online 26.10.2016. http://www.spiegel.de/netzwelt/netzpolitik/angela-merkel-warum-die-kanzlerin-an-die-algorithmen-von-facebook-will-a-1118365.html. Zugegriffen am 10.03.2017
7. Buxton JN, Randell B (1970) Software engineering techniques. Report on a conference sponsored by the NATO Science Committee, Rome, 27–31.10.1969. http://homepages.cs.ncl.ac.uk/brian.randell/NATO/nato1969.PDF. Zugegriffen am 10.03.2017, S 16

Zehn Gebote der Softwaresicherheit

12

Prüfkriterien für Softwarezertifikate

Sabine Wieland und Andreas Hartmann

12.1 IT Sicherheit mit Softwarequalität

Die professionelle Cyberkriminalität nimmt stetig zu. Die Netzwerkangriffe sind um das Fünffache, von 7 Mio. im Mai auf 36 Mio. im August 2015 gestiegen [13] in Kap. 3. Dabei wird das Ziel, kritische Infrastrukturen zu treffen und deren Betrieb zu beeinträchtigen und zu stören, mit professionellen Methoden und hoher krimineller Energie verfolgt.

Im Jahr 2014 wurden laut HPI [14] in Kap. 3 weltweit fast 6500 Sicherheitsschwachstellen in Software gemeldet – davon alleine 200 Sicherheitslücken für OpenSSL. Das ist positiv, denn jede gemeldete Sicherheitslücke kann und muss behoben werden. Ein zeitnahes Release mit der Fehlerbehebung bei OpenSSL zeigt den professionellen Umgang mit erkannten Sicherheitslücken. Software von Microsoft, Apple, Google, Mozilla, Oracle, HP, Adobe etc. reiht sich mit kritischen Sicherheitslücken in die Statistik [13] in Kap. 3 ein. Unberücksichtigt bleiben Sicherheitslücken, die zwar bekannt sind, jedoch nicht gemeldet werden (vgl. Abb. 12.1).

Trotz dieser Tatsachen wird Software nur zu 30 % getestet, uralte Software verwendet, die nicht mehr gepflegt wird und Software ausgeliefert, bei der einfachste Entwicklungsregeln nicht berücksichtigt wurden.

S. Wieland (✉) • A. Hartmann
HfTL, Leipzig, Deutschland
E-Mail: waldquerfloete@t-online.de; andreas.hartmann@2mind.de

© Springer Fachmedien Wiesbaden 2017
A. Sowa (Hrsg.), *IT-Prüfung, Sicherheitsaudit und Datenschutzmodell*,
DOI 10.1007/978-3-658-17469-9_12

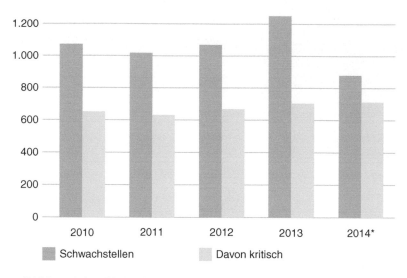

Abbildung 1: Anzahl aller Schwachstellen der gelisteten Softwareprodukte
*Die Werte für das Jahr 2014 wurden auf Basis der ermittelten Anzahl der
Schwachstellen bis September hochgerechnet.

Abb. 12.1   BSI Lagebericht, Softwareschwachstellen 2014

12.1.1 Compliance für Softwarekomponenten

Komplexe **Softwaresysteme** bedienen sich an Komponenten aus Klassenbibliotheken
von Drittanbietern bzw. nutzen sie für das Design und die Entwicklung Services, Patterns
und Frameworks. Softwaresysteme entstehen auch unter Verwendung von Open-Source-
Komponenten. Diese Wiederverwendung hat viele Vorteile für die Entwicklung von
komplexen Softwaresystemen. Bereits mehrfache genutzte und getestete Softwarebau-
steine können wiederverwendet und zu neuen Systemen kombiniert werden. Hier herrscht
eine große Freizügigkeit, die durch verschiedene Lizenzmodelle unterstützt wird (vgl.
Abb. 12.2). Dabei beachten die Nutzer dieser Softwarekomponenten nicht die eingeschränkten Haftungsbestimmungen der Lizenzmodelle. Unter dem Gesichtspunkt der
Haftung muss jede wiederverwendete Softwarekomponente im Zielsystem auf mögliche
Fehler und Schwachstellen geprüft werden.

Diese zehn Bedingungen wurden von der **Open Source Initiative** [15] in Kap. 3 definiert:

1. Freie Weitergabe: Die Lizenz darf niemanden daran hindern, die Software zu verbreiten oder zu verkaufen. Trotzdem dürfen keine Lizenzkosten erhoben werden.
2. Quellcode: Der Quellcode muss für alle Benutzer in verständlicher Form zugänglich
   sein. Absichtlich unverständlicher Code und andere Zwischenformen sind nicht
   zulässig.

3. Weiterführende Arbeiten: Die Lizenz muss Modifikationen und weiterführende Arbeiten erlauben und diese dürfen unter derselben Lizenz wie die der Basissoftware vertrieben werden.

4. Integrität des Autoren-Quellcodes: Die Lizenz kann verlangen, dass Änderungen am Originalquellcode mit einer neuen Versionsnummer der Software oder der Änderung des Namens gekennzeichnet werden. Außerdem kann die Lizenz verlangen, dass Änderungen am Quellcode dokumentiert werden müssen.

5. Keine Diskriminierung gegen Personen oder Gruppen: Die Lizenz darf nicht verlangen, dass Personen oder Gruppen die Software nicht verwenden dürfen.

6. Keine Einsatzbeschränkung: Die Lizenz darf das Einsatzgebiet oder den Verwendungszweck der Software nicht einschränken.

7. Lizenzweitergabe: Die Lizenz gilt für alle, die die Software erhalten. Sie darf nicht an andere Lizenzen gebunden sein.

8. Produktneutralität: Die Rechte für die Nutzung der Software dürfen nicht an den Lizenzen anderer Softwareprodukte gebunden sein.

9. Die Lizenz darf keine andere Software einschränken: Bei der Weitergabe von Softwarepaketen darf die Lizenz keine Einschränkung über die anderen Softwareprodukte in dem Paket enthalten.

10. Die Lizenz muss Technologie-neutral sein: Es dürfen keine Technologien für die Nutzung der Software vorgeschrieben werden.

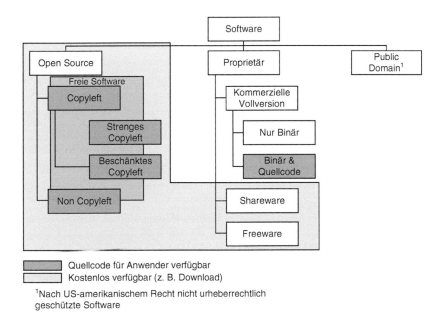

Abb. 12.2 Lizenztypen [15] in Kap. 3

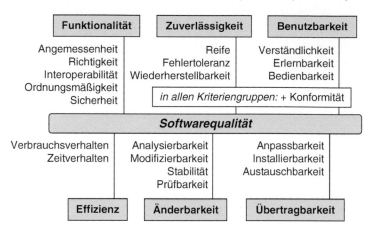

Abb. 12.3 Software-Qualitätsmerkmale nach ISO [16] in Kap. 3

Diese 10 Regeln definieren keine Haftung für die freigegebene Software. Das ist bei der Art der Softwareentwicklung auch nicht möglich. Das muss bei der Nutzung von Open Source Software berücksichtigt werden.

Auch bei den üblichen Lizenzbestimmungen für proprietäre Software wird häufig für Fehler in der Software keine Haftung übernommen. Hier sind die Compliance-Anforderungen sehr einseitig. Die Hersteller verlangen die Einhaltung von Lizenzbestimmungen, entwickeln komplexe Schutzsysteme um ein einfaches Kopieren der Software zu verhindern, sichern aber im Gegenzug eine fehlerfreie Funktion der Software nicht zu.

Sobald verschiedene **Softwarekomponenten** kombiniert werden und in sicherheitskritischen Infrastrukturen eingesetzt werden, ist eine Haftung für das System erforderlich. Falls der Urheber nicht in der Lage ist bzw. nicht gewillt ist, eine Haftung für die Software zu liefern muss der Nutzer der Software oder derjenige, der die Softwarekomponente in einem kommerziellen Produkt einsetzt für die verwendeten Komponenten die Haftung übernehmen. Das bedeutet, dass die Komponenten vor dem Einsatz in kritischen Infrastrukturen umfangreichen Tests unterzogen werden müssen. Nur so können die von der ISO definierten Qualitätsmerkmale nachgewiesen und ein sicheres Softwaresystem hergestellt und genutzt werden (siehe dazu Abb. 12.3).

Bei der Softwareherstellung sind verschiedene Regeln einzuhalten und Methoden anzuwenden, um eine Software zu entwickeln, die den Anforderungen gerecht wird und für die der Hersteller auch die Haftung übernehmen kann.

12.1.2 10 Gebote für Softwarequalität

Verschiedene Gebote für **Softwareentwicklung** und Programmierung sind bereits veröffentlicht worden, z. B. von Peine (18 Regeln für Softwaresicherheit), von Sneed (7 Gebote des Software-Engineering), von Broy und Kuhrmann (8 Gebote produktiver Softwareentwicklung) und nicht zuletzt die 10 Regeln für ein Ego-loses Programmieren von Frank Bush.

Diese Gebote und Regeln sind kaum bekannt, werden beim der Ausbildung von Softwareentwicklern und -programmierern kaum erwähnt und noch seltener eingehalten. Viele Softwareentwickler sind so genannte Quereinsteiger, können super komplexe Sachverhalte durchdringen und programmieren Programmcode, den kein anderer verstehen und warten kann und der vor Programmiertricks nur so strotzt, dass die Module und Services nicht losgelöst vom gesamten System verwendet werden können.

12.1.2.1   1. Gebot: Du sollst die Standards einhalten!

In Anlehnung an die 10 heiligen Gebote des Christentums können 10 Gebote des Software-Engineerings formuliert werden.

Das 1. Gebot lautet: **Du sollst keine anderen Götter neben mir haben**. Dazu passt sehr gut, dass die bereits entwickelten für jede Form der Kommunikation zur Verfügung stehenden Protokoll Standards auch verwendet werden. Das bedeutet, dass alle Software-Services/Module/Klassen/Methoden etc. nur mittels Nachrichten und Funktionsparameter kommunizieren. Sobald alle Variablen eines Systems private sind und nur von den klasseneigenen Methoden verändert werden können, steigt nicht nur die Wiederverwendbarkeit dieser Services, sondern auch deren Softwarequalität und Sicherheit! Wer oder was soll die Macht haben, ohne meine Kenntnis etwas am Zustand meines Systems zu ändern? Niemand! Es soll nur einen Gott geben – nur die eigenen internen Methoden dürfen die Variablenwerte verändern!

Trotzdem wird immer wieder „gemeinsam genutzter Speicherbereich" bereitgestellt und genutzt, globale Variablen definiert etc. Stellen Sie sich ein wirklich flexibles, frei orchestrierbares Service-Oriented-Architecture-System (SOA) vor, bei dem je nach Bedarf Services ausgetauscht werden, siehe Abb. 12.4. Wie das Auftragsmanagement funktionieren, wenn zwischen den einzelnen Services nicht dokumentierte Abhängigkeiten existieren? Viele Schwachstellen würden nicht existieren, wenn konsequent dieses einfache Gebot eingehalten wird.

Abb. 12.4 SOA Auftragsmanagement

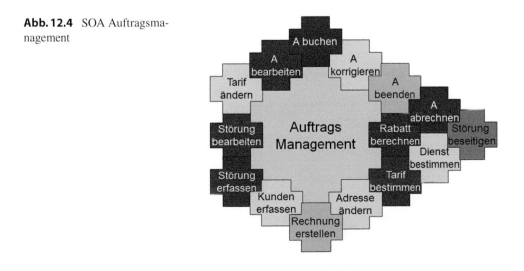

Nun stellt sich die Frage, warum wird dieses erste und einfachste Gebot nicht eingehalten? Softwareentwickler sind sehr intelligente, kreative Designer von neuen Systemen, die neben der Funktionalität auch immer das Ego des Entwicklers erfüllen sollen. Künstler – also auch Softwareentwickler halten sich nicht gern an Gebote und Regeln. Diese schränken die Möglichkeiten und Kreativität ein. Daraus entsteht der Spagat zwischen der Anwendung wissenschaftlicher Erkenntnisse und der kreativen Entwicklung von Neuem. Dieser Widerspruch ist auf die besondere Eigenschaft der Software zurückzuführen, dass Software immateriell ist. Jede beliebige Software – auch sogenannte Standard-Software wird nur einmal entwickelt. Danach kann sie ohne Veränderung unendlich oft kopiert werden. Das bedeutet im Umkehrschluss – Software ist immer einmalig und jede Software wird neu durch einen kreativen Prozess entwickelt. Wenn Software ohne Einhaltung des ersten Gebotes entwickelt wird, dann sind Technologien wie SOA und Cloud Computing nicht realisierbar. Denn SOA als auch Cloud Computing basieren auf lose gekoppelte Software-Services, die nur mittels Nachrichten kommunizieren.

12.1.2.2   2. Gebot: Du sollst strukturiert entwickeln!

Im zweiten Gebot – „Du sollst strukturiert entwickeln" – geht es um die Beherrschbarkeit der Komplexität. Seit Beginn der Softwarekrise in den 1960er-Jahren hat die Komplexität der Software kontinuierlich zugenommen, siehe Abb. 12.5.

Die Anforderungen an Software wurden erweitert durch Ergonomie, Netzwerkfähigkeit, Sicherheit und Flexibilität. Allein die Softwarefunktionalität hat sich von einfacher Statistik hin zu Business Intelligence und Big Data entwickelt. Die Softwaresysteme stehen miteinander in Beziehung. Es existieren kaum noch stand alone Systeme. Diese Komplexität ist nur noch strukturiert zu beherrschen. Grundlage dafür bildet eine Softwarearchitektur, die genügend Freiheitsgrade für kreative Evolution und ausreichend Festlegungen für Stabilität liefert. Die Architektur ist die Struktur der Komponenten eines Programmsystems, ihre Beziehungen und die Prinzipien und Richtlinien, die den Entwurf und Entwicklung bestimmen (Garland & Perry) und ein Regelwerk für Änderungen

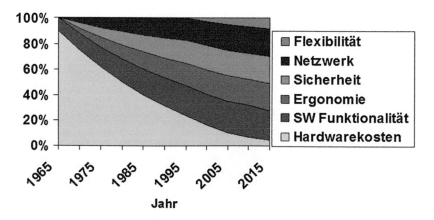

Abb. 12.5 Entwicklung der Softwarekomplexität

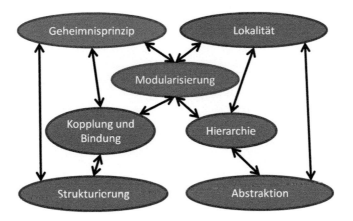

Abb. 12.6 Strukturierte Entwicklung

(Tom DeMarco). Softwarearchitektur hat zum Ziel, durch die Ordnung und Generalisie-
rung von Strukturen Erfahrungen und Wissen nutzbar zu machen. Es geht darum, nicht
immer wieder die Software von Grund auf neu zu entwickeln, sondern bereits entwickeltes
nutzbar zu machen. Das gleiche Ziel verfolgen auch Architekturmuster (pattern), die Scha-
blonen für Softwareentwicklungen liefern, wie zum Beispiel das Architekturmuster MVC.

Das 2. Gebot des Software-Engineerings passt gut zum 2. heiligen Gebot – **Du sollst
den Namen Gottes nicht verunehren**. Es ist eine Frage der Ehre, strukturiert zu entwickeln und vorher einen „Bauplan" für die zu erschaffende Software zu erstellen (vgl.
Abb. 12.6).

12.1.2.3   3. Gebot: Du sollst erkennen, das Software entwickeln ein kreativer Prozess ist und dafür Zeit einplanen: Whiscy-Syndrom

Das 3. heilige Gebot – **Du sollst den Tag des Herrn heiligen** – verordnet die Besinnung
auf den Sinn des Lebens. Eine ähnliche Pause benötigt auch jedes Software-Projekt.

Das **Whiscy-Syndrom** steht im Zusammenhang mit dem Zeitfaktor bei der Entwicklung von Software-Projekten. Nach dem Motto „Zeit ist Geld" wird versucht, die Mitarbeiter eines Software-Projektes zum effektiven Arbeiten anzuhalten. Dabei ist die Frage:
was machen die Mitarbeiter eigentlich den ganzen Tag? sicher berechtigt. Dass es nicht
ausreicht, Befehle aneinander zu reihen, sondern dass diese Befehle auch die Aufgabe
lösen müssen, kann dabei schnell in Vergessenheit geraten.

Schnell setzt sich beim Management der Irrglaube fest, die Entwickler sind nur produk-
tiv, wenn sie Befehle schreiben, also codieren …

Damit werden die Erfahrungen von vielen Projekten missachtet, die besagen, dass die
Implementierung den geringsten Zeitaufwand bei der Softwareentwicklung erfordert
(siehe Abb. 12.7). Einen Befehl zu schreiben dauert keine Minute, den richtigen Befehl zu
finden kann insgesamt (mit Anforderungsanalyse und Test) ca. eine Stunde dauern. Der
Name „Whiscy-Syndrom" wurde von der Frage: „Why isn't Sam coding yet" abgeleitet

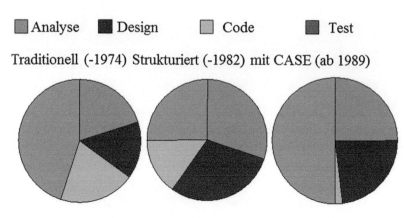

Abb. 12.7 Zeitaufwand für Entwicklungsphasen

und macht mit einem Augenzwinkern auf das Problem aufmerksam. Dass jeder kreativen Tätigkeit eine Phase des Überlegens, Nachdenkens, aber auch der Recherche und Untersuchung vorausgehen muss, sollte nicht vergessen werden.

Dass einfache Gemüter diesen Teil der kreativen Tätigkeit gern vernachlässigen, ist nicht neu. Auch Leonardo da Vinci hatte mit seinen Auftraggebern so seine liebe Not, die ihn zu dem Ausspruch zwang, „dass erhabene Geister bisweilen am meisten schaffen, wenn sie am wenigsten arbeiten". Nachdenken kann schnell als „In die Luft starren" – also Nichtstun gedeutet werden, da es nicht durch eine entsprechende Mimik deutlich wird, ganz im Gegenteil. Viele kreative Köpfe machen in den schöpferischsten Phasen ein ausgesprochen dummes Gesicht.

In diesem Ausspruch von Leonardo da Vinci steckt auch, dass für eine hervorragende kreative Leistung auch Phasen der Entspannung notwendig sind. Ein Entwickler, der ständig unter Zeitdruck steht, wird in seiner Kreativität und Produktivität schnell nachlassen. Dieses Phänomen wird jetzt auch in den sogenannten Start-up-Unternehmen beobachtet. Nach mehreren Monaten, manchmal auch Jahren intensivster Arbeit ohne Pause und mit vielen Überstunden sind auch die kreativsten Köpfe ausgepowert und brauchen Erholung.

Der nächste Aspekt, der mit zum Whiscy-Syndrom gehört, ist die Konzentration auf ein Fachgebiet. Der Blick über den Tellerrand kann zu neuen Erkenntnissen führen. Ein einseitig nur mit Rechnern und dessen Problemen Beschäftigter kann keine Erkenntnisse aus anderen Fachgebieten nutzen. In der Informatik hat diese Isolation der Fachkräfte und Experten schon verheerende Ausmaße angenommen. Hier kennt der Datenbank-Spezialist die neuesten Erkenntnisse auf dem Gebiet der Betriebssysteme nicht und der Netzwerk-Spezialist hat keine Ahnung, wie ein Datenbank-Management funktioniert. Erst recht werden Erkenntnisse der Randgebiete, wie die Künstliche Intelligenz, übersehen. In der Nutzung möglicher Synergien liegt ein sehr großes Potenzial, das beachtet werden sollte.

12.1.2.4   4. Gebot: Du sollst das Teufelsquadrat beachten!

Das **Teufelsquadrat** beschreibt die Wechselwirkungen zwischen den Größen Qualität, Quantität, Projektdauer, Projektkosten und Produktivität (Abb. 12.8).

Hohe Qualitätsanforderungen können nur mit einem ausreichenden Budget und ausreichender Zeit realisiert werden. Die Quantität wird durch die funktionalen Anforderungen definiert und stellt den Umfang des Softwaresystems dar. Für die meisten Software-Projekte sind sowohl die Qualitätsanforderungen als auch der Lieferzeitpunkt vom Auftraggeber vorgegeben. Eine entsprechende Kalkulation des Preises für das Softwarepaket (Funktionsumfang und geforderte Qualität) und die anschließende Diskussion mit dem Auftraggeber ist die erste Hürde, die das Projekt-management bewältigen muss. Ein Missverhältnis zwischen den Anforderungen und dem für die Entwicklung zur Verfügung stehenden Entwicklungszeitraum kann das Software-Projekt zum Scheitern verurteilen. In einem Software-Projekt ist es nicht möglich, mit doppelt so vielen Entwicklern die Entwicklungszeit zu halbieren, da der höhere Kommunikationsbedarf zwischen den Entwicklern zu einer Verzögerung führt. „Ein verspätetes Software-Projekt wird durch die Hinzunahme eines zusätzlichen Entwicklers weiter verzögert." Dieses Phänomen wurde in vielen Software-Projekten beobachtet und vielfach beschrieben. Der neue Entwickler muss mit dem Projekt vertraut gemacht werden, ehe er bei der Entwicklung mithelfen kann. In einer späten Entwicklungsphase ist das mit hohem Aufwand verbunden.

Auf den Fortschritt eines Software-Projektes wirken sich neue Qualitätsanforderungen und Budgetkürzungen negativ aus. Die Größen Qualität, Quantität, Kosten und Zeit stehen in sehr enger Beziehung zueinander. Die Veränderung einer Größe wirkt sich entsprechend auf die anderen aus.

Kreative Tätigkeit kann nicht nach strikten Vorgaben erfolgen. Kreative Lösungen können nicht befohlen werden und auch nicht zu bestimmten Zeiten abgerufen werden. Die Produktivität – Velocity eines Entwicklerteams ist von vielen Bedingungen abhängig.

Abb. 12.8 Teufelsquadrat [nach Sneed]

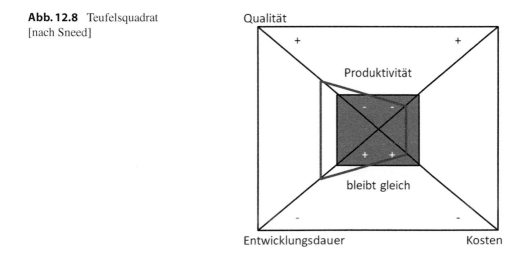

Neu gebildete SCRUM-Teams erreichen erst nach dem dritten Sprint die volle Produktivität. Wird danach die Team Zusammensetzung verändert, verschlechtert sich die Team Produktivität wieder, da die Zusammenarbeit neu aufgeteilt werden muss und Modul – Schnittstellenspezifikationen neu diskutiert werden. Deshalb wird die Bewältigung von Wissenschaft und Kunst unter wirtschaftlichen Maßgaben zu einer sportlichen Herausforderung. Die Berücksichtigung von Erkenntnissen vorangegangener Generationen von Projekten passt sehr gut zum 4. heiligen Gebot: **Du sollst Vater und Mutter ehren**.

12.1.2.5   5. Gebot: Du sollst das Geheimnisprinzip einhalten!

Das 5. Heilige Gebot lautet: **Du sollst nicht töten!** Womit wird ein Softwaresystem oder ein Software-Projekt getötet? Ein Softwaresystem ist nicht mehr lebensfähig mit starker Kopplung zwischen seinen Modulen/Services/Klassen, Methoden und Objekten. Eine starke Kopplung verursacht eine lose Bindung/sehr geringen Zusammenhalt der Module [4] in Kap. 2. Eine starke Kopplung und lose Bindung in den Modulen eines Softwaresystems beruht meist auf Missachtung des Geheimnisprinzips und verursacht eine gegenseitige Beeinflussung der Module. Nach einigen wenigen Erweiterungen und Veränderungen durch Wartung treten nicht nachvollziehbare, kritische run time Fehler auf, die nur mit sehr hohem Aufwand gefunden und beseitigt werden können. Das Softwaresystem ist nicht mehr wartbar, hat nicht behebbare run time Fehler. Das bedeutet: das Softwaresystem stirbt und damit auch das Projekt. Auch die einzelnen Module/Services des Softwaresystems sind für eine Wiederverwendung in einem neuen Softwaresystem nicht geeignet, da sonst der Virus der gegenseitigen Beeinflussung in das neue System übertragen wird.

Das Geheimnisprinzip fordert die Kapselung der Daten im Modul. Das ist einfach durch die Definition von private Attributen zu realisieren. Die Kopplung zwischen Modulen wird durch die Schnittstellen definiert. Je einfacher die Schnittstelle (Übergabe einfacher Datentypen per Nachricht) desto loser ist die Kopplung zwischen den Modulen. Solange einfache Datentypen (**Datenkopplung**) übergeben werden, ist das Softwaresystem gesund. Sobald Datenstrukturen übergeben werden (**Datenstrukturkopplung**) muss die Schnittstelle überprüft werden. Werden wirklich alle Datenelement der Struktur vom Modul verwendet? Die Datenstruktur muss bei einer Weiterentwicklung oder Verwendung in einem anderen System simuliert werden, das schränkt die Wiederverwendbarkeit ein.

Abb. 12.9 zeigt den Zusammenhang zwischen Kopplung und Bindung. Sobald das Verhalten eines Moduls/einer Methode über einen Schalter gesteuert wird (**Kontrollkopplung**), verbergen sich mehrere voneinander getrennte Aufgaben in dem Modul. Aus dem Modul sollten mehrere Module gebildet werden. Die Trennung ist einfach, denn sie wird ja durch den Schalter gezeigt. Meist haben die neuen Module recht verschiedene Schnittstellen, das heißt, es werden verschiedene Daten benötigt. Eine **Hybridkopplung** ist besonders heimtückisch, da Fehler erst nach Jahren entdeckt werden können oder erst durch die Wiederverwendung des Moduls in einem anderen System entstehen. Rückkehrcode und Berechnungsergebnis müssen voneinander getrennt werden.

Kopplung	wart-bar	wieder-ver-wendbar	Bindung	
Daten	lose	++	++	funktional	fest
Datenstruktur	lose	+	+	funktional oder sequentiell	fest
Kontroll	fest	-	-	kommunizierend oder problembezogen	lose
Hybrid	fest	--	--	problembezogen oder programmstrukturell	lose
global	fest	--	--	zeitlich	lose
Inhalt	fest	--	--	zufällig	lose

Abb. 12.9 Kopplung und Bindung

Ähnlich kritisch verhält sich die **globale Kopplung**. Hier nutzen zwei Module einen global definierten Speicherbereich. Der Inhalt des Speicher-bereiches kann von dem einen Modul verändert werden, ohne dass das andere davon Kenntnis erhält. Schnell entsteht die Situation, dass verschiedene Module dieselben globalen Felder für unterschiedliche Zwecke nutzen. Auch die Wiederverwendbarkeit dieser Module leidet unter der globalen Kopplung.

Ein besonders schwerer Fall von Missachtung des Geheimnisprinzips liegt bei der **Inhaltskopplung** vor. Hier greift ein Modul auf die internen Daten eines anderen Moduls zu und kann diese ändern. Welche Fehler und welches Fehlverhalten durch diese Art der Programmierung entstehen können, kann sich niemand im vollen Umfang vorstellen. Diese Kopplungsart muss schnellstmöglich vernichtet werden.

Je loser die Kopplung zwischen den Modulen, desto enger ist die Bindung oder der Zusammenhalt/die Kohäsion der Module. Der Zusammenhalt eines Moduls zeigt an, ob das Modul eine abgeschlossene Aufgabe realisiert. Kann die Funktion des Moduls mit einem aussagefähigen Namen (berechne Netto-Gehalt, prüfe PLZ) bezeichnet werden, so lässt das auf einen **funktionalen Zusammenhang** schließen.

Ein Modul bearbeitet eine Folge von Aktivitäten, wobei die Ausgaben der einen die Eingaben der nächsten Aktivität sind. Die Wiederverwendbarkeit dieses **sequentiell zusammenhaltende Modul** kann durch die festgelegte Reihenfolge der Aktivitäten ein-geschränkt sein. Ist eine andere Reihenfolge als die festgelegte nicht denkbar, so ist diese Bindungsart akzeptabel. Meist tritt sie jedoch zusammen mit der Datenstrukturkopplung auf und kann demzufolge vermieden werden. Die losen Bindungen beruhen auf festen Kopplungen und sollen hier nicht weiter vorgestellt werden.

Das Geheimnisprinzip ist der Schlüssel für die Modularisierung da es Voraussetzung für die Abgeschlossenheit der Module und deren gegenseitigen Nichtbeeinflussung ist. Die Kriterien der Modularität wurden in Abb. 12.10 zusammengefasst.

Mit einem einfachen Softwarequalitätsmesser können die public Variablen in einem Softwaresystem ermittelt mit der Gesamtanzahl der Variablen/Attribute verglichen wer-den. Viele Open Source Projekte weisen hier gravierende Sicherheitslücken auf, denn jedes public Attribut kann für einen Hackerangriff genutzt werden.

Kriterien der Modularität

- Teil stücke müssen autonom, in sich geschlossen und in robusten Architekturen organisiert sein
- **Abgeschlossenheit:** eine in sich abgeschlossene Aufgabe
- **Wohldefinierte Schnittstellen**
- **Geheimnisprinzip**
- **Gegenseitige Nicht-Beeinflussung**: Änderung in einem Modul zieht keine Änderung in anderen Modulen nach sich
- **Handhabbarkeit:** überschaubar, nicht zu groß(kleiner als eine Seite, 7+/−2 Elemente oder drei Gruppen von drei Elementen
- **Schnittstellen minimieren**
- **Prüfbarkeit**
- **Integrierbarkeit, Planbarkeit**

Abb. 12.10 Kriterien der Modularität

12.1.2.6 6. Gebot: Du sollst mindestens 20 % des Budgets für Anforderungsmanagement verwenden

Der Projektfortschritt ist schwer zu erfassen, da Software immateriell ist, die Komplexität in den Use Cases unterschiedlich verteilt ist und auch scheinbar kleine Aufgaben zu einer großen Herausforderung führen können. Erschwerend kommt hinzu, dass sich 5 % der Anforderungen an das Softwaresystem pro Monat ändern. Diese Änderungen ergeben sich durch äußere Einflüsse, Releases von Betriebssystemen und kommunizierenden Systemen (siehe 1. Gebot), durch Veränderungen im globalen Markt, den Gesetzgeber oder Zielveränderungen durch das Management.

Fehler in den Anforderungen sind besonders teuer, da deren Beseitigung in der Implementierungsphase das 25-fache an Kosten verursachen kann. Studien bestätigen, dass bei einem Requirement-Engineering-Aufwand (RE) von 5 % des Projektbudgets ist mit einer Kostenüberschreitung von bis zu 200 % zu rechnen. Bei einem RE Aufwand von 14 % des Projektbudgets ist mit einer Kostenüberschreitung von bis zu 60 % zu rechnen. Mit einem RE Budget von ca. 20 % der Projektkosten können Kostenüberschreitungen vermieden werden. Wobei RE während des gesamten Projektes durchgeführt werden sollte, wie im RUP – Rational Unified Process, dargestellt, um auch die Veränderungen in den Anforderungen zu berücksichtigen.

Das 6. Gebot **„Du sollst nicht ehebrechen!"** führt bei Missachtung nicht nur zu hohen Kosten, sondern auch zu erheblichem Imageschaden. Genauso ist es bei zu geringem bzw. falschem Anforderungsmanagement im Software-Engineering.

12.1.2.7 7. Gebot: Du sollst so einfach wie möglich entwickeln: KISS – Keep it simple and stupid!

Wie bereits im 4. Gebot festgestellt, sind die Anforderungen an Softwaresysteme kontinuierlich gestiegen. Dem kann durch Modularisierung und dem **KISS-Prinzip** (keep it simple and stupid) begegnet werden. Komplexe Aufgabenstellungen werden so lange zerlegt und strukturiert, bis sie mit einfachen Services realisierbar sind.

Zusätzliche Funktionen, die der Auftraggeber nicht benötigt, erschweren die Bedienung und liefern Fehlermöglichkeiten und Sicherheitslücken. Hierzu zählen unübersichtliche, ellenlange Menüleisten, einer unüberschaubaren Anzahl von Funktionen und Möglichkeiten. Auch Webseiten mit vielen verschiedenen Bereichen zählen dazu.

Eine besondere Form sind „easter eggs". Sie sind nicht nur Signaturen des Urhebers zu dessen Anerkennung, sondern können auch komplexe Funktionen und versteckte Spiele sein. Derartige Easter Eggs wurden in Microsoft Word und Excel, in Mozilla Firefox, in Computerspielen und Webseiten etc. versteckt.

Dieses Gebot passt sehr gut zum 7. heiligen Gebot: **Du sollst nicht stehlen**. Denn eine unübersichtliche, mit Funktionen überfrachtete Software stiehlt dem Anwender Zeit und Nerven. Ganz abgesehen von dem zusätzlichen Ressourcenbedarf, der durch nicht benötigte Komponenten verschwendet wird.

12.1.2.8 8. Gebot: Du sollst dokumentieren

Zum 8. Gebot: **Du sollst nicht falsch gegen deinen Nächsten aussagen passt „Du sollst dokumentieren!"** sehr gut. Da Software immateriell ist muss sie besonders gut dokumentiert werden, da sie keine physikalischen Grenzen hat und nicht „nachgemessen" werden kann. „Schreibe auf, was Du getan hast und warum. Nicht zu viel und nicht zu wenig." Das ist ein guter Ansatz, auch hier gilt: KISS – keep it simple and stupid. Auch die Dokumentation muss nachvollziehbar sein. Zu einer „Falschaussage" wird mangelhafte Dokumentation, wenn wesentliche Änderungen an der Software nicht dokumentiert werden.

12.1.2.9 9. Gebot: Du sollst alle Stakeholder beachten und mit dem Team und dem Auftraggeber kommunizieren.

Das heilige Gebot: **Du sollst nicht begehren deines Nächsten Frau** zielt darauf ab, die Interessen und Gefühle der Nachbarn zu achten. Genau darauf zielt auch das 9. Gebot des Software-Engineering ab, die Stakeholder zu berücksichtigen.

Bei einer Übung mit Studenten ist eine (nicht vollständige) Liste mit Stakeholdern in einem Software-Projekt entstanden, die 22 Stakeholder umfasst: Kunde, Auftraggeber/Management, Staatliche Institution/Gesetzgeber, Geheimdienste, Entwickler, Programmierer, Investoren, Nutzer/Anwender, Hacker, professionelle Kriminalität, Hardwarehersteller, Entwickler von benachbarten Systemen, Mitbewerber, Administrator, Softwarearchitekt, Softwaretester, Gesetzgeber, Datenschützer, Juristen, Controller, BWLer, Betriebsrat, Projektleiter/SCRUM-Master, Facility Manager/Brandschützer. Stellen Sie sich ein Rafting Boot mit 22 Teilnehmern vor, in dem jeder in eine andere Richtung paddelt. Das Boot kommt nicht von der Stelle.

Ähnlich ist es im Softwareentwicklungsprozess, denn die Interessen der einzelnen Stakeholder stimmen selten überein. Das Entwickler Team muss ein Optimum (ein Kompromiss zwischen den Zielen der einzelnen Stakeholder) herausarbeiten und mit den Stakeholdern kommunizieren um eine Akzeptanz für die entworfene Lösung zu erreichen (vgl. Abb. 12.11). Das muss regelmäßig wiederholt werden, da sich die Anforderungen

Abb. 12.11 Zusammenhang zwischen Anforderung und Lösungsraum

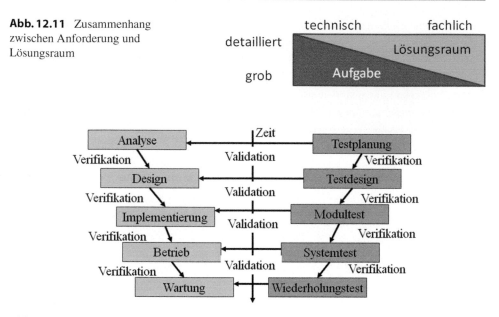

Abb. 12.12 Neues V-Modell

ändern können. Werden einige Stakeholder nicht berücksichtigt, fehlen wichtige Anforderungen des Softwaresystems und das Projekt droht zu scheitern!

Je detaillierter die Aufgabe/Anforderung beschrieben wird, desto kleiner wird der mögliche Lösungsraum. Das ist auch eine wichtige Voraussetzung für das letzte Gebot des Software-Engineering.

12.1.2.10   10. Gebot: Du sollst ausreichend testen.

Miss es oder vergiss es! Jede Anforderung, die in das Pflichtenheft aufgenommen wird, muss nachweisbar sein! Es muss eine klare Beschreibung vorliegen, wie diese Anforderung nachgewiesen/getestet werden kann. Ist die Anforderung nicht nachweisbar, soll sie nicht in das Pflichtenheft aufgenommen werden. Denn kann die Anforderung nicht nachgewiesen werden, braucht sie auch nicht realisiert werden. Um das Formulieren von Anforderungen zu vereinfachen, werden Anforderungs-schablonen und UML Diagramme oder BPMN Diagramme verwendet. Je klarer die Anforderung formuliert ist, desto einfacher ist deren Nachweis in einem Test. „Die Anwendung muss performant sein" oder „Die Anforderung muss beim Datenbankzugriff eine Antwortzeit unter 1 s erfüllen." Damit beginnt die Testphase bereits zur Zeit der Analyse, siehe Abb. 12.12. Während der Testplanung werden für jede Anforderung (Anforderungsgruppe) die geeigneten Testverfahren/ Testfälle definiert und beschrieben. Auf dieser Grundlage werden in der Design Phase die Testumgebungen entwickelt und die Testdaten erstellt. Zur Implementierung folgt der Modultest. Vor dem Betrieb der Software erfolgt der Systemtest und während der Wartungsphase erfolgen die Wiederholungstests.

Codezeilen, die nicht getestet wurden, sind easter eggs und müssen gelöscht werden. Diese nicht getesteten Codezeilen ermöglichen Diebstahl, da sie Sicherheitslücken darstellen und passen deshalb auch zum 10. heiligen Gebot: **Du sollst nicht begehren deines Nächsten Gut**. Funktionen, die beim Testen der geforderten Funktionen und NFA nicht aufgerufen werden (keine Codeabdeckung) müssen gelöscht werden, da sie ein erhöhtes Sicherheitsrisiko darstellen. Das entspricht dem „dead code elimination", wobei von Compilern und Interpretern toter – also nicht benötigter, bzw. unerreichbarer Quellcode – erkannt und entfernt wird.

12.1.3 Technische Schulden bei der Softwareentwicklung

Sobald der Blick primär auf den Liefertermin gerichtet ist und im Projekt notwendige Arbeiten aus Zeitmangel nicht realisiert werden können entstehen sogenannte „technische Schulden" [16] in Kap. 3, siehe Abb. 12.13. Wie bei der Kreditaufnahme müssen auch auf die technischen Schulden Zinsen gezahlt werden. Ein „Point of no return" wird erreicht, wenn die zu erbringenden Zinsen höher als der aufgenommene Kredit sind. Durch die Dynamik im Softwareentwicklungsprozess wachsen die Zinsen von technischen Schulden rasant. Die technischen Schulden müssen ausgeglichen werden, also die nicht realisierten Aufgaben müssen später nachgeholt werden. Erfolgt kein Ausgleich der technischen Schulden, wird die Wartung am System erschwert und die Qualität verschlechtert sich zunehmend (vgl. Alterung).

12.1.4 Software-Gütesiegel

Ganz offensichtlich gibt es eine Reihe von Richtlinien und Hinweise, wie qualitativ hochwertige Software zu entwickeln ist. Gleichwohl bleibt die Transparenz gegenüber dem

Ausprägungsart	Beschreibung	gesund / ungesund
Quelltextschulden	hohe Quelltextkomplexität, Nicht-Einhaltung des festgelegten Programmierstils	ungesund
Architekturschulden	Modularisierbarer Quelltext	ungesund
Dokumentationsschulden	Unverständliche Kommentare, defizitäre Informationsstruktur	ungesund
Testschulden	Nicht getesteter Quelltext (manuelle und Regressionstests)	gesund / ungesund
Schulden durch eine technologische Lücke	Nutzung veralteter Technologien	gesund / ungesund
Sicherheitsschulden	Nicht-Einhaltung der Sicherheitsrichtlinien	ungesund

Abb. 12.13   Technische Schulden

Kunden bzw. dem Nutzer der Software auf der Strecke. Zudem kann nicht automatisch davon ausgegangen werden, dass sich der Kunde mit den Spezifika der Softwareentwicklung auskennt und die Qualität eigenständig beurteilen kann. Somit bleibt ihm zumeist nichts anderes übrig, als auf das „Wort" eines findigen Verkäufers zu vertrauen. Besser wäre es dann doch, wenn er sich auf ein geprüftes Gütesiegel verlassen könnte.

Es steht völlig außer Frage, dass ein **Software-Gütesiegel** alles andere als trivial ist. Die Herstellung ist ein zumeist komplexer Vorgang und das Ergebnis in der Regel einmalig. Die Übertragung von bewährten Prüfmaßnahmen scheint aller Ansicht nach nicht so einfach zu funktionieren. Dabei ist zwischen dem Herstellungsprozess und dem Softwareprodukt zu differenzieren. In Bezug auf den Herstellungsprozess liegt eine Übertragung der Norm ISO 9000 nahe. Allerdings bezieht sich die Norm auf standardisierte Prozesse in der Industrie. Was bei der Herstellung z. B. von medizinischen Produkten sehr gut prüfbar ist, scheitert jedoch in der Praxis bei der Softwareentwicklung. Der zunehmende und durchaus begründete Einsatz agiler Projektvorgehensmethoden zeigt, dass bei der Erstellung von Software oftmals kein standardisierter Prozess vorhanden ist. Vielmehr zeigen sich Rahmenbedingungen auf, innerhalb derer ein individueller Entwicklungsprozess abgebildet wird (vgl. Phasenmodelle und SCRUM). Qualitätskriterien müssen demnach auf das agile Entwicklungsumfeld abgebildet werden, wodurch sie aber gleichermaßen an Transparenz verlieren.

Im zweiten Fall ist das Softwareprodukt zu betrachten. Analog zur Hauptuntersuchung bei Kraftfahrzeugen wäre eine zyklische und standardisierte Prüfung denkbar. Hierzu müssten die Hersteller von proprietärer Software jedoch ihre Quellen offenlegen und von einem unabhängigen Dritten die Prüfung durchführen lassen. Das dürfte in den meisten Fällen den Firmeninteressen wiedersprechen und somit kommt allenfalls eine Modul- oder Systemprüfung in Frage. Gerade letzteres findet Einsatz in z. B. Hacking-Tests bzw. Penetrationstests (vgl. dazu auch Kap. 6). Mehr als das dürfte sich ohne Kenntnis des Quellcodes aber nicht prüfen und anschließend zertifizieren lassen. Der Prüfzyklus ist dabei ebenfalls nicht zu unterschätzen. Kann ein Kraftfahrzeug noch alle 2 Jahre geprüft werden, finden auf der anderen Seite bei Software viel häufiger zu prüfende Änderungen statt. Große Updates erscheinen hier bereits im Zyklus von bis zu drei Monaten. Welche Versionen sollen demnach geprüft werden und sind die entsprechenden Aufwände gerechtfertigt?

Festzuhalten bleibt, dass es aktuell kein funktionierendes Gütesiegel im Bereich Software gibt, welches die Interessen der Kunden ausreichend schützt und transparente Auskunft zur Qualität der Software liefert. Einzelne Maßnahmen beziehen sich sowohl auf den Herstellungsprozess bzw. auf das Ergebnis. Die **Prüfkriterien** sind dabei aber höchst unterschiedlich und in einigen Fällen nicht einmal bekannt. Ohne Offenlegung der Quellen muss der Kunde zudem immer noch auf die Aussage des Herstellers vertrauen.

Benötigt wird daher ein **Software-Gütesiegel**, das seine Prüfkriterien transparent und verständlich offenlegt. Dabei ist es sowohl auf den Herstellungsprozess als auch auf das Softwareprodukt anwendbar und kann je nach Bedarf eingesetzt werden. Das Siegel muss die Interessen der Hersteller wahren – zugleich aber die Prüfung durch unabhängige Dritte ermöglichen. Weiterhin kann sich ein solches Gütesiegel nur dann durchsetzen, wenn der

Kompromiss zwischen Industriestandard und individueller Software abbildbar ist. Ebenso ist auf unterschiedliche Reifegrade zu achten, wie sie u. a. im CMMI definiert werden. Die einzelnen Prüfkriterien müssen dabei nicht neu erfunden werden. Vielmehr gibt es genügend Standards in Form von ISO-Normen, Richtlinien wie z. B. den BSI Grundschutzkatalogen oder dem Bundesdatenschutzgesetz (BSDG) (vgl. dazu – sowie zur DS-GVO Kap. 2 und 3). Eine sinnvolle und adaptiv anpassbare Zusammensetzung der Kriterien muss als Zielstellung formuliert werden.

12.2   Fazit

Das tolle an Software ist: sie verschleißt nicht bei Benutzung! Hier ist sie besonders robust und widerstandsfähig! Bei Software gibt es (per Definition) keine Verschleißteile, die regelmäßig kontrolliert (jährliche Durchsicht) und ausgetauscht werden müssen! Software altert durch die Veränderungen in der Umwelt! Durch die neuen Wünsche der Anwender, durch neue Gesetze und neue Marktsituationen. Diese Tatsache wird immer noch zu wenig beachtet.

Zusammenfassend können wir feststellen: Softwareentwicklung mit hohem Qualitätsanspruch ist schwierig! Denn:

1. Der Kunde weiß nicht, was er will und kann es auch nicht klar ausdrücken.
2. Es gibt viele (etwas über 20) Stakeholder, die die Qualität der Software definieren.
3. Die Anforderungen an die Software ändern sich (5 % pro Monat).
4. Software ist immateriell und hat keine physikalischen Grenzen.
5. Projektfortschritt kann nur mittelbar über die Dokumentation gemessen werden.
6. Softwarequalität ist prozess- und produktbezogen.
7. Softwarequalität ist nutzerabhängig.
8. Software steht in enger Wechselbeziehung zu ihrer Umgebung (Prozesse, Hard- und Software).
9. Software-Projekte sind einmalig – jede Software wird nur einmal entwickelt.
10. Softwareentwicklung ist Kunst – ein kreativer Prozess.
11. Das Management unterschätzt den kreativen Prozess und unterliegt dem Whiscy-Syndrom.
12. Das Team ist nicht optimal zusammengestellt – es fehlen notwendige Skills.
13. Das Geheimnisprinzip wird seit Jahren missachtet!

Sofern weiterhin mit technischen Schulden und ohne Einhaltung der genannten Regeln, Methoden und Gebote Software entwickelt wird entsteht ein Monster! Ein weltumspannendes, das gesamte Leben und die Gesellschaft beherrschendes, von jedem manipulierbares, Monster. Dieses Monster können wir auch nicht einfach abschalten, denn dann geht überall das Licht aus … um wieder bei dem Thema Kommunikationsinfrastruktur für Energieverteilnetze zu landen (vgl. Kap. 9).

Es gibt nur eine Lösung: Software unter Einhaltung der 10 Gebote des Software-Engineering entwickeln und schrittweise alle andere Software ablösen. Hierzu sind SOA und Cloud Computing der richtige Weg, denn diese Technologien funktionieren nur mit lose gekoppelten Services! Außerdem muss die nach diesen Kriterien erstellte Software durch ein Gütesiegel erkennbar gemacht werden, um jedem die freie Entscheidung zu gewähren, ob das Monster weiter existieren oder ob es vernichtet werden soll.

Anstelle eines Schlussworts

Aleksandra Sowa

„Wir sind jetzt an der gefährlichsten Stelle unserer Überlegungen angelangt", schrieb Stanislaw Lem im Kapitel „Szylla und Charybdis – oder vom rechten Maß", das sich etwa in der Mitte des Werkes *Summa Technologiae* befindet.

> Wir haben jetzt eine ganze Menge Fragen gestellt, deren Beantwortung jedoch hinausgeschoben; wir haben eine ganze Menge Dinge in Aussicht gestellt, die so provozierende Namen tragen wie etwa ‚Pantokreatik'; wir haben bereits einiges über das Chaos gesagt; wir sind bis zu den ersten Anfängen der ‚Imitologie' gelangt, und dadurch treiben wir unausweichlich auf neue Probleme zu, die unter anderem das Verhältnis der Mathematik zur realen Welt, den Charakter dieser Welt selbst, linguistische und semantische Fragen und verschiedene Arten von ‚Existenz' betreffen – kurz, wir nähern uns dem Bereich der unergründlichen philosophischen Wesenheiten, in dem der ganze Optimismus, den wir uns als Konstrukteure angemaßt haben, vielleicht spurlos untergeht. Und zwar nicht etwa, weil all diese Fragen überaus kompliziert sind, weil jede zumindest einen ganzen Band, wenn nicht sogar Bibliotheken erfordern würde, und auch nicht, weil es uns an der allseitigen Kompetenz fehlt. Die Sache ist die, daß uns die Kompetenz gar nichts nützt, weil die Fragen, um die es geht, umstritten sind.

Dass viele Fragen auch in diesem Buch offenbleiben, ist keine raffinierte Absicht des „populärwissenschaftlichen Autors", der laut Lem genau weiß, dass es „einen phantastischen Eindruck macht, wenn er die noch ungelösten Rätsel ins Licht rückt". Es steckt darin aber auch nur zum Teil der Anspruch des Verfassers eines akademischen Buches, dem es vor allem um die Konsistenz, die Geschlossenheit der dargestellten Konstruktion geht, der aber niemanden beeindrucken will und sich nicht verpflichtet fühlt, „die komplizierten Formeln in die Umgangssprache zu übersetzen". Es liegt in der Tatsache begründet, dass viele der Fragen noch beantwortet, die Technologien weiterentwickelt und reif werden müssen und die Ziele ihres Einsatzes in Unternehmen und Organisationen – aber auch in der Gesellschaft, wie das Beispiel der künstlichen Intelligenz etwa zeigt – erst einer Klärung bedürften.

So werden bspw. die Fragen der Verwendung von Informationen, die durch Ausspähen oder Einschleusen von Schadsoftware bei den Angreifern durch potenzielle Opfer der

© Springer Fachmedien Wiesbaden 2017
A. Sowa (Hrsg.), *IT-Prüfung, Sicherheitsaudit und Datenschutzmodell*,
DOI 10.1007/978-3-658-17469-9

Attacken gewonnen wurden, als juristisch verwertbare Beweise im Kontext der aktuellen Anti-Hacker-Gesetze diskutiert und erforscht. Insbesondere im Rahmen der sogenannten Hack-Back-Strategie der Bundesregierung müssten die Fragen diskutiert werden, inwieweit und unter welchen Bedienungen ähnliche Methoden von privaten – juristischen und natürlichen – Personen verwendet werden dürfen. Die Fragen der Haftung und Verantwortung für die Sicherheitslücken in den IoT-Produkten und IT-Systemen werden diskutiert und neue Ansätze zur Prüfung und Zertifizierung der Hardware und Software müssen erarbeitet werden. Aktuelle nationale und internationale Regulierungen machen es notwendig, Konzepte wie Security-by-Design und Privacy-by-Design zu systematisieren und Instrumente zur Kontrolle angemessener Umsetzung dieser zu entwickeln.

Die Technologie ermöglicht vieles. Es sind Menschen, die Technologien schaffen, aber die Technologie formt zugleich die Einstellungen der Menschen, auch die moralischen. „Wenn mächtige Geheimdienste ganz genau wissen, wo sich jedes ans Internet angeschlossene Gerät befindet und zu welcher Person es gehört, so ist das politisch gewollt und kein Versehen. Wenn globale Konzerne Daten global verknüpfen, so ist das oftmals rechtlich erlaubt oder wird bewusst nicht geahndet", schreibt Rainer Rehak in *Informatik Spektrum*. Um letztmalig in diesem Buch Stanislaw Lem zu paraphrasieren, die Technologie liefert zwar Mittel und Werkzeuge, doch die Verantwortung für ihre gute oder schlechte Verwendung liegt bei den Menschen.

Literatur

1. Lem S (1981) Summa Technologiae. Suhrkamp, Frankfurt am Main, S 276
2. Rehak R (2016) Der irreführende „Cyberspace" – wenn Begriffe Verantwortlichkeiten verschleiern. Informatik Spektrum 29.6.2016. Springer, Berlin, S 444–445.

Stichwortverzeichnis

© Springer Fachmedien Wiesbaden 2017
A. Sowa (Hrsg.), *IT-Prüfung, Sicherheitsaudit und Datenschutzmodell*,
DOI 10.1007/978-3-658-17469-9

Printed in the United States
By Bookmasters